职业教育汽车检测与维修专业“十二五”规划教材

“理实一体化”改革与创新教材

汽车电路和电子系统检修

主　编　李永力
副主编　白文娟
参　编　刘玉杰　唐秀丽

机 械 工 业 出 版 社

本书是职业教育汽车检测与维修专业“十二五”规划教材，“理实一体化”改革创新教材，依据国家标准和汽车服务企业有关汽车电器常见的作业项目，按理论与实践一体化的形式阐述了汽车电器电路的各项检测基本作业。主要包括汽车供电系统检修与维护、汽车起动系统检修与维护、灯光照明系统检修与维护、仪表显示系统检修与维护和汽车辅助电气系统检修与维护五个教学项目，共十八项常见工作任务。

本书是进一步学习汽车电子控制系统检修的基础，可作为中、高等职业学校汽车检测与维修专业的教材，也可作为汽车维修及相关技术人员参考资料。

为方便教学，本书配有电子课件。凡选用本书作为授课教材的教师均可登录 www. cmpedu. com 免费注册、下载。编辑咨询电话：010-88379865。

图书在版编目（CIP）数据

汽车电路和电子系统检修/李永力主编. —北京：机械工业出版社，2014.6（2017.1 重印）

职业教育汽车检测与维修专业“十二五”规划教材“理实一体化”改革与创新教材

ISBN 978-7-111-46223-1

Ⅰ.①汽… Ⅱ.①李… Ⅲ.①汽车－电气设备－检修－职业教育－教材②汽车－电子系统－检修－职业教育－教材 Ⅳ.①U472.41

中国版本图书馆 CIP 数据核字（2014）第 055454 号

机械工业出版社（北京市百万庄大街 22 号 邮政编码 100037）
策划编辑：曹新宇 责任编辑：于志伟
版式设计：常天培 责任校对：张 薇
封面设计：马精明 责任印制：常天培
涿州市京南印刷厂印刷
2017 年 1 月第 1 版第 2 次印刷
184mm × 260mm · 9.5 印张 · 219 千字
2 001—3 000 册
标准书号：ISBN 978-7-111-46223-1
定价：25.00 元

凡购本书，如有缺页、倒页、脱页，由本社发行部调换

电话服务	网络服务
服务咨询热线：010-88379833	机 工 官 网：www. cmpbook. com
读者购书热线：010-88379649	机 工 官 博：weibo. com/cmp1952
	教育服务网：www. cmpedu. com
封面无防伪标均为盗版	金 书 网：www. golden-book. com

前 言

为更好地配合教育部“以服务为宗旨，以就业为导向”的新一轮职业教育教学改革和教材建设工作的开展，固化、推广先进课程改革成果，提升职业教育教材建设水平，机械工业出版社组织出版了这套“理实一体化”改革与创新教材。

近年来，国家大力推进以服务为宗旨、以就业导向的职业教育改革，取得了一定的研究成果，尤其是在课程改革环节，提出了工作过程导向、项目导向、任务驱动等一系列新理念、新思路和新方法。目前，“以培养职业能力为核心，以工作实践为主线，以工作过程（项目）为导向，用任务进行驱动”的课改思路，已得到大多数学校的认可。

本书为理论实践一体化、项目式体例。重点要加强实训实践，并将理论内容贯穿其中，打破传统教学体系，注重基本技能的训练。紧密联系企业生产要求，设计合理的教学任务，使学生在每次训练过程中都以完成一项任务为基本出发点，知识点实用、够用；结合相应的图表填充、数据记录、步骤总结和经验归纳等内容，提高教材的可利用性。利用整车、专门的实训台和其他教学资源使学生边操作边学习相关理论知识，一方面可使没有太多的实际维修经验的教师，在使用本书时，也能够带领学生开展完整的实习实训；另一方面，学生使用本书能够进行自习并自主完成相关作业。

本教材按汽车服务企业实际工作过程中有关汽车电器的相关基本操作，设计成5个教学项目，建议总学习时数为74学时，具体时间分配见下表：

项　目　一	项　目　二	项　目　三	项　目　四	项　目　五
汽车供电系统检修与维护	汽车起动系统检修与维护	灯光照明系统检修与维护	仪表显示系统检修与维护	汽车辅助电气系统检修与维护
16学时	16学时	16学时	8学时	18学时
合计学时：74学时				

本书由吉林化工学院李永力任主编，编写项目一并负责全书的统稿；吉林市工贸学校刘玉杰编写项目二；吉林化工学院唐秀丽编写项目三；锦州市机电工程学校白文娟编写项目四、项目五。

由于编者的编写经验、水平有限，书中难免有欠妥之处，恳请各位专家和读者不吝指正。

编　者

目 录

项目一

汽车供电系统检修与维护

汽车供电系统包括蓄电池、发电机、调节器和充电指示装置。它的主要作用是向用电设备提供低压直流电源。当发动机不工作或转速较低时，主要由蓄电池向用电设备供电。发动机工作后，在一定转速下，由发动机驱动发电机，经调节器输出稳定的电压向全车用电设备供电，同时也向蓄电池进行充电。

通过本项目的学习，应该学会发电机传动带的检查与调整；电压调节器、三相整流器的检查与调整；蓄电池的检查与维护；发电机的分解、组装与故障诊断等常见维修任务。

任务一　发电机传动带的检查与调整

任务目标

1）熟练掌握发电机传动带的检查与调整方法；

2）规范安全的操作方法；

3）掌握传动带张紧度的检查方法。

【预备知识】

交流发电机的前端装有带轮和风扇，由发动机通过传动带驱动发电机的转子轴和风扇一起旋转。传动带的张紧度会直接影响充电系统的工作情况和发电机的使用寿命。

传动带太松，会容易导致传动带打滑，从而降低发电机的转速，使发电机的输出功率下降，并使发动机的冷却液温度会过高。传动带太紧，则会加大发电机轴承的负荷，加速轴承的磨损，严重时还会造成发电机转子与定子接触，引起发电机烧蚀。

传动带的张紧度可用传动带的挠度或张紧度来反映。

1. 发电机传动带的挠度检查

发电机传动带的挠度是指在两个传动带轮之间的中间位置施加规定的力矩以后，在加力点处传动带的位移量。传动带的挠度有规定的范围值，超过或者小于这个范围则需要进行调整，否则会影响发电机的正常工作。

2. 发电机传动带的张紧度检测

发电机传动带的张紧度需要用专用皮带张紧力检测仪进行检测。张紧度不符合规定值时应予以调整。比如丰田系列发电机传动带规定的张紧度为：新传动带为 686～786N 或

(72 ±9)kg；旧传动带为294～441N或（58.5 ±9)kg。检查方法如图1-1所示，先要旋转重置杠杆以重置针阀，然后夹紧检测仪上的把手、手柄和卡钩，当把手松开后，卡钩用收缩性弹簧力拉动传动带，弹簧力使指针指示张紧力的大小。

图1-1　检查传动带的张紧度

1—重置杠杆　2—手柄　3—把手　4—卡钩　5—传动带

【任务实施】

一、传动带的外观检查

1）用肉眼观察传动带有无磨损。传动带的肋侧有轻微裂痕是允许的，但如果传动带的肋部有大块脱落，则应更换，如图1-2所示。

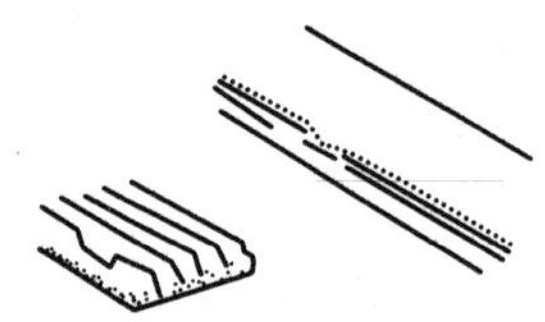

图1-2　检查传动带是否磨损、擦伤

2）检查带与带轮啮合是否正确。传动带安装好后，应检查其与基圆槽的配合是否合适，用手确认传动带不会从曲轴传动带轮基圆槽中滑出，安装状态如图1-3所示。

二、传动带的张紧度检查与调整

1. 检查传动带的张紧度

1）不带有张紧轮的传动带，对其施加100N的压力，传动带挠度应为：新传动带为5～7mm；已使用过的传动带为7～8mm，如图1-4所示。

2）对带有张紧轮的发电机V带的挠度检查时，在张紧轮与发电机带轮之间施加100N的压力，传动带的挠度应为新带2mm，旧带不超过5mm，如图1-5所示。

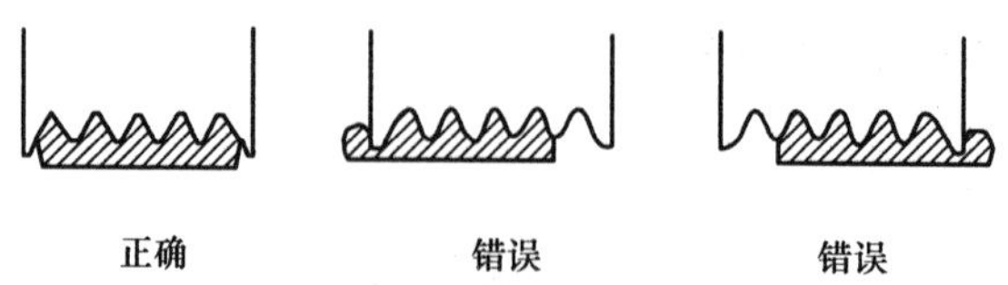

图1-3　确认传动带安装位置

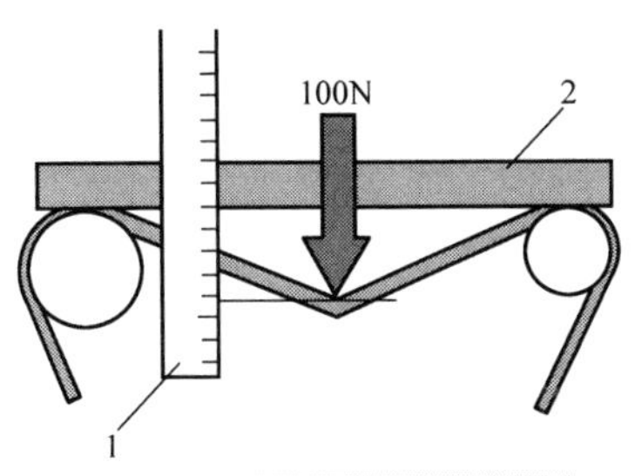

图 1-4 检查传动带的挠度
1—直尺 2—精密直规

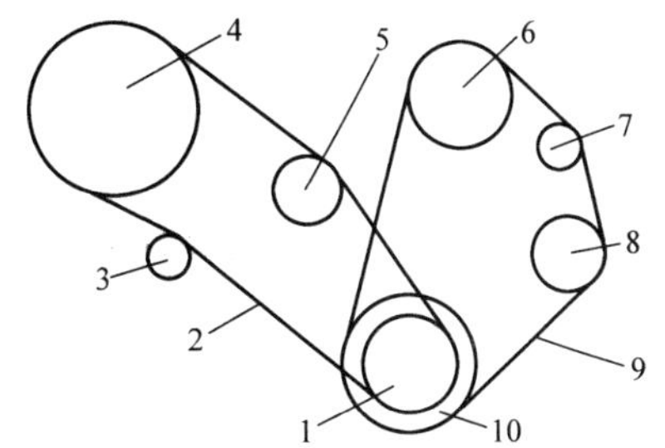

图 1-5 检查带张紧轮发电机 V 带的挠度
1—曲轴齿轮 2—齿形带 3、7—张紧轮 4—凸轮轴齿轮 5—中间轴齿轮 6—发电机带轮 8—水泵带轮 9—V 带 10—曲轴带轮

注意事项

① 新带指的是从没使用过的 V 带，旧带指的是装到车辆上随发动机转动过 5min 或 5min 以上时间的 V 带。

② 安装新传动带后，运转发动机约 5min 后，再检查传动带的张紧度。

2. 调整传动带

对于过松或过紧的传动带，应进行调整，如图 1-6 所示。

1）松开张紧卡板上的调整锁紧螺母和发电机上的枢轴螺母，至少松开一圈。

2）用撬棍调整发电机的位置，注意不要顶在气门正时盖上撬。

3）检查传动带的张紧度，直至达到规定值。

4）用规定力矩拧紧发电机的调整锁紧螺栓及枢轴螺母。

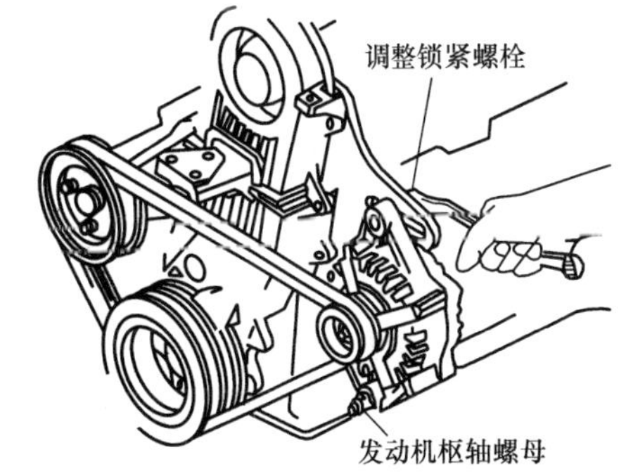

图 1-6 拧松发电机枢轴螺母和调整锁紧螺栓

三、发电机工作噪声检查

当交流发电机出现机械故障时，如轴承破损、轴弯曲，发电机运转时会产生异常噪声。

1）起动发动机，逐渐加大油门，使车速逐渐提高。

2）监听发电机有无异响，如果 V 带运转时有异响并伴有异常磨损时，应检查曲轴带轮、水泵带轮、发电机带轮是否在同一旋转平面内。

将以上检查结果记入表 1-1，并给出处理措施。

表 1-1 传动带状况检查

项 目	检查结果		
	正 常	不 正 常	采取措施
传动带是否开裂			
传动带的挠度			
带与带轮啮合情况			
工作噪声情况			

【思考练习】

1. 如何检查并调整传动带的张紧度？
2. 传动带外观检查包括哪些项？

任务二　电压调节器的检查与调整

任务目标

1）熟练掌握电压调节器的检查与调整方法；
2）规范安全的操作方法。

【预备知识】

一、电压调节器的作用

电压调节器的作用是把发电机输出电压控制在规定范围内，以满足汽车用电设备的恒定电压的要求，防止因发电机转速高引起电压过高而烧坏用电设备和导致蓄电池过充电；也避免因发电机转速低而电压不足导致用电设备工作失常。

二、交流发电机调节器的种类

1. 电压调节器按工作原理分类

（1）触点式电压调节器

触点式电压调节器是以电磁振动的方式工作，通过电磁铁控制触点的断续接触，使附加电阻串入或不串入发电机的励磁电路，来改变励磁绕组通过电流的大小，从而达到自动调节发电机输出电压稳定的目的。

特点：触点式电压调节器由于存在机械惯性和电磁惯性，振动频率慢，电压调节精度低，触点火花对无线电干扰大，可靠性差，寿命短，现已被淘汰。

（2）晶体管电压调节器

晶体管电压调节器是根据发电机不同转速时电压的变化，利用晶体管的开关特性，来控制发电机磁场电路的通断，从而自动调节发电机的输出电压以保持稳定。

特点：结构简单，故障少，工作可靠；开关频率快，调压质量高；无触点火花，对无线电设备干扰小；质量轻、体积小、寿命长，现广泛应用于中低档车型。其外形如图 1-7a 所示。

（3）集成电路电压调节器

集成电路电压调节器是利用集成电路（IC）组成的调节器。集成电路是指在一块微小的基片上，组装着许多半导体元件和其他电路元件所构成的电子电路。目前汽车上所用的集成电路调节器可分为全集成电路电压调节器和混合集成电路电压调节器两类。

特点：体积和质量更小，电压调节精度更高；取消外接线路，工作可靠性更好；采用树脂封装，除潮和防污性更好，130℃高温下仍能正常工作；内部无移动零件，更抗振，寿命

图 1-7 晶体管电压调节器和集成电路电压调节器

a）晶体管电压调节器 b）集成电路电压调节器

更长。广泛应用于桑塔纳、奥迪等车型上。其外形与结构如图 1-7b 所示。

（4）计算机控制电压调节器

计算机控制电压调节器是轿车采用的一种新型调节器，由电负载检测仪测量系统总负载后，向发电机控制单元发送信号，然后由发动机控制单元控制发电机电压调节器，适时地接通和断开磁场电路，既能可靠地保证电气系统正常工作，使蓄电池充电充足，又能减轻发动机负荷，提高燃油经济性。如广州本田、上海别克等轿车都使用了这种电压调节器。

2. 电子调节器按所匹配的交流发电机搭铁形式分类

晶体管式和集成电路式电压调节器属于电子调节器，按搭铁形式可分为内搭铁型调节器和外搭铁型调节器。

（1）内搭铁型调节器

适合于与内搭铁型交流发电机所匹配的电子调节器称为内搭铁型调节器，电路如图 1-8 所示。

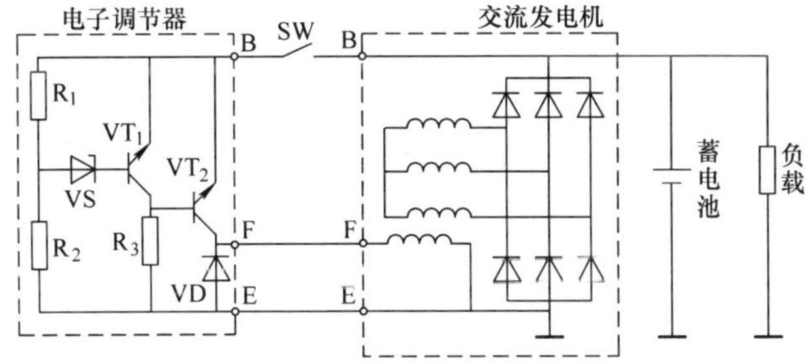

图 1-8 内搭铁型电子调节器电路

（2）外搭铁型调节器

适合于与外搭铁型交流发电机所匹配的电子调节器称为外搭铁型调节器，电路如图 1-9 所示。

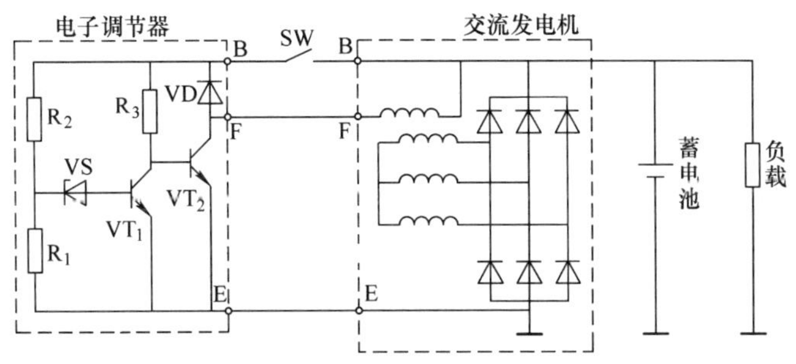

图 1-9 外搭铁型电子调节器电路

注意事项

① 晶体管调节器，最好使用汽车说明书中指定的调节器，如果采用其他型号代替，除标称电压等规定参数与原调节器相同外，同时与原调节器的搭铁形式必须相同，否则，发电机可能由于励磁电路不通而不能正常工作。

② 集成电路调节器，必须是专用的，是不能替代的。

三、电压调节器的工作原理

由交流发电机的工作原理我们知道，交流发电机的三相绕组产生的电动势的有效值：

$$E\varphi = Ce\Phi n \ (\mathrm{V})$$

式中 Ce——发电机的结构常数；

n——转子转速；

Φ——转子的磁极磁通。

也就是说交流发电机所产生的感应电动势与转子转速和磁极磁通成正比。

当转速升高时，$E\varphi$ 增大，输出端电压 U_B 升高，当转速升高到一定值时（空载转速以上），输出端电压达到极限，要想使发电机的输出电压 U_B 不再随转速的升高而上升，只能通过减小磁通 Φ 来实现。而磁极磁通 Φ 与励磁电流 I_f 成正比，要减小磁通 Φ 也就是要减小励磁电流 I_f。

所以，交流发电机电压调节器的工作原理是：当交流发电机的转速升高时，电压调节器通过减小发电机的励磁电流 I_f 来减小磁通 Φ，使发电机的输出电压 U_B 保持不变。

触点式电压调节器通过触点开闭，接通和断开磁场电路，来改变磁场电流 I_f 大小；晶体管电压调节器、集成电路电压调节器等利用大功率晶体管的导通和截止，接通和断开磁场电路，来改变磁场电流 I_f 大小。

四、电压调节器的常见故障和原因

1. 充电电流过小

（1）故障现象

1）起动发动机，缓缓加速至中等转速（1500r/min）时，打开前照灯，其灯光暗淡；按喇叭，其音量小，电流表指示放电或充电指示灯点亮，说明电源供电系统充电电流过小。

2）发动机中速运转时，如果电流表指示充电电流为 8～12A，说明正常；如果充电电流小于 5A（在蓄电池电量不足的情况下），则说明电源供电系统存在充电电流过小。

（2）故障原因

1）电压调节器调节电压过低。

2）触点式调节器触点接触不良。

（3）处理措施

如果是触点式调节器，则检测：

1）弹簧张力是否过弱。

2）低速触点是否烧蚀脏污、接触面积是否过小。

如果是电子式调节器，则应该是出厂质量问题，建议更换。

2. 电源供电系统不充电

（1）故障现象

起动发动机，缓缓加速至中等转速（1500r/min）时，电流表指示放电或充电指示灯点亮，说明电源供电系统存在不充电故障。

（2）故障原因

可能是电压调节器损坏。

（3）处理措施

如果是触点式调节器，则检测：

1）高速触点是否烧结。

2）磁场继电器线圈是否断路。

如果是电子式调节器，则检测：

1）大功率管是否断路。

2）其他电阻、电容、二极管是否断路或短路。

【任务实施】

一、触点式调节器的检查与调整

1. 触点的检修

检查触点是否氧化、烧蚀，如果有轻微烧蚀，可用“00”号砂布磨平并予以清洁，如果不易修复则应更换。

两触点要同心，其偏移量不得超过 0.2mm，保证触点的接触面积应不小于 85%；接触面要平整、光洁。如果表面有脏污时，应用清洗纸擦拭净表面。

在断电情况下，用万用表测量两触点间的电阻，应为零，否则表明触点接触不良。

2. 衔铁间隙的检查与调整

触点在断电状态下，使用塞尺检查，以 FT111 型调节器为例，活动触点臂与铁心的间隙应为 1.4～1.5mm，如图 1-10 所示。如果间隙不符合要求，可松开固定触点臂上的固定螺钉，上下移动固定触点臂，如图 1-11 所示。使间隙符合要求，然后将固定螺钉拧紧。

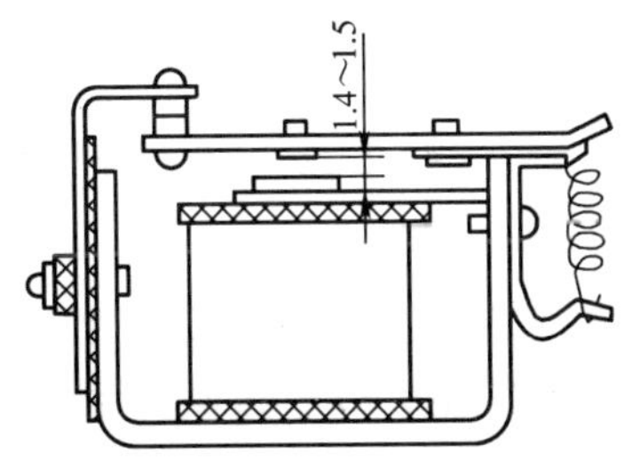

图 1-10　调节器衔铁间隙的尺寸

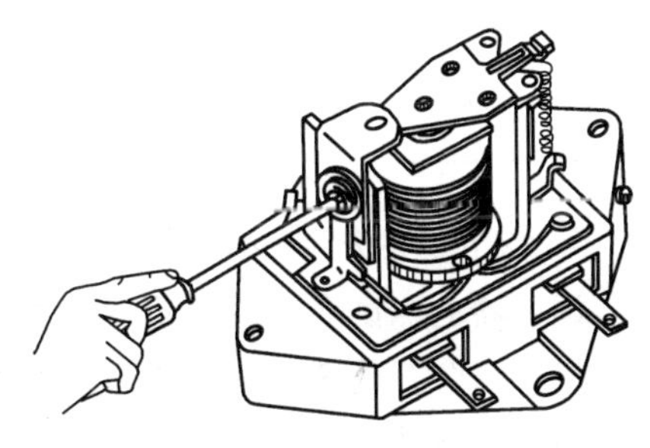

图 1-11　调节器衔铁间隙的调整方法

活动触点与磁化铁心之间空气间隙的大小对电压调节值的影响较大，可做粗调；弹簧拉力对电压调节值影响较小，可做微调。如果通过改变弹簧拉力无法将电压调到规定值时，则应对各部间隙做必要的调整。

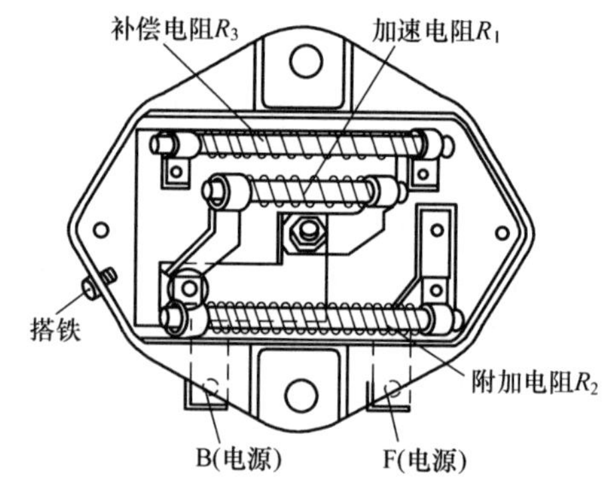

图 1-12　内部电阻结构图

3. 调节器电阻的测量

检查调节器的调节电阻、补偿电阻和附加电阻的阻值是否符合规定，以及电磁线圈有无断路、短路，如图 1-12 所示。使用万用表进行测量，将测量数据记入表 1-2 中，并与标准值进行比较。常用的触点式电压调节器的各项参数见表 1-3。

表 1-2　触点式调节器检测

调节器类型						
检查项目	触点状态	衔铁间隙	线圈通断	补偿电阻	加速电阻	附加电阻
标准值						
测量值						
结论						

表 1-3　常用触点式电压调节器参数

型　号	电 磁 线 圈			内部电阻/Ω			继电器线圈
	线径/mm	匝数	电阻/Ω	调节电阻	加速电阻	补偿电阻	
FT111	ϕ0. 31	900	8. 8	150	4	15	
FT121	ϕ0. 29	1400	18	300	8	60	
FT61	ϕ0. 31	850	9. 5	8. 5	1	13	
FT61A	ϕ0. 20	2200	53	40	2	80	起动线圈：1400 匝，$R=35\Omega$ 保持线圈：$R_1=35\Omega$，$R_2=65\Omega$
FT70	ϕ0. 29	700	7. 2	9	0. 4	20	
FT70A	ϕ0. 21	1540	30	40	2	80	
FT121	ϕ0. 31	900	8. 8	150	4	15	$\phi1=0.21$mm，1400 匝，27Ω $\phi2=0.27$mm，700 匝，13Ω
FT221	ϕ0. 29	1400	18	250	15	60	$\phi1=0.15$mm，2300 匝，85Ω $\phi2=0.19$mm，1400 匝，52Ω

4. 调节器的测试及调整

调节器的测试在电器试验台上进行，测试电路如图 1-13 所示。电路连接好后，先起动电动机，闭合开关 S_1，由蓄电池经发电机励磁，并且逐渐提高发电机的转速，当发电机电压略高于蓄电池电压时接通 S_2，切断 S_1，使发电机自励。在发电机转速为 3000r/min 时，调节可变电阻，使发电机处于低载状况（电流为 4A），记下调节器所维持的电压值。如果不符合规定，调整弹簧拉力使其符合规定为止。然后再调节可变电阻，使发电机处于半载状况，即输出电流为额定电流的一半，记下调节器所维持的电压值。低载与半载调节电压的差值应符合规定，如果超过 +0.5V 时，可适当减小衔铁与铁心间的气隙；如果级差为负值时，可适当放大其间隙。

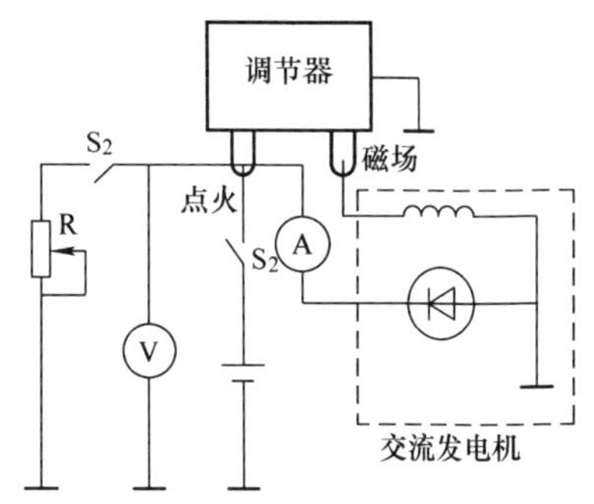

图 1-13　调节器的测试与调整

二、晶体管调节器的检测

1. 调节器晶体管电阻的检测

使用万用表测量晶体管调节器各接线柱之间的静态电阻，应符合表 1-4 中的相应数值。

表 1-4　JFT 系列晶体管调节器各接线柱之间的电阻值　（单位：Ω）

调节器型号	“S” 与 “F” 之间		“S” 与 “E” 之间		“F” 与 “E” 之间	
	正向	反向	正向	反向	正向	反向
JFT141；JFT142B	500 ~ 750	5 ~ 7.5	1.2 ~ 1.6	3.5 ~ 4	550 ~ 600	3.9 ~ 4.0
JFT241；JFT242B	650 ~ 700	5 ~ 5.5	1.6 ~ 1.8	3 ~ 3.3	550 ~ 600	4.3 ~ 5.0
JFT106；JFT107	1500 ~ 2000	3 ~ 4	1.4 ~ 1.6	1.4 ~ 1.6	1400 ~ 1600	3.0 ~ 4.0
JFT206；JFT207	1300 ~ 1500	2 ~ 3	1.5 ~ 2.0	1.5 ~ 2.0	1300 ~ 1500	4.0 ~ 6.0
JFT126	4600 ~ 5000	7.5 ~ 8	3.0	3.0	550	6.5 ~ 7.0

2. 调节器的搭铁类型检测

晶体管调节器有内、外搭铁之分，如果不明确，则可以用如下方法进行判断：

1）对于 12V 的调节器，用一个 12V 的蓄电池和一个 12V、2W 的小灯泡分别按图 1-14 所示线路连接，观察小灯泡的发亮情况。

2）如果小灯泡在 “ - ” 与 “F” 接线柱之间发亮，而在 “ + ” 与 “F” 接线柱之间不发亮，则该调节器为内搭铁式调节器；反之，如果小灯泡在 “ - ” 与 “F” 接线柱之间不亮，而在 “ + ” 与 “F” 接线柱之间发亮，则该调节器为外搭铁式调节器。

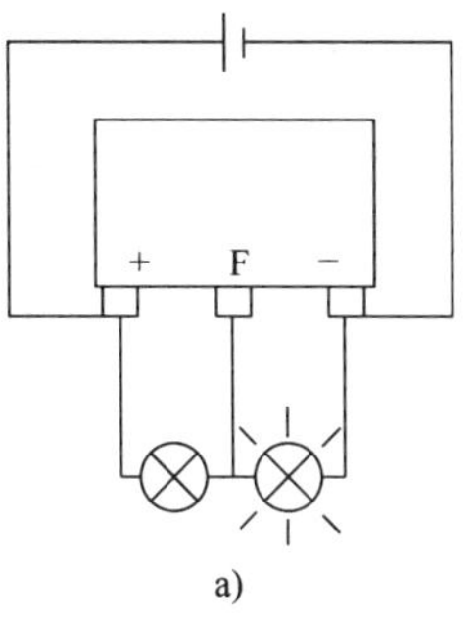

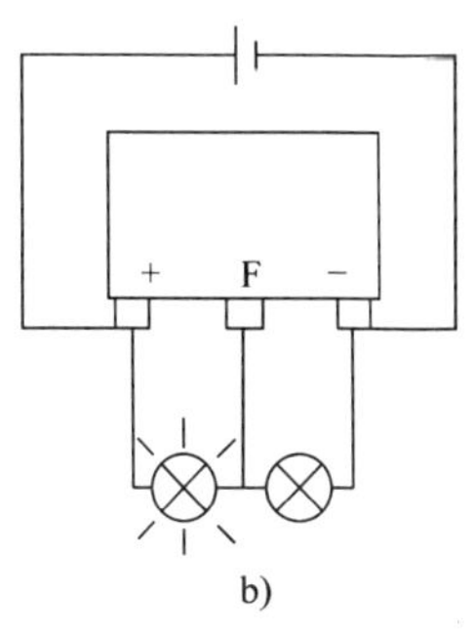

图 1-14　电子调节器搭铁形式的判断
a）内搭铁式调节器　b）外搭铁式调节器

注意事项

如果调节器是四个引出端（D +、B、F、 -），试验时，可将 D + 与 B 短接再进行测试。

3. 调节器的状态检测

根据搭铁的类型，选择不同的连接线路，检测调节器的好坏及调节电压。

1）准备一台输出电压为0～30V，电流为5A的可调直流稳压电源和一只12V、20W（对于28V调节器则用24V、25W灯泡）的灯泡，用灯泡来代替发电机磁场绕组，根据搭铁类型接线。内搭铁式调节器检测线路如图1-15a所示；外搭铁式调节器检测线路如图1-15b所示。

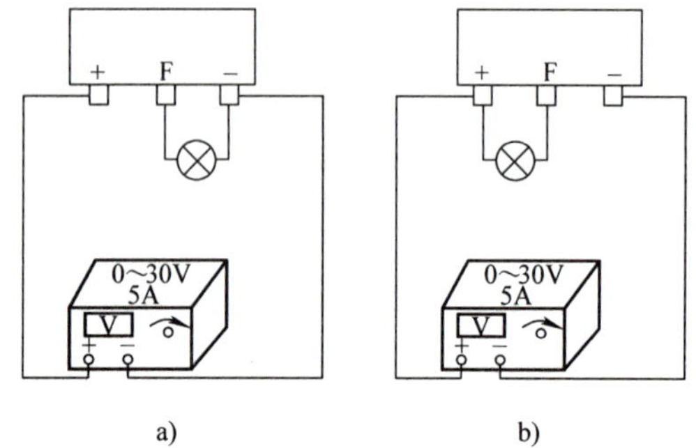

图1-15　用直流稳压电源检查电子式调节器接线图
a）内搭铁式调节器　b）外搭铁式调节器

2）调节稳压直流电源，使其输出电压从零逐渐升高，观察灯泡的工作情况。14V电压调节器当电压升高到6V（28V调节器电压升高到12V）时，试灯开始点亮。随着电压的不断升高，试灯的亮度应该逐渐增强；当电压调高到调节电压值13.5～14.5V（28V调节器为27～29V）或略高于调节电压值时，灯泡应该熄灭；如果使电压逐渐降低，灯泡又能重新亮起，则说明调节器正常。

3）如果施加到晶体管调节器上的电压超过调节电压规定值时，灯泡仍不熄灭，或者熄灭时电压数值与规定值相差较大时，说明调节器有故障，可能是大功率晶体管短路或前级驱动电路的晶体管和稳压管断路。

4）如果在确认灯泡自身正常的前提下，灯泡随着电压的增加却一直不亮，也可以判断出调节器有故障，可能是大功率晶体管断路或前级驱动电路的晶体管和稳压管短路。

将检测数据记入表1-5，并分析检测结果。

表1-5　晶体管式调节器检测

调节器类型					
检查项目	“S”与“F”之间电阻	“S”与“E”之间电阻	“F”与“E”之间电阻	搭铁类型	发电电压
标准值					
测量值					
结　论					

三、集成电路调节器的检测

集成电路调节器为全密封不可拆结构，只需通过检测判断其好坏，进行元件更换即可。集成电路调节器单件检测时，检测方法可与晶体管调节器检测方法相同。

1. 集成电路调节器管压降的检测

1）按图1-16所示线路连接直流电源、电压表、电流表、集成电路调节器和可调变阻器。

2）接通开关，调节可变电阻R使电流表（A）的计数为4A时，电压表（V）的计数应不大于1.5V。

3）如果管压降大于1.5V，功率管的耗散功率会增大，会使发电机输出功率降低，同时调节器的使用寿命也会大大缩短。

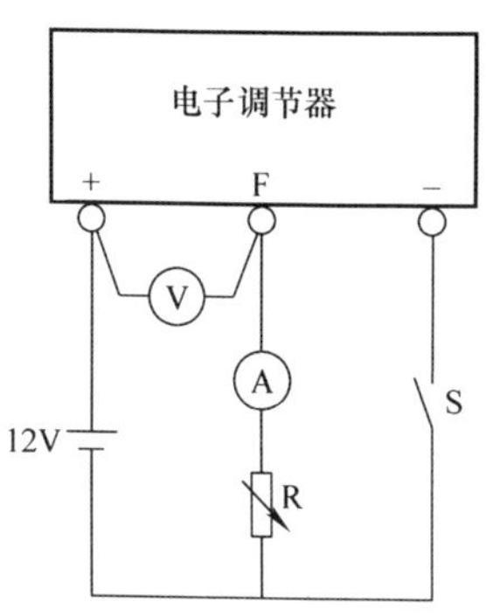

图1-16 检查集成电路调节器管压降

2. 就车检测集成电路调节器的工作性能

1）首先拆下发电机上所有的连接导线。

2）在蓄电池正极和交流发电机“L”接线柱之间串联一只12V、20W的车用灯泡（如果是28V调节器可用24V、25W的灯泡）或者用一只电流表。

3）将可调直流稳压电源的“+”柱接至交流发电机的“S”端子，“-”柱与发电机外壳或“E”柱相接，如图1-17所示。

4）调节稳压电源，使电压缓慢升高，直到灯泡熄灭，则电压表的计数值就是调节器的调节电压值，如果在规定的调节电压范围内，则说明调节器正常，否则就是有故障。

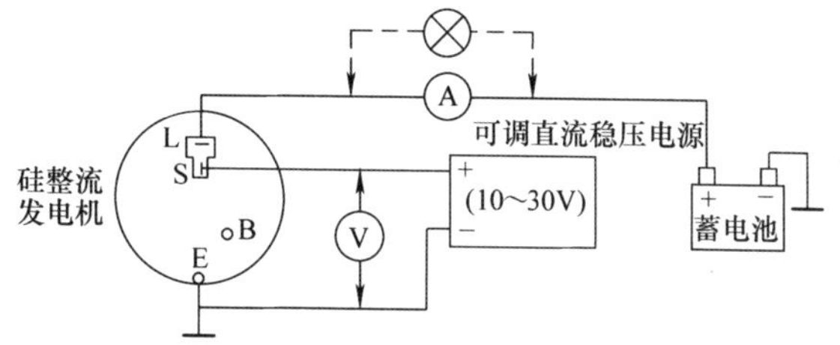

图1-17 集成电路调节器检测接线图

B—发电机的输出端子 E—搭铁端子 L—充电指示灯端子 S—电压检测端子

将检测数据记入表1-6，并分析检测结果。

表1-6 集成电路调节器检测

调节器类型					
检查项目	“S”与“F”之间电阻	“S”与“E”之间电阻	“F”与“E”之间电阻	管压降	发电电压
标准值					
测量值					
结论					

注意事项

① 有些车的集成电路调节器与电刷组件为一总成，不可分离，所以更换调节器时应与电刷组件一同更换；

② 接线时应搞清楚调节器各引脚的含义，否则，会因为接线错误而损坏集成电路调节器。

【思考练习】

1. 电压调节器的作用是什么？
2. 交流发电机电压调节器有哪几类？
3. 电压调节器的常见故障和原因有哪些？
4. 如何检测内、外搭铁形式的调节器？

任务三　蓄电池的检查与维护

任务目标

1）熟练掌握蓄电池的检查与维护方法；
2）掌握蓄电池接线柱的清洁与维护方法；
3）掌握电解液密度的检查方法。

【预备知识】

一、蓄电池简介

汽车用蓄电池主要是铅酸蓄电池，俗称“电瓶”，是一种可逆的低压直流电源，在汽车上与发电机并联。

1. 蓄电池的用途

发动机起动时给起动机和点火系统供电，当发电机正常工作时存储电能，同时在发电机过载时协助发电机供电。同时也能平缓电路中的电压波动，保护电路中的电子元器件。

2. 蓄电池的组成

蓄电池是在装有稀硫酸的窗口内插入正、负极板而构成的化学电源。由若干个单格组成，每个单格电池电压为2V，单格之间互不相通，使用联条将它们串联起来，如图1-18所示。

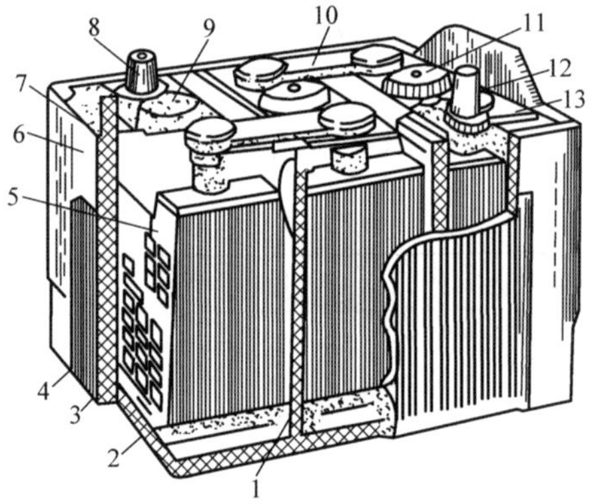

图1-18　蓄电池构造

1—隔壁　2—凸筋　3—负极板　4—隔板　5—正极板　6—电池壳　7—防护板　8—负极接线柱　9—通气孔　10—联条　11—加液螺塞　12—正极接线柱　13—单格电池盖

二、蓄电池的常见故障及原因

蓄电池的常见故障有极板硫化、自放电和活性物质脱落等，造成蓄电池的容量下降、使用寿命缩短。

1. 极板硫化

蓄电池极板较容易硫化，长时间使用的蓄电池轻微硫化是不可避免的。

（1）故障现象

蓄电池极板硫化后，除了有容量和起动性能明显下降的故障现象外，在充、放电时会有异常现象：放电时蓄电池端电压下降较快；充电时电压上升快，温度升高也快，会过早地出现“沸腾”，而电解液的密度则上升较慢且达不到规定的值。

（2）故障原因

1）蓄电池长时间处于亏电状态。

2）电解液的液面过低。

3）深度放电。

4）其他因素，如电解液密度过高、不纯、外部温度变化剧烈等都会促使极板的硫化。

（3）故障处理

蓄电池极板硫化不严重时，可以用去硫化充电法（倒出电解液，加蒸馏水反复进行充放电，直到充电不能使密度再增加）消除硫化，极板硫化严重的则只能更换新的蓄电池。

2. 自放电

在未接通外电路时，蓄电池的电能自行消耗即称之为自放电。正常的情况下，自放电是不可避免的，但如果每昼夜蓄电池自行放电量大于蓄电池额定容量的2%，则属于自放电故障。

用电设备开关未关、电路中有短路和漏电故障时，也会使蓄电池有自放电的假象，在确定蓄电池自放电故障前，应首先检查汽车电路有无异常。

（1）故障现象

充足电的蓄电池停放几天或几小时后就会呈现存电不足现象（起动转速下降或运转无力等）。自放电严重的蓄电池，充电时端电压和电解液密度上升缓慢，用高率放电计测单格电池压降（非整体盖板的蓄电池），会有电压迅速下降的现象。

（2）故障原因

使用中造成蓄电池自放电故障的原因主要有如下几种。

1）蓄电池盖表面有油污、尘土、电解液等而造成漏电。

2）壳体底部沉积物过多而造成正负极板间短路。

3）隔板破裂，造成正负极板短路。

4）电解液不纯，含有过多的金属杂质。

（3）处理措施

不同原因所造成的蓄电池自放电，其故障处理方法不同。

1）如果是由于蓄电池盖表面脏污造成自放电故障，清洁盖表面，并对已亏电的蓄电池进行补充充电即可。

2）如果是因蓄电池容器底部沉积物太多造成的极板短路（充电时电解液往往会呈现褐色），则应倒出全部电解液，并用蒸馏水将壳体内部冲洗干净，然后重新加注电解液，并充足电。

3）如果是电解液不纯，则应先将蓄电池全放电或过度放电，以使杂质全部进入电解液，然后将电解液全部倒出，用蒸馏水冲洗壳体内部后，加注电解液并将其充足电。

3. 活性物质早期脱落

活性物质早期脱落是指因使用不当而造成蓄电池极板上的活性物质在短时间内就有大量

的脱落。

蓄电池在长时间的使用过程中，有少量的活性物质脱落属正常情况，但如果在较短时间内就有较多的活性物质脱落则属于故障。

（1）故障现象

极板活性物质脱落较多时，蓄电池在充电时其电解液会成为混浊褐色溶液，充电电压上升过快，电解液会过早地出现“沸腾”现象，电解液密度偏低；放电时电压下降过快，容量明显不足。

（2）故障原因

使用中容易造成极板活性物质脱落的原因有：

1）充电电流过大或长时间过充电，使大量的水电解，产生的气体在极板孔隙内产生压力，造成活性物质脱落。

2）长时间大电流放电，尤其是低温长时间大电流放电，生成的 $PbSO_4$ 容易形成致密层，在充电时，PbO_2 将会以树状的晶体生长，这种树状晶体很容易脱落。

3）过度放电，极板上 $PbSO_4$ 太多，体积膨胀而造成挤压，使活性物质脱落。

4）蓄电池极板组安装不良而松旷、蓄电池在车上安装不牢固，使极板组颠簸振动加剧，造成活性物质脱落。

5）冬季蓄电池放电后未及时充电，使电解液密度过低而结冰，导致活性物质脱落。

（3）处理措施

活性物质脱落较少时，可以倒出全部电解液，用蒸馏水冲洗后重新加注电解液，充足电后继续使用。如果活性物质脱落过多，则需更换极板组或更换蓄电池。

【任务实施】

一、蓄电池接线柱的清洁与维护

1. 检查蓄电池接线柱外表有无腐蚀物

1）如果外表出现了腐蚀物，接线柱内表面也会出现腐蚀现象，导致电阻值增大，影响蓄电池的正常充电和放电，必须及时处理。

2）如果发现接线柱上出现固体氧化物时，用锯条或粗砂纸除去接线柱和接头的氧化物，清理干净后，将蓄电池表面擦拭干净，并涂一层薄薄的工业凡士林或润滑脂，保证接线柱不被氧化。

2. 检查蓄电池接线柱是否松动

检查接头与接线柱连接是否牢固，如松动要紧固好。

3. 检查蓄电池外表面

检查蓄电池封胶有无开裂和损坏，接线柱有无破损，壳体有无泄漏，如果有问题则应修复或更换。

二、蓄电池技术状态的检查

1. 电解液液面的检查方法

采用透明耐酸塑料容器的蓄电池可从蓄电池容器侧面观察液面的高度。有少数蓄电池可以从加液孔检查液面高度。普通蓄电池可使用玻璃管检查各单格液面高度，如图 1-19 所示。

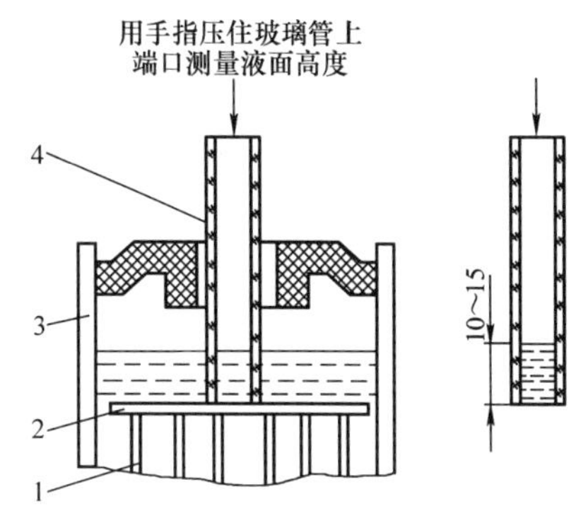

图 1-19 蓄电池电解液液面高度的检查
1—极板 2—极板防护片 3—容器壁 4—玻璃管

1）检查蓄电池所有加液孔盖上的通气孔是否畅通，如有堵塞应去除。

2）将内径为 3 ~ 5mm、长度约 150mm 的玻璃管垂直伸入单格电池中，并与防护板接触，用拇指堵住玻璃管的上端口，然后提出液面。

3）迅速用尺测量玻璃管内液体的高度，此高度即为高出极板的电解液液面高度，要求液面高出隔板上沿 10 ~ 15mm。

4）用相同的方法检查其余单格并将测量结果记入表 1-7。

表 1-7 检测电解液面高度

单　　位	mm					
标准值						
检测值						
结论						

2. 蓄电池电解液密度的检查

电解液的密度可使用吸式密度计进行测量，其结构及测量电解液密度的方法如图 1-20 所示。

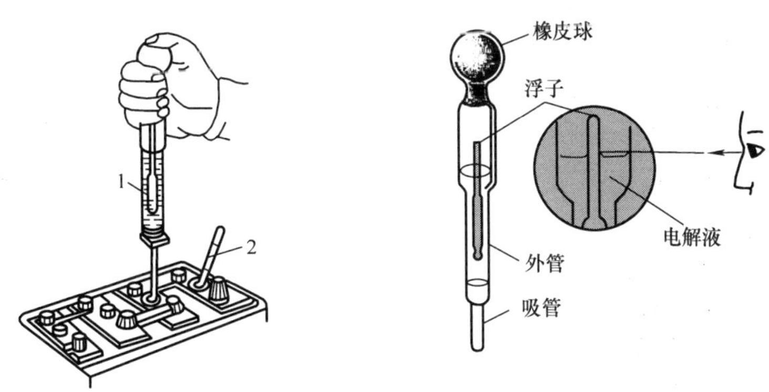

图 1-20 测量电解液密度
1—密度计 2—温度计

1）打开蓄电池的加液盖。

2）把密度计下端的橡皮管插入单格电池的加液孔内，将一定量的电解液吸入密度计内，使浮子处于吸管的中部。

注意事项

① 不能在蓄电池内压缩橡皮球；

② 浮子不能触及吸管的顶部、底部及玻璃壁；

③ 视线与刻度线平齐；

④ 橡皮管不得离开蓄电池加液孔上方；

⑤ 测量结束清洗密度计和温度计。

3）读取密度计的读数，即为测量密度值。也可粗略地根据密度芯的红、绿、黄颜色区段初步判断蓄电池的放电程度。

4）用密度计依次检查每个单格的电解液相对密度，各单格的密度差应小于0.01，将测量结果填入表1-8。应同时测量电解液温度，并根据不同温度条件下的电解液密度修正值，见表1-9，换算成25℃时的相对密度。

表1-8　蓄电池密度测量与放电程度计算

蓄电池单格	1	2	3	4	5	6
测量温度/（℃）						
测量值/（g/cm³）						
修正值/（g/cm³）						
放电程度/（%）						

表1-9　不同温度条件下电解液密度修正值

电解液温度/℃	密度修正值/（g/cm³）	电解液温度/℃	密度修正值/（g/cm³）	电解液温度/℃	密度修正值/（g/cm³）
40	+0.0113	10	-0.0113	-20	-0.0337
35	+0.0075	5	-0.0015	-25	-0.0375
30	+0.0037	0	-0.00188	-30	-0.0412
25	0	-5	-0.0255	-35	-0.0450
20	-0.0037	-10	-0.0263	-40	-0.0488
15	-0.0075	-15	-0.0300	-45	-0.0525

5）放电程度的判断方法。电解液密度与放电程度的关系是：密度每下降0.01g/cm³，相当于蓄电池放电6%，当判定蓄电池在夏季放电超过50%，冬季放电超过25%时，则应及时进行充电，否则会使蓄电池使用寿命变短。

6）将测量的密度值、温度值与查得的修正值进行计算，可以计算出蓄电池的放电程度。

7）对于免维护蓄电池多数设有内装式密度计（充电状态指示器），可根据指示器的颜色判定蓄电池的工作状态。如图 1-21a 所示，绿色表示电充足，电量达 75% 以上；如图 1-21b所示，当变黑色时，说明存电不足，应予以充电；如图 1-21c 所示，当显示浅黄色或者无色透明时，表示电解液面过低，必须更换蓄电池。

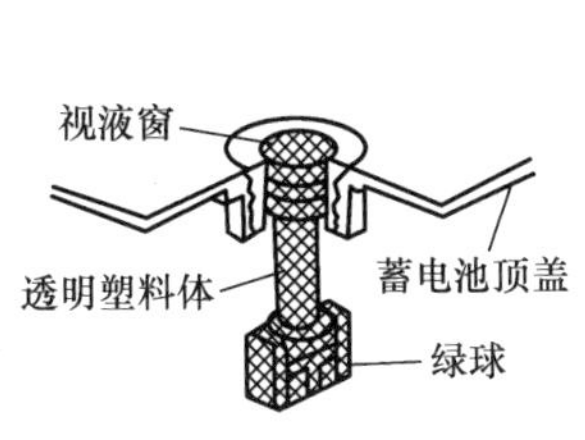

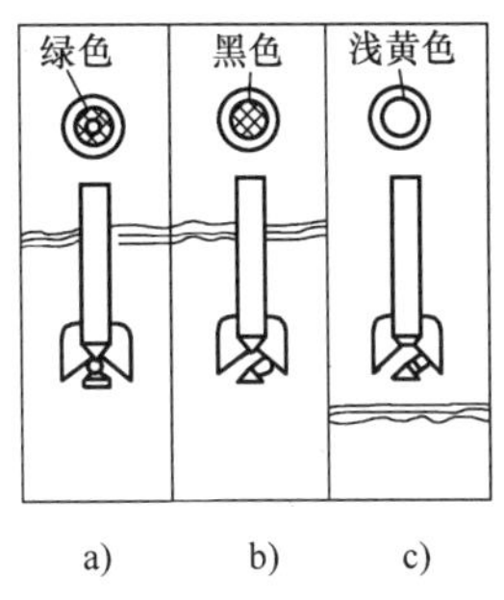

图 1-21　内装密度计的蓄电池状况

【思考练习】

1. 蓄电池的作用有哪些?
2. 怎样测量电解液面的高度?
3. 怎样测量蓄电池电解液密度?
4. 蓄电池常见故障及解决方法有哪些?

任务四　发电机的分解、组装与故障诊断

任务目标

1）熟练掌握发电机总成的分解与组装；
2）熟练掌握发电机故障诊断的方法；
3）掌握发电机总成性能的测试方法。

【预备知识】

汽车上虽然装有蓄电池，但是蓄电池供给的电能有限，并且在它放电后必须及时进行补充电。所以汽车上的电源除了蓄电池以外，发电机也是汽车上的主要电源。

一、交流发电机的作用

汽车上的发电机是交流发电机，它具有转速高、体积小、质量轻、输出功率大、结构简单、故障少、使用寿命长和维修方便等优点，而且低速时充电性能好，配用的调节器简单，对无线电干扰小。

交流发电机是在发动机的驱动下，将机械能转变为电能的装置，如图 1-22 所示。作为汽车的主要电源，其作用如下：

1）当发动机在怠速以上转速运转时，供给各种汽车电子附件足够的电能。

2）当蓄电池电量不足时，给蓄电池充电。

二、发电机的构造及工作原理

目前国内外生产的交流发电机结构基本相同，都是由三相同步交流发电机、硅二极管桥式整流器两大部分组成。

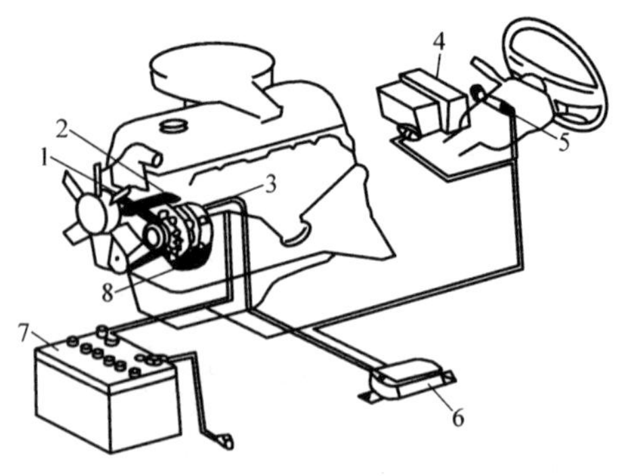

图 1-22 充电系统的组成

1—V 带 2—调整臂 3—发电机 4—仪表 5—点火开关 6—调节器 7—蓄电池 8—支架

1. 三相同步交流发电机

三相同步交流发电机由转子总成、定子总成、端盖、电刷及组件、风扇和带轮等部件组成，如图 1-23 所示。

（1）转子总成

转子总成是交流发电机的磁极部分，用来产生磁场，由两块爪形磁极、励磁绕组、滑环和转子轴等组成，如图 1-24 所示。

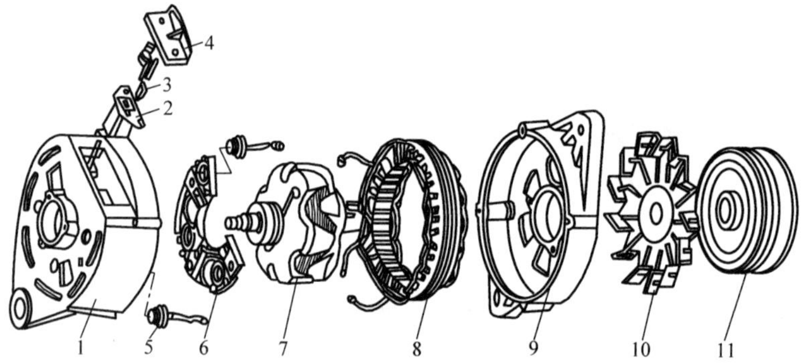

图 1-23 交流发电机解体示意图

1—后端盖 2—电刷架 3—电刷 4—电刷弹簧压盖 5—硅二极管 6—元件板 7—转子 8—定子 9—前端盖 10—风扇 11—带轮

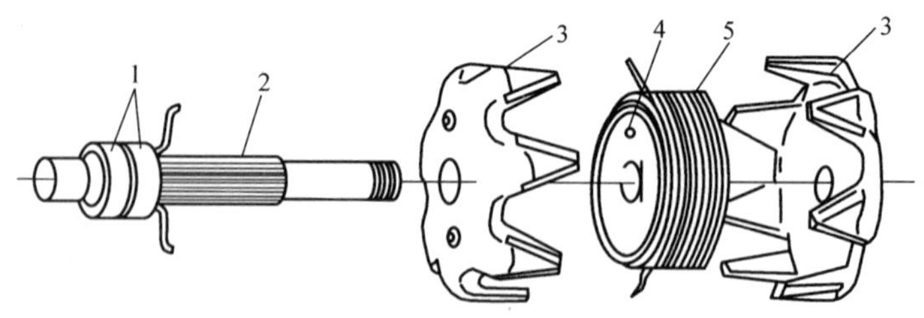

图 1-24 转子解体示意图

1—滑环 2—转子轴 3—爪形磁极 4—磁轭 5—励磁绕组

转子轴上压装着两块爪形磁极，爪形磁极被加工成鸟嘴形状，爪形磁极空腔内装有励磁绕组和磁轭。滑环由两个彼此绝缘的铜环组成，压装在转子轴上并与轴绝缘，两个滑环分别与励磁绕组的两端相连。当给两滑环通入直流电时，励磁绕组中就有电流通过，并产生轴向磁通，使爪形磁极一块被磁化为 N 极，另一块被磁化为 S 极，从而形成六对（或八对）相互交错的磁极。当转子转动时，就形成了旋转的磁场，如图1-25所示。

(2) 定子总成

定子又称为电枢，其作用是产生交流电，主要由定子铁心、三相绕组组成。定子安装在转子的外面，和发电机的前后端盖固定在一起，当励磁电流作用于转子绕组，转子轴在发动机正时齿轮的带动下转动，引起定子绕组中磁通的变化，定子绕组中就产生交变的感应电动势。

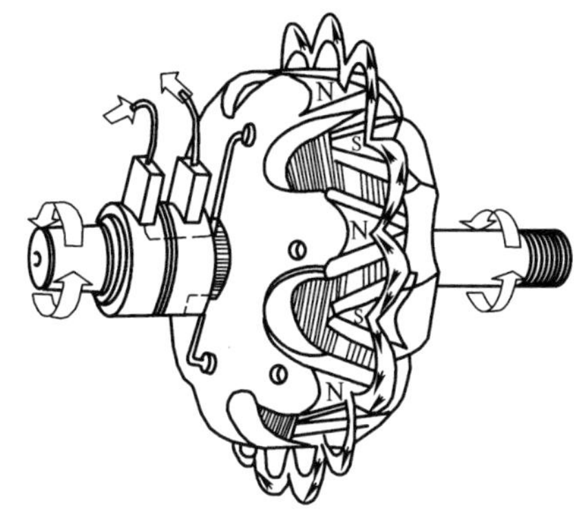

图1-25 转子结构

定子铁心由内圈带槽的硅钢片叠成，定子绕组的导线就嵌放在铁心的槽中。定子绕组有三相，三相绕组必须按一定要求绕制，才能使之获得频率相同、幅值相等、相位互差120°的三相电动势。三相绕组采用星形接法或三角形接法，都能产生三相交流电，如图1-26所示。

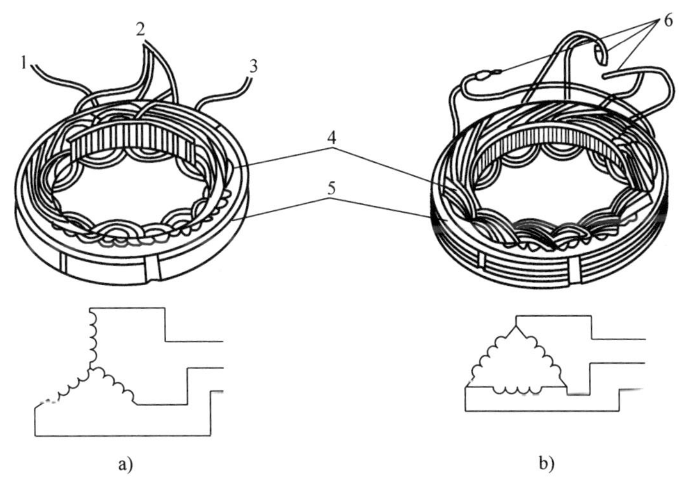

图1-26 发电机定子绕组连接

a) 星形连接 b) 三角形连接

1、3、6—接二极管 2—定子中性接点 4—定子绕组 5—铁心

1) 星形接法的特点是线电流等于相电流，且三相的一端连接在一起。中性点电压的瞬时值是一个三次谐波电压，中性点电压的平均值为发电机输出电压（平均值）的一半，带有中性点接线柱的发电机可用中性点电压来控制各种用途的继电器。

2) 三角形接法的特点是线电流等于相电流，且三相连接成一个闭环，无中性点。

(3) 端盖及电刷组件

端盖一般分前后两部分（驱动端盖和电刷端盖），起支撑转子、定子、整流器和电刷组件的作用。端盖一般用铝合金铸造，一是可有效地防止漏磁，二是铝合金轻便、散热性能好。

电刷组件安装在电刷端盖上，由两只电刷、滑环和转子轴等组成，如图 1-27 所示。两只电刷装在电刷架的孔内，借电刷弹簧的压力与滑环保持接触，作用是将电源通过滑环引入励磁绕组，给发电机转子绕组提供磁场电流。电刷和滑环的接触应良好，否则会因为磁场电流过小，导致发电机发电不足。电刷架由酚醛玻璃纤维塑料模压而成或用玻璃纤维增强尼龙制成，安装在发电机的后端盖上。

目前国产交流发电机的电刷架有两种结构，如图 1-28 所示，一种电刷架可直接从发电机的外部拆装，因此拆装维修方便；另一种则不能直接从发电机外部进行拆装，如需更换电刷，还需将发电机拆开，故这种结构将逐渐被淘汰。

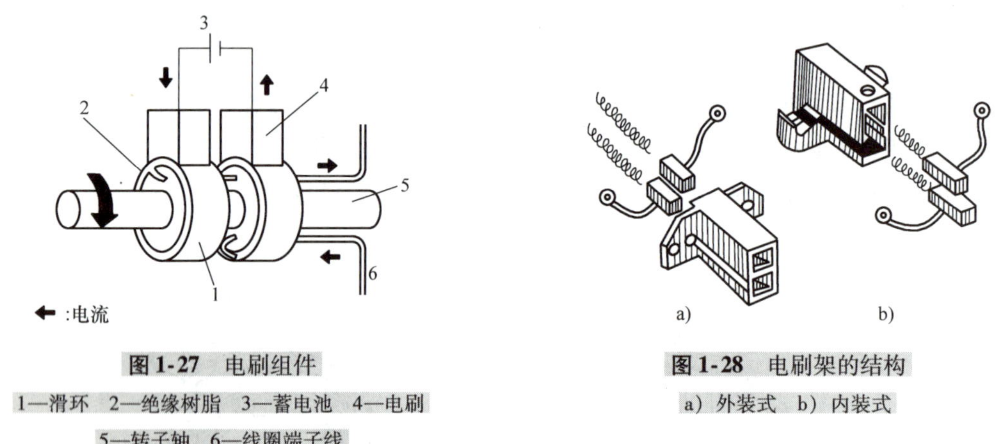

图 1-27　电刷组件

1—滑环　2—绝缘树脂　3—蓄电池　4—电刷　5—转子轴　6—线圈端子线

图 1-28　电刷架的结构

a）外装式　b）内装式

（4）驱动带轮及风扇

交流发电机的前端装有驱动带轮和风扇，驱动带轮利用半圆键装在前端盖外侧的转子轴上，用弹簧垫片和螺母紧固。发动机工作时通过传动带驱动发电机的转子轴和风扇一起旋转。发电机工作时，定子绕组和励磁绕组中都会有热量产生，温度过高会烧坏导线的绝缘，导致发电机不能正常工作，所以必须为发电机散热。发电机的通风散热是靠风扇来完成，发电机有 1 ~2 个风扇，由铝合金或钢板冲压而成，对于只有一个风扇的发电机，风扇均装于前端盖与带轮之间；对于有两个风扇的发电机，有的是在转子爪形磁极两侧各焊装一个，有的是一个风扇装于前端盖与带轮之间，另一个风扇装在后端盖与转子爪形磁极之间。

2. 整流器

整流器的功用是将交流发电机产生的三相交流电变为直流电输出；阻止蓄电池电流向发电机倒流。

最简单的整流器包含 6 只大功率二极管，也有 8 只、9 只、11 只二极管的整流器。外壳为正极、中心引线为负极的二极管称为负极管，管壳底部注有黑色标记；外壳为负极、中心引线为正极的二极管称为正极管，管壳底部有红色标记。安装二极管的散热板称为整流板，通常用铝合金制成，以利于散热。现代汽车用整流器由正整流板和负整流板组成。装有 3 只正二极管的整流板安装在外侧，称为正整流板；装有 3 只负二极管的整流板安装在内侧，称为负整流板，两块整流板绝缘地安装在一起，它与后端盖用尼龙或其他绝缘材料制成的垫片隔开，固定在后端盖上，如图 1-29 所示。

发电机定子绕组与整流器连接的三相桥式整流电路如图 1-30 所示。正二极管的外壳压装或焊装在散热板上，共同组成发电机的正极，由一个与后端盖绝缘的元件板固定螺栓通至机壳外，成为发电机的 B + 输出接线柱。

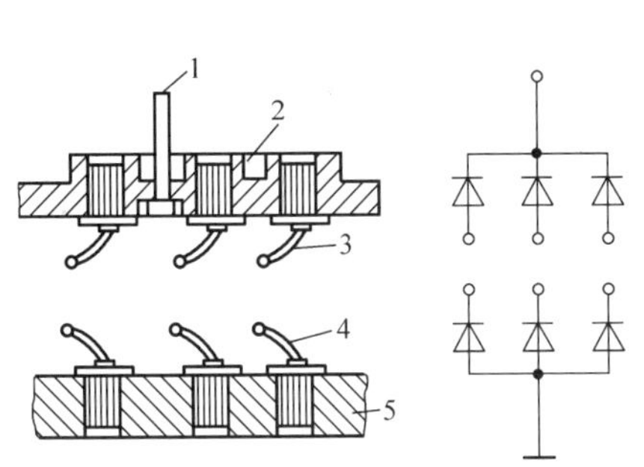

图 1-29 硅整流二极管的安装

1—火线接线柱 2—正整流板 3—正极管 4—负极管 5—负整流板

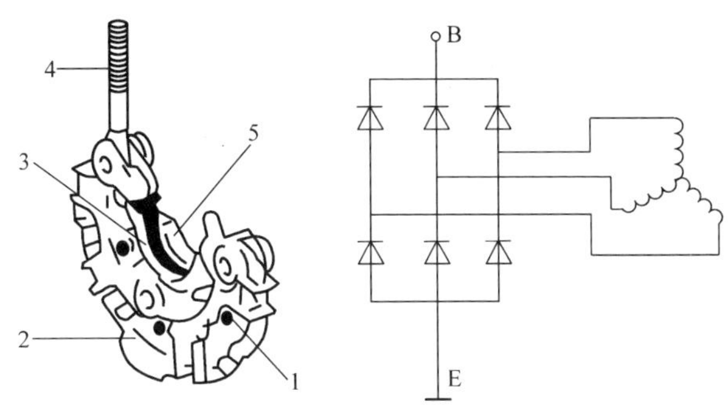

图 1-30 发电机定子绕组与整流器连接的三相桥式整流电路

1—二极管 2—架座板（散热片） 3—正极板 4—B 端子 5—负极板

3. 发电机工作原理

（1）发电原理

交流发电机的基本原理是电磁感应原理。当转子旋转时，励磁绕组所产生的磁场也随之转动，形成旋转磁场。固定不动的三相定子绕组在旋转磁场的作用下，产生交流电动势。由于三相绕组是对称绕制的，所以产生三个频率相同、幅值相等、相位互差 120°电角度的正弦电动势，如图 1-31 所示，这就是三相同步交流发电机的电压变化规律。

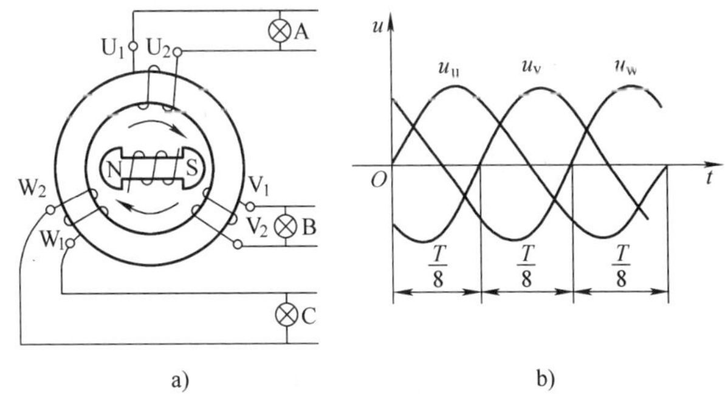

图 1-31 交流发电机发电原理

a）原理图 b）电压波形图

（2）整流原理

三相定子绕组中产生的交流电要利用硅二极管的单向导电性能，用 6 只硅二极管组成的三相桥式全波整流电路进行整流，如图 1-32 所示。

有的硅整流发电机具有由三相定子绕组中性点引出的中心抽头，标为“N”，中性点对发电机外壳（即搭铁）之间的电压叫做中性点电压，它是通过三个负极管整流后得到的直流电压，等于发电机直流输出电压的一半，一般用来控制各种用途的继电器，如磁场继电器、充电指示继电器等。

（3）励磁方式

因为交流发电机在低速时不能建立电压，所以交流发电机开始发电时，先由蓄电池供给

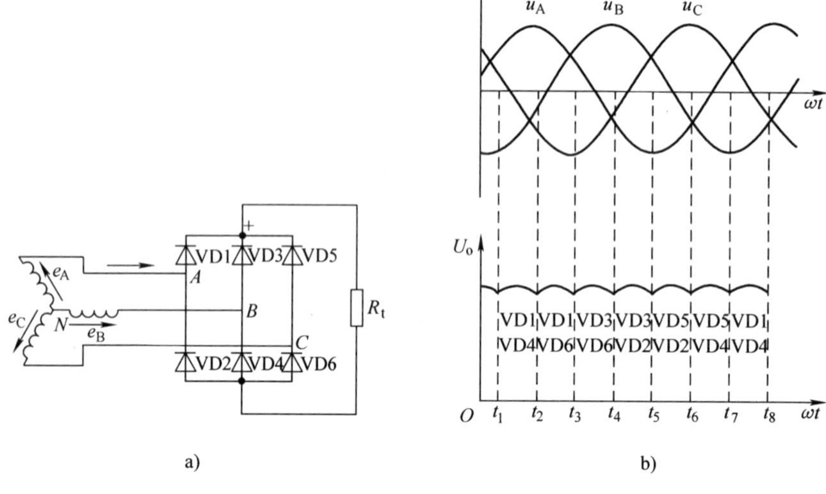

图 1-32　三相桥式整流电路及电压波形

a）整流电路　b）整流后负载上的电压波形

励磁电流，采取他励方式进行。当发电机电压大于蓄电池电动势时，再转变为由发电机自身供给励磁电流，即自励。交流发电机的励磁回路如图 1-33 所示。其结构简单、可靠，只要打开点火开关 S，蓄电池就通过调节器触点向发电机励磁绕组供电。

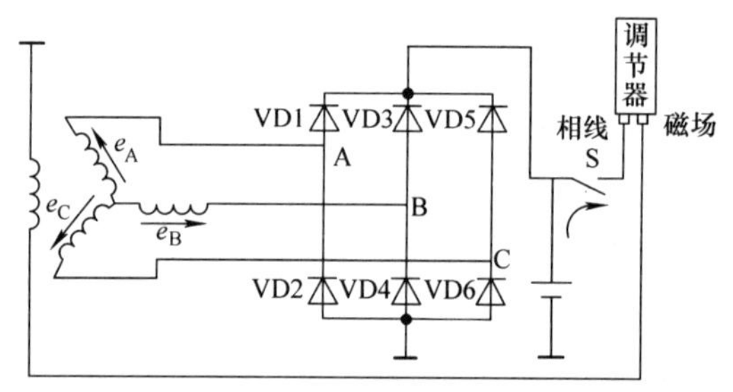

图 1-33　交流发电机的励磁回路

三、汽车交流发电机的性能指标

1. 额定电压

交流发电机的电压受电压调节器控制，一般比较稳定，只是在发动机起动阶段略有变化，正常情况下，发动机达到怠速转速时，发电机的输出电压应能达到一个稳定值，这个电压值称为发电机的额定电压（12V 系统的发电机额定电压为 14V，24V 系统的发电机额定电压为 28V）。

2. 空载转速

交流发电机不带负载，能够达到额定电压时的初始转速值定为空载转速，空载转速在发电机出厂时通过试验确定，列入产品说明书。空载转速是汽车设计时选择发动机和发电机速比的主要依据，也是发电机使用过程中性能是否下降的评价指标之一。

3. 额定电流和额定转速

交流发电机受结构、转速等条件的限制，对外输出电流的能力是有限的，为了评价发电机的对外输出电流能力，把发电机输出最大电流的 2/3 定为发电机的额定电流，达到额定电流时的转速定为额定转速。发电机出厂时，通过试验确定额定转速和额定电流，并列入产品说明书，发电机的额定转速和额定电流是评价发电机性能的重要指标。

四、发电机常见故障及故障原因

发电机在使用过程中经常出现不充电、充电电流过小、充电电流过大、充电不稳及工作异响等故障。

1. 发电机不充电

(1) 故障现象

发动机以中速以上速度运转时，电流表指示不充电，或充电指示灯不熄灭。

(2) 故障原因

1) 硅二极管断路、短路和击穿等。

2) 定子绕组断路或搭铁。

3) 电刷卡滞或滑环接触不良。

4) 转子绕组断路，滑环的焊头脱焊。

(3) 故障处理

进行硅二极管、定子绕组、转子绕组有无断路、短路或搭铁故障检测，如有故障则进行相应检修或更换。电刷和滑环接触不良或电刷压力不够则需要清洁滑环表面，磨电刷表面，使与滑环表面吻合，调换电刷上恒压弹簧。

2. 充电电流不正常

(1) 故障现象

1) 在蓄电池亏电情况下，发动机中高速运转时的充电电流很小。

2) 蓄电池不亏电的情况下，电流表指示充电仍在10A以上。

3) 发电机时而充电、时而不充电，电流表指针不断摆动。

(2) 故障原因

1) 发电机中个别二极管损坏。

2) 滑环脏污，电刷与滑环接触不良，导致励磁电流过小。

3) 定子绕组连接不良，有短路或断路故障。

4) 转子绕组局部短路，转子与定子刮碰或气隙不当。

(3) 故障处理

在确定是发动机故障引起充电电流不稳故障后，应拆检发电机，进行相应的检修及更换。

五、充电系统常见故障及诊断思路

对于一般车型而言，充电系统最常见的故障如图1-34所示。

1. 不充电故障诊断思路

不充电故障诊断思路详见图1-35。

2. 充电电流过小故障诊断思路

充电电流过小故障诊断思路详见图1-36。

3. 充电电流不稳故障诊断思路

充电电流不稳定故障诊断思路详见图1-37。

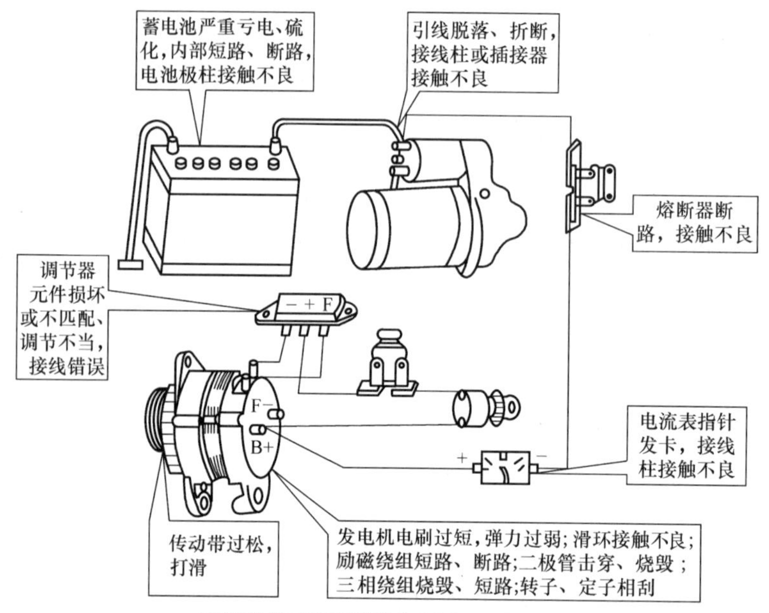

图 1-34　充电系统常见故障示意图

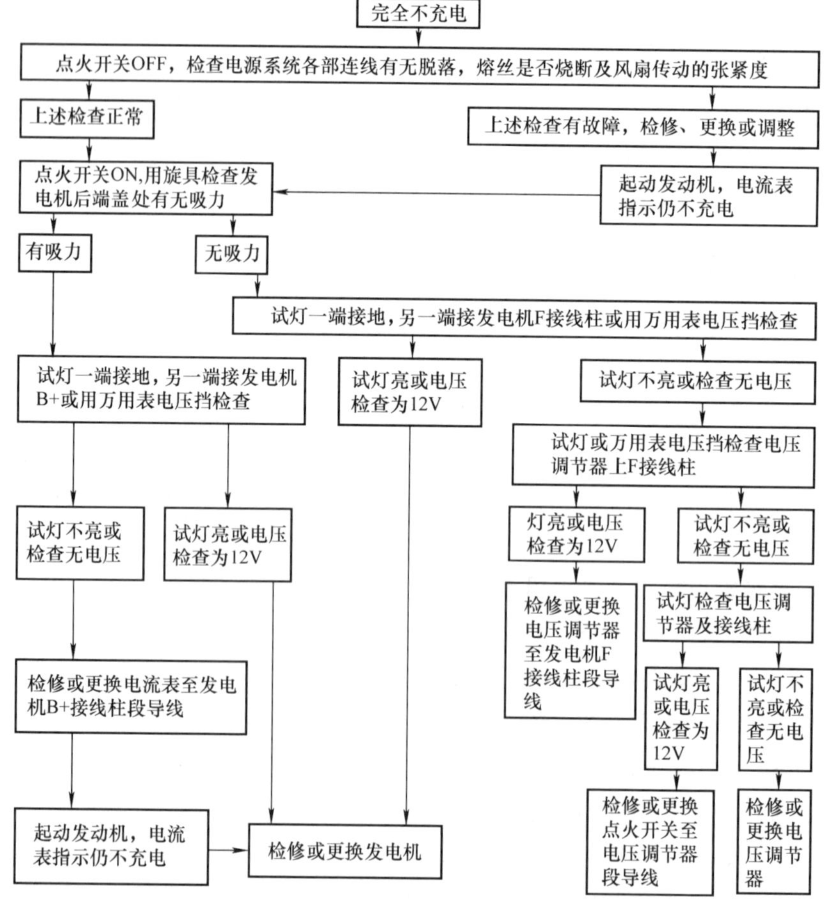

图 1-35　充电系统不充电故障诊断与排除流程

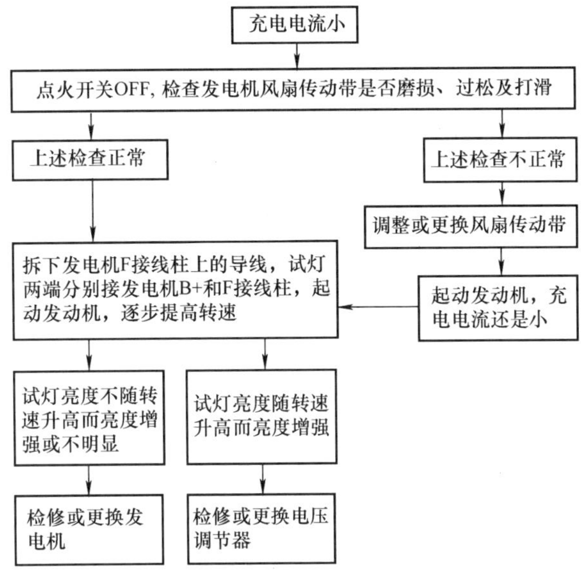

图 1-36 充电电流过小故障诊断流程

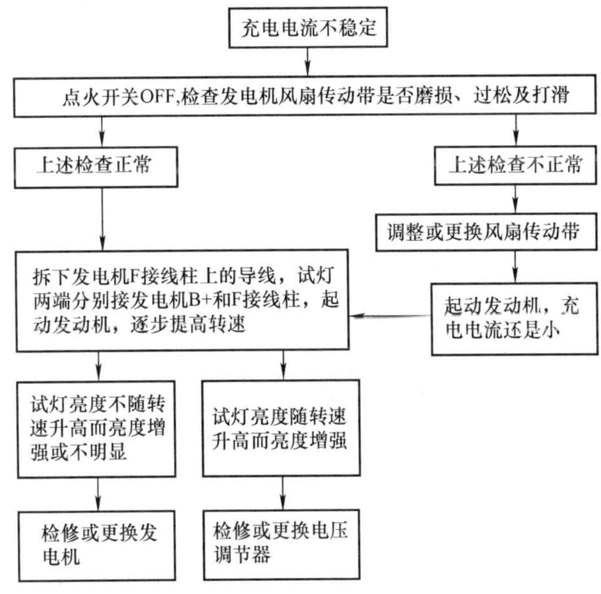

图 1-37 充电电流不稳故障诊断流程

【任务实施】

一、发电机拆解

1. 发电机拆解前的检测

(1) 外部检查

检查交流发电机端盖有无破裂，各接线柱有无松动；用手转动发电机转子，检查转动是否灵活自如，不应有卡滞和异响。

（2）交流发电机各接线柱的电阻测量

对于普通发电机拆解前的测量，建议使用指针式万用表，其测量结果依使用万用表型号不同，略有差异。常用发电机各接线柱间电阻值见表 1-10。

表 1-10　常用发电机各接线柱间电阻值

<table>
<tr><th rowspan="2">发电机型号</th><th rowspan="2">“F”与“E”间/Ω</th><th colspan="2">“B 或 A”与“E”间/Ω</th><th colspan="2">“N”与“E 或 B”间/Ω</th></tr>
<tr><th>正向</th><th>反向</th><th>正向</th><th>反向</th></tr>
<tr><td>JF11、13、15、21、132N</td><td>4～7</td><td rowspan="3">40～50</td><td rowspan="3">≥10K</td><td rowspan="3">10 左右</td><td rowspan="3">≥10K</td></tr>
<tr><td>JFW14（无刷）</td><td>3.5～3.8</td></tr>
<tr><td>夏利 JFZ1542</td><td>2.8～3.0</td></tr>
<tr><td>桑塔纳 JFZ1913</td><td>2.8～3.2</td><td>65～80</td><td>≥10K</td><td>10 左右</td><td>≥10K</td></tr>
</table>

用万用表检测发电机各接线柱间的电阻，应与规定相符，将测试结果填入表 1-11 并据此判断发电机状态。

表 1-11　发电机拆前检测

<table>
<tr><th rowspan="2">发电机型号</th><th rowspan="2">“F”与“E”间/Ω</th><th colspan="2">“B 或 A”与“E”间/Ω</th><th colspan="2">“N”与“E 或 B”间/Ω</th></tr>
<tr><th>正向</th><th>反向</th><th>正向</th><th>反向</th></tr>
<tr><td rowspan="3"></td><td></td><td></td><td></td><td></td><td></td></tr>
<tr><td>端盖有无破裂</td><td colspan="2">各接线柱有无松动</td><td colspan="2">转子转动是否灵活</td></tr>
<tr><td></td><td colspan="2"></td><td colspan="2"></td></tr>
</table>

（3）用示波器观察输出电压波形

用示波器检查交流发电机的输出波形，分析发电机有无故障。当发电机有故障时，其输出电压的波形将出现异常，因此根据输出电压波形可以初步判断发电机内部二极管及定子绕组是否存在故障，各种故障所对应的端电压波形如图 1-38 所示。

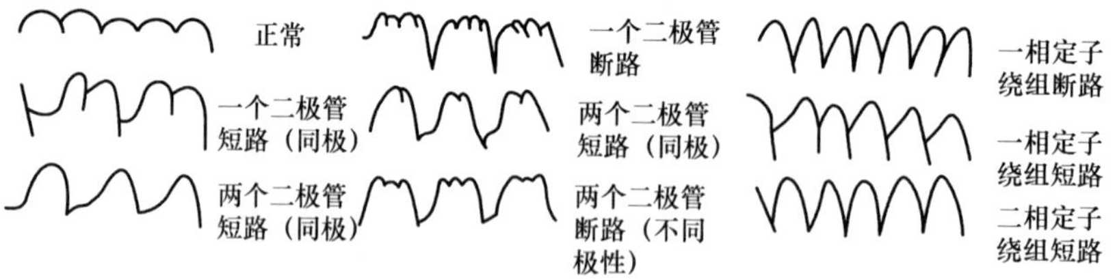

图 1-38　交流发电机有故障时输出电压的波形

2. 发电机拆解作业

发电机的拆解按照以下操作步骤进行：

1）拆下电刷及电刷架（外装式）紧固螺钉，取下电刷架总成，如图 1-39 所示。

2）在前、后端盖上作记号，拆下连接前、后端盖的紧固螺栓，轻敲前后端盖，将其分解为与转子结合的前端盖和与定子连接的后端盖两大部分，如图 1-40 所示。

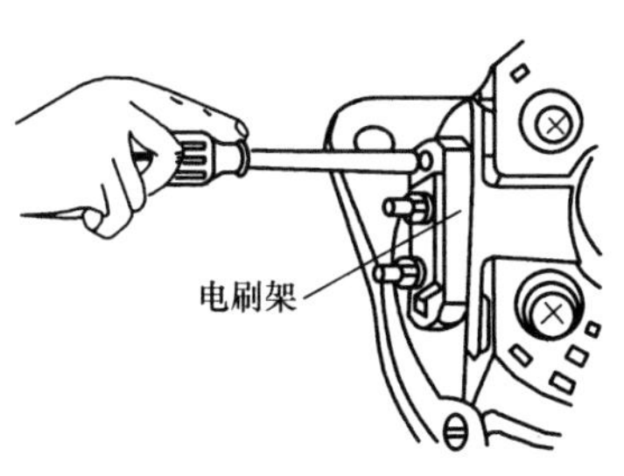

图 1-39　电刷架的拆解

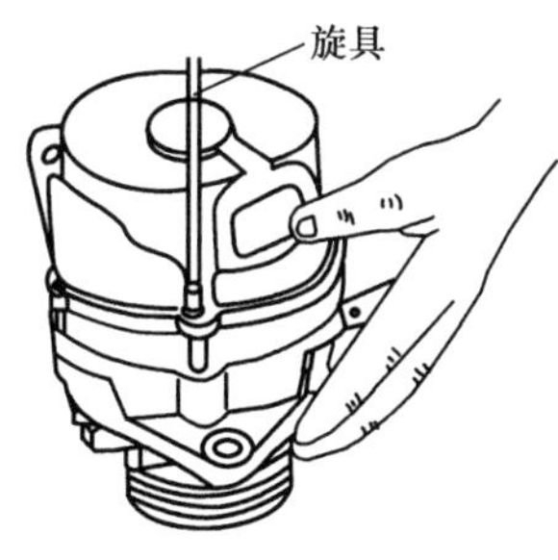

图 1-40　前、后端盖的分解

注意事项

不能单独将后端盖分离下来，否则会扯断定子绕组与整流器的连接线（即三相定子绕组端头）。

3）将转子夹紧在台虎钳上，拆下带轮紧固螺母，再依次取下带轮、风扇、半圆键和定位套，如图 1-41 所示。

4）将前端盖与转子分离，若该部装配过紧，可用拉拔器拉开，或用木槌轻敲，使之分离，如图 1-42 所示。

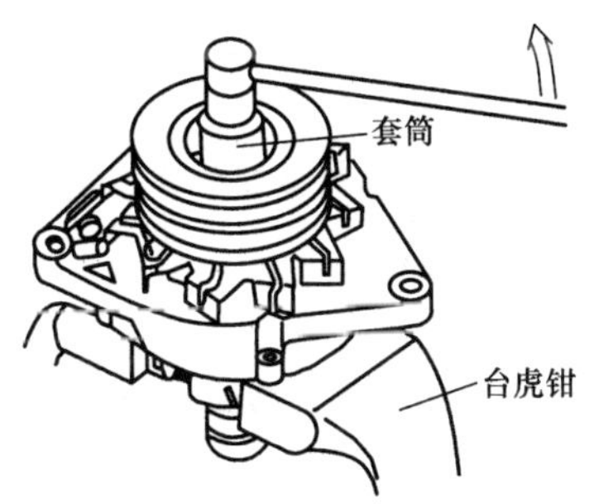

图 1-41　带轮的分解

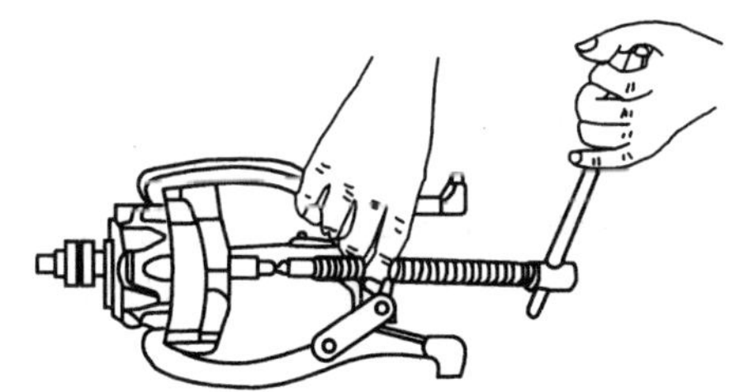

图 1-42　前端盖的分解

注意事项

铝合金端盖容易变形，因此拆卸时应均匀用力。

5）拆掉防护罩，拆掉图 1-43 所示的后端盖上的 3 个螺钉，即可将防护罩取下。

对于整体式发电机，先拧下“B”端子上的固定螺母并取下绝缘套管；再拧下后防尘盖上的 3 个带垫片的固定螺母，取下后防尘盖；然后拆下电刷组件的两个固定螺钉和调节器的 3 个固定螺钉，取下电刷组件和 IC 调节器总成；最后拧下整流器二极管与定子绕组的引线端子的连接螺钉，取下整体式整流器总成。

6）拆下定子上4个接线端（三相绕组首端及中性点）在散热板上的连接螺母，使定子与后端盖分离，如图1-44所示。

7）拆下后端盖上紧固整流器总成的螺钉，取下整流器总成，如图1-45所示

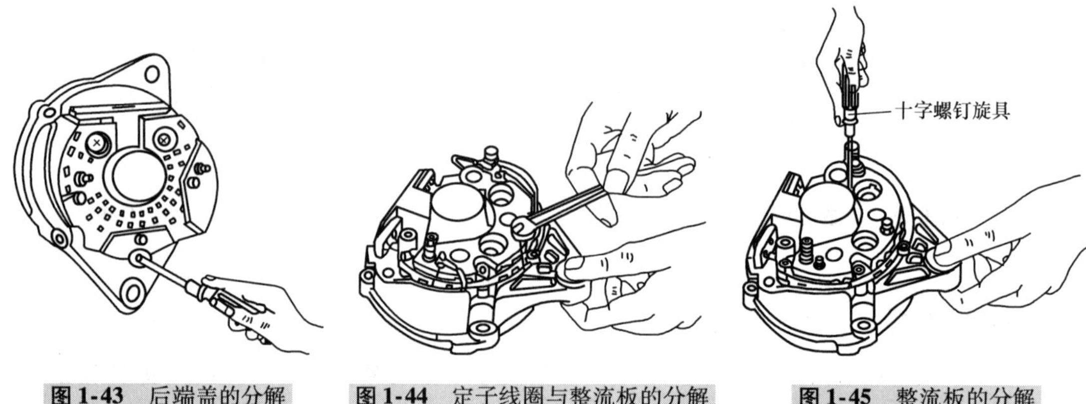

图1-43　后端盖的分解　　图1-44　定子线圈与整流板的分解　　图1-45　整流板的分解

注意事项

若经检验所有二极管均良好，该步骤可不进行。

8）零部件的清洗。对机械部分可用煤油或清洗液清洗，对电气部分如绕组、散热板及全封闭轴承等宜用干净的棉纱擦拭去表面尘土、脏污。

注意事项

① 发电机的拆解要按照工艺要求进行，禁止生敲硬卸而损坏机件；
② 拆解的零件要按照规范清洗并按顺序摆放；
③ 对有问题的零件和复杂部件进行拆解时，必要时要详细记录拆解顺序和连接方法。

二、单件检测

1. 转子总成检修

（1）转子绕组检修

1）用万用表R×1挡检测两滑环之间电阻，应与表1-12所示标准相符。若阻值为“∞”，说明断路；若阻值过小，说明短路，如图1-46所示。

表1-12　常见交流发电机转子绕组（励磁绕组）的电阻阻值表

发电机型号	JF11	JF13	JF152	JFW17	桑 JFZ1913	JF22	JF25
转子绕组的阻值/Ω	5.3	5.3	5.5	5.3	2.7～3.2	18	20

2）用万用表电阻R×1k挡检测滑环与铁心（或转子轴）之间的电阻，应为“∞”，否则为搭铁，如图1-47所示。

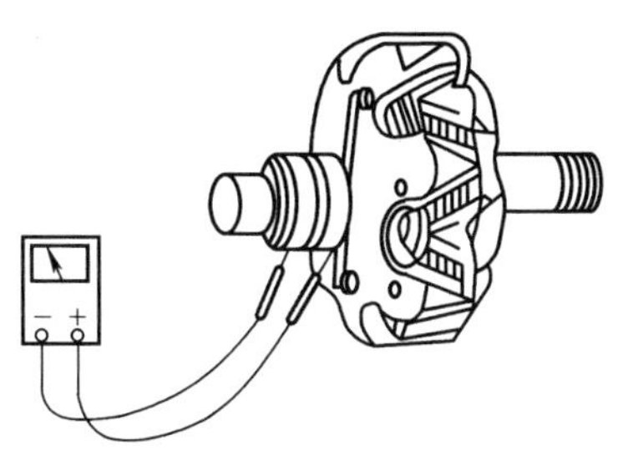

图 1-46　转子绕组的导通检查

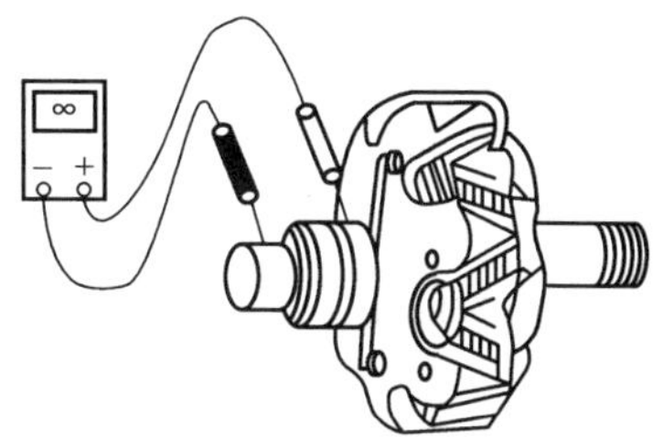

图 1-47　转子绕组的绝缘检查

3）断路应焊修或更换转子总成，短路和搭铁应更换转子总成。

（2）滑环检修

1）滑环表面应平整光滑，若有轻微烧蚀，用“00”号砂布打磨；若烧蚀严重，应在车床上精车加工。

2）用直尺测量滑环厚度，厚度不小于 1.5mm，否则应更换。

3）用千分尺测量滑环圆柱度，滑环圆柱度不超过 0.025mm，否则应精车加工。

4）电刷与滑环之间配合应正常、无位置偏移，两滑环间应无异物。

（3）转子轴检修

检查转子轴的弯曲程度和轴颈磨损情况，爪形磁极在转子轴上固定要牢靠，间距相等。用百分表测量转子轴，其径向圆跳动公差不超过 0.10mm，否则应予校正，如图 1-48所示。

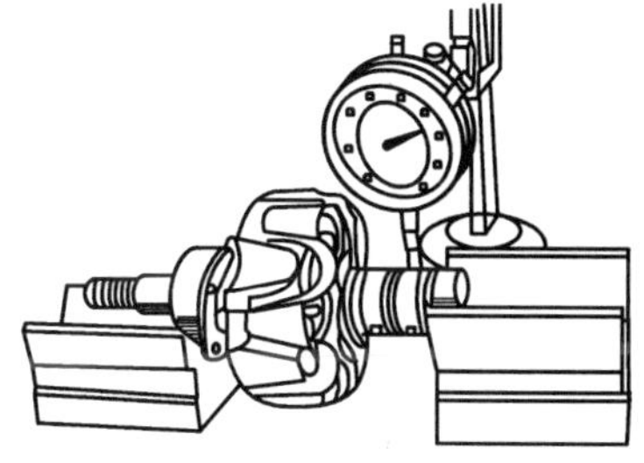

图 1-48　转子轴的检修

将以上检测结果记入表 1-13。

表 1-13　发电机转子总成检测

发动机型号	检查项目	标准值	测量值	结论
	转子绕组通断			
	转子绕组绝缘			
	滑环厚度			
	滑环圆柱度			
	转子轴径向圆跳动			

2. 定子总成检修

（1）外观检查

外观检查如果发现定子绕组有烧焦、漆皮变色脱落等现象时，则没有必要进行后续的检测，只能更换定子绕组或定子总成。

（2）定子绕组短路与断路检修

用万用表 R×1 挡检测定子绕组三个接线端，两两相测，如图 1-49 所示，阻值应小于

1Ω，如果阻值为 0，则说明短路，应更换定子绕组或定子总成；若阻值为“∞”，说明断路，如果能找到断路位置，可用“220V 35W”的电烙铁焊接修复；若不能修复，应更换定子绕组或定子总成。

（3）定子绕组搭铁检修

用万用表检测定子绕组接线端与定子铁心间的电阻，如图 1-50 所示，阻值应为“∞”，否则说明有绝缘不良或搭铁故障，应更换定子绕组或定子总成。将以上检测结果记入表 1-14。

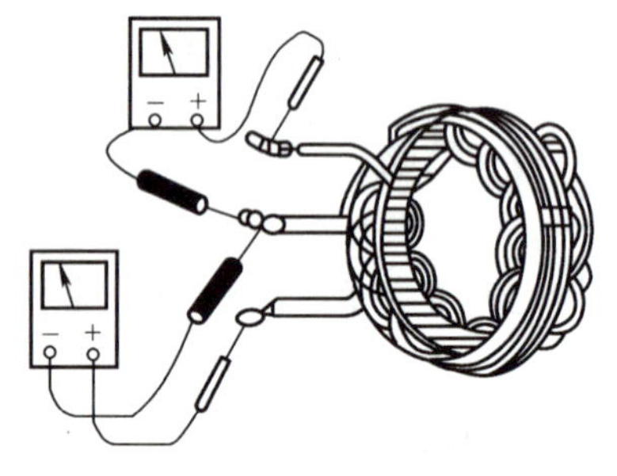

图 1-49　定子绕组的断路检修

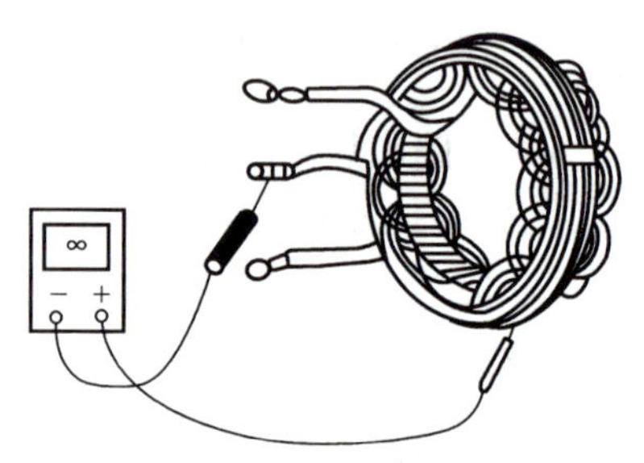

图 1-50　定子绕组的搭铁检修

表 1-14　发电机定子绕组检测

发动机型号	检查项目	标准值	测量值	结论
	定子绕组通断			
	定子绕组绝缘			

3. 整流器检修

（1）检查二极管好坏

整流器的检修主要是整流器二极管的检修，当二极管的引出端头与定子绕组的引线端头拆开后，即可用万用表分别对每只二极管进行检测。将万用表的两表笔接于二极管的两极测其电阻，再反接测一次，若电阻值一大（10kΩ）一小（10～15Ω），差异很大，说明二极管良好。若两次测量阻值均为“∞”，则为断路；若两次测得阻值均为 0，则为短路。将检测结果记入作业表 1-15。

表 1-15　二极管检测

发动机型号	检查项目	标准值	测量值	结论
	正极管			

（续）

发动机型号	检查项目	标准值	测量值	结论
	负极管			

对焊接式整流二极管来说，只要有一只二极管损坏，则需更换该二极管所在的正或负整流板总成；若为压装结构，则只需更换故障二极管即可。

（2）二极管的极性判别

检测二极管时既可以使用指针式万用表也可以使用数字式万用表。使用数字式万用表测量时选用二极管测量挡，测量时显示数值表示的是二极管的正向压降值，单位是mV，质量良好的二极管正向压降一般为500～700mV，反向时万用表显示值为1。使用指针式万用表检测时，将万用表的正表笔（红色）接二极管引出极，负表笔（黑色）接二极管的另一极，测其电阻。若阻值大于10kΩ，则该二极管为正极管；若阻值为10～15Ω，则该二极管为负极管。

（3）整体式整流器的检查

以本田轿车整体式交流发电机为例，如图1-51所示。

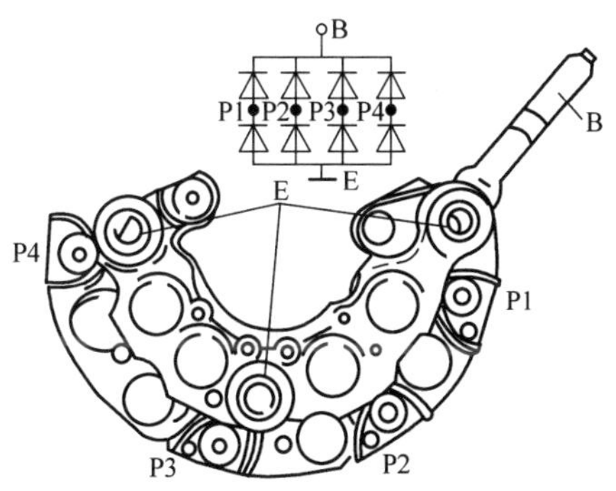

图1-51 整体式发电机整流器的检查

当检测负极管时，先将与万用表（R×1挡）电源正极相连的表笔接“E”端（图中有三个部位），与电源负极相连的表笔分别接P1、P2、P3、P4点，万用表均应导通，如不通，说明该负极管断路，则应更换整流器总成；再调换两表笔检测，万用表应不导通，如导通，说明该负极管短路，亦需更换整流器总成。

当检测正极管时，先将与万用表内电源负极相连的表笔接整流器端子“B”；另一只表笔分别接P1、P2、P3、P4点进行检测，万用表均应导通，如不通，说明该正极管断路，则应更换整流器总成；再调换两表笔检测部位进行检测，此时万用表应不导通，如导通，说明该正极管短路，亦应更换整流器总成。

4. 电刷组件检修

（1）外观检查

电刷及电刷架表面应无油污，无破损、变形，且电刷应在电刷架中活动自如，没有发卡等现象。电刷与滑环接触面积应达到75%以上，否则应进行修磨。将检测结果记入作业表1-16。

（2）电刷高度检查

电刷高度是指电刷露出电刷架的长度，用游标卡尺或直尺进行测量，如图1-52所示。新电刷的高度一般为13～14mm，电刷磨损后不得超过原高度的1/2，如果磨损至5～8mm时，就应予以更换，以免影响发电机的输出功率。

表 1-16 电刷组件检测

发动机型号	检 查 项 目	标 准 值	测 量 值	结 论
	电刷与滑环接触面积			
	电刷高度			
	电刷弹簧压力			

（3）电刷弹簧压力测量

各交流发电机均有两只电刷弹簧，检测电刷弹簧压力时应一只一只地测量。用天平秤检测电刷弹簧压力应与规定相符，当电刷从电刷架中露出长度 2mm 时，电刷弹簧力一般为 2～3N，如图 1-53 所示。弹簧力过小时，应更换新电刷，否则会造成电刷与滑环接触不良而烧蚀滑环或使发电机输出功率降低。

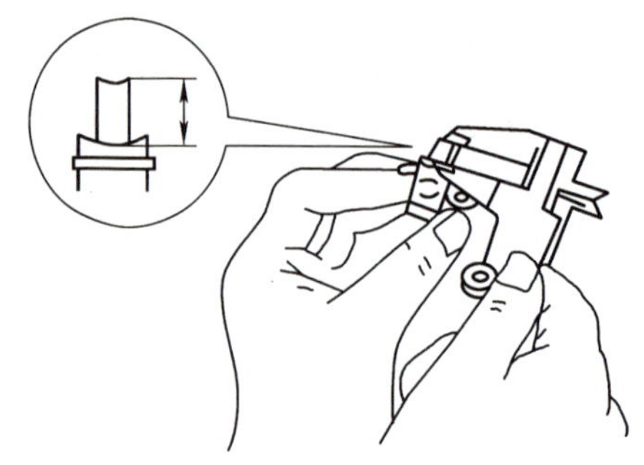

图 1-52 电刷外露长度的检查

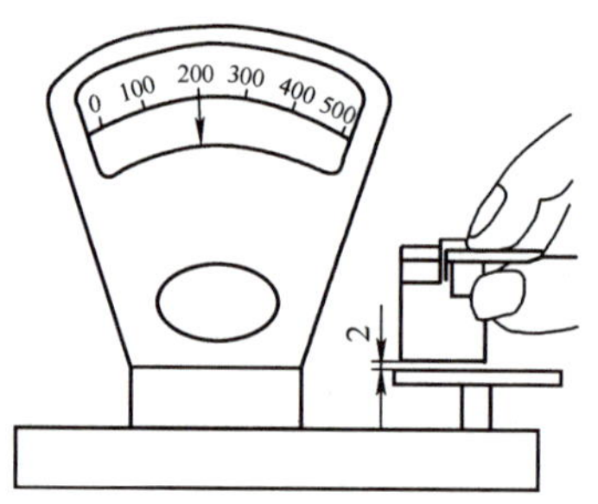

图 1-53 电刷弹簧压力的测量

5. 其他部件

检查发电机各接线柱绝缘情况，发现搭铁故障应拆检；检查轴承轴向和径向间隙均应不大于 0.20mm，滚珠、滚道无斑点，轴承无转动异响；检查前后端盖、带轮等应无裂损，绝缘垫应完好。

三、发电机的装复

首先向轴承中填充 2/3 的润滑脂，再按拆解的反顺序装复：

1）将整流器装到后端盖上，参见图 1-45。

应注意各绝缘垫片不能漏装。装复后用万用表电阻挡测量“B”接线柱与端盖间电阻应为无穷大。测量两散热板之间及绝缘散热板与端盖之间电阻，均应为无穷大。若上述电阻较小或者为零，表明漏装了绝缘垫片或套管，应拆开重装。

2）将定子总成与后端结合。将定子绕组上的 4 个接线端子从后端盖孔中穿出，将接线端分别连接在整流器的接线螺钉上，参见图 1-44。

3）将前端盖装到转子轴上。先将前端盖上的轴承、轴承盖安装并紧固好，再将该部分套到转子轴上，若过盈量较大，可用木槌轻轻敲入。

4）将后端盖、定子装到转子轴上。应注意使前后端盖上发电机安装挂脚位置恰当（符合拆解标记）。上述两大部分结合后，穿上前、后端盖紧固螺栓并分几次拧紧。注意各螺栓的拧紧切不可一次完成，而应轮流进行，并且不断转动转子，若转子运转受阻或者内部有摩擦，应调整拧紧力矩。

5）装复后端盖上的防护罩，参见图1-43。

6）装配风扇、带轮。在转子轴上套上定位套、安装半圆键、风扇叶片、带轮、弹簧垫圈，拧紧带轮紧固螺母，参见图1-41。

7）安装电刷架总成，参见图1-39。

8）检验装配质量。

四、发电机装复检测

1. 装复后的检查

发电机装复后，首先转动发电机带轮，转子应转动平顺，无摩擦及碰击声。使用万用表检测各接线柱和与外壳间的电阻值，将检测结果记入表1-17，检测数值应该符合标准参数要求，否则应该拆解重装。

表1-17　发电机各接线柱间电阻值检测

发电机型号					
检测项目	“F”与“E”间/Ω	“B或A”与“E”间/Ω		“N”与“E或B”间/Ω	
		正向	反向	正向	反向
标准值					
测量值					
结论					

2. 空载电压的试验

1）将发电机紧固在汽车电器万能试验台的龙门夹具上，调整升降夹具，使发电机与调速电动机主轴同心，选用合适的六方套筒、橡皮接头将发电机与调速电动机连接，并用手转动电动机，观察电动机与发电机是否同心。

2）如果是内搭铁式硅整流发电机，则用附件F4将39与“电枢”“磁场”接头相连，如图1-54所示；如果是外搭铁式则将39与“电枢”相连，“磁场”与“搭铁”相连。

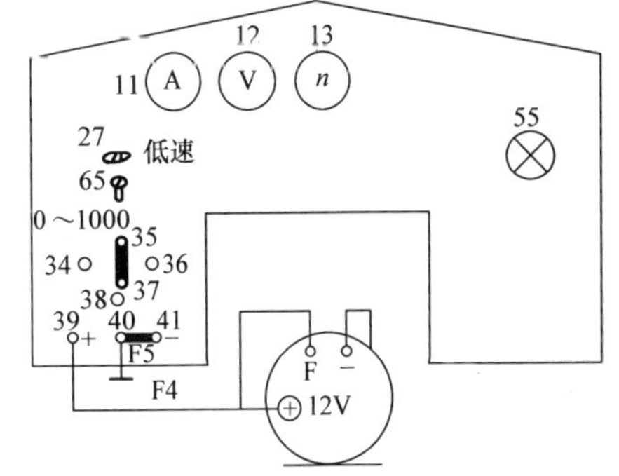

图1-54　内搭铁式硅整流发电机空载试验

3）用附件F5连接试验台上的插座40、41。

4）旋转调速电动机的转换开关27至低速位置，此时调速电动机指示灯点亮，并将转速表量程控制开关65相应拨至低速位置。顺时针摇转电动机调速手轮，使检视孔内箭头向右偏移，观察转速表13所指示的电动机转速，若转速上升，用附件F5将35和37插孔连通，当转速升至700～800r/min时，将附件F5从35和37插座拔下，此时发电机转为自励空载状态，电动机转速将略有下降。

5）顺时针摇转调速手轮，使转速缓慢上升，同时观察电压表12，当电压达到额定电压值14V时，停止升速，记录转速表13所指示的转速，填入表1-18中。

表 1-18　发电机空载及负载试验记录

发电机型号					
测量项目	额定数据			达到额定电压时的转速/（r/min）	达到额定电流电压时的转速/（r/min）
	功率/W	电压/V	电流/A		
标准值					
测量值					
结论					

3. 负载电流的试验

1）空载电压的试验合格后，用附件 F8 将被试电机与标准调节器各接线柱接通，如图 1-55所示。接着将调速电机转换开关调至高速，将可变电阻手轮逆时针摇转到底，让发电机自激发电的步骤同上。

2）提高电动机转速，当电压表读数达到发电机额定电压时，用附件 F5 连接“37”和“38”插座，让发电机带负载。

3）逐步提高电动机的转速，注意观察电压表的读数达到 14V 时，停止升速。

4）顺时针摇转可变电阻手轮，使电阻减少，负载电流增加。此时观察电压表读数，将逐步降低，当降低至 13V 左右时，停止转动可变电阻手轮。

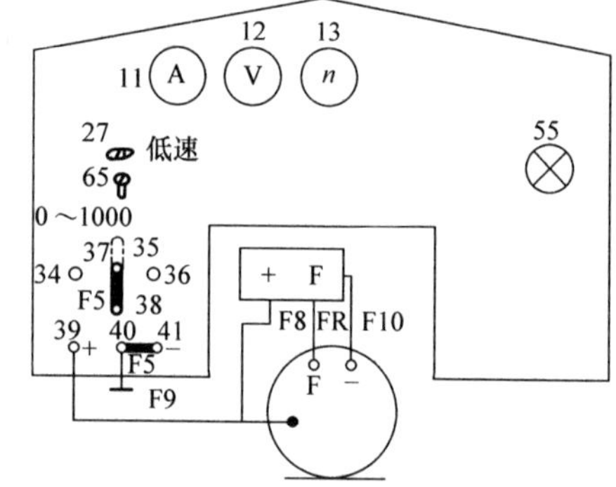

图 1-55　发电机负载试验

5）重复 3）、4）步骤，直到电压达到额定值，输出电流达到额定值，将此时的转速表读数记入作业表 1-18，测试完毕后停机。

6）根据表 1-19 提供的交流发电机空载试验和负载试验的技术标准，判断发电机装复后的工作情况。

表 1-19　常见交流发电机空载试验和负载试验的技术标准对照表

发电机型号	额定数据			达到额定电压时的转速不大于/（r/min）	达到额定电流电压时的转速不大于/（r/min）
	功率/W	电压/V	电流/A		
JF11	350	14	25	1000	2500
JF1518	500	14	36	1150	2500
JFW17	750	14	36	1150	2500
JFZ1913	1200	14	90	1050	6000

注意事项

① 使用万用表检测时，应注意万用表型号和挡位的选择；

② 夹装发电机时，发电机轴线与调速电动机轴线应尽量同心；

③ 万能试验台上进行试验前，应确保接线正确并可靠后方可进入试验。

【思考练习】

1. 交流发电机在汽车电源供电系统中起什么作用?
2. 交流发电机的构成及工作原理是什么?
3. 衡量汽车交流发电机的性能指标有哪些?
4. 充电系统常见故障有哪些?
5. 发电机不解体如何检测?
6. 发电机解体检测都包含哪些项目?
7. 发电机修复检测包含哪些项目?

项目二

汽车起动系统检修与维护

起动系统是汽车电气设备的重要组成部分，主要包括起动机及其控制电路，其作用是用以起动发动机。起动系统性能的好坏关系全车的正常运行，因此汽车起动系统的检修与维护方法是相关维修人员必须掌握的一项基本技能。本项目的主要内容包含起动系统的组成、工作原理、起动机的拆装与检测、起动系统故障诊断方法以及点火钥匙的匹配等知识。项目内容注重实训能力的培养，将拆装、检测、诊断进行了细致分析，为学生将来维修工作打下坚实基础。

任务一　电磁离合器的检查与维修

任务目标

1）了解电磁离合器的工作原理；
2）掌握电磁离合器的组成与结构；
3）熟练掌握电磁离合器的检查与维护方法。

【预备知识】

一、起动系统的作用

发动机必须依靠外力带动曲轴旋转后，才能进入正常的工作状态，通常把汽车发动机曲轴在外力作用下，从开始转动到怠速运转的全过程，称为发动机的起动。起动系统的作用就是供给发动机曲轴足够的起动转矩，以便使发动机曲轴达到必需的起动转速，使发动机进入自行运转状态。当发动机进入自行运转状态后，起动系统便结束任务立即停止工作。

二、起动系统的组成

起动系统，由蓄电池、起动机和起动控制电路等组成，如图 2-1 所示。起动机是起动系统中重要的组成部分。

三、起动机组成

起动机俗称“马达”，由直流电动机、传动机构和控制装置三大部分组成。

四、控制装置

控制装置的作用是控制驱动齿轮与飞轮齿圈的啮合与分离，控制电动机电路的接通与切断。常用的控制装置有机械式和电磁式两种，在现代汽车上起动机均采用电磁式控制电路，如图2-2所示。电磁式控制装置是利用电磁开关的电磁力代替人力操作拨叉，使驱动齿轮与飞轮啮合或分离。这种装置操作简单，工作可靠，便于远距离控制，故在汽车起动机上广泛应用。电磁式控制装置的具体结构尽管有所不同，但一般12V电源系统汽车用起动机都是由电磁铁机构操纵拨叉，控制离合器驱动齿轮。

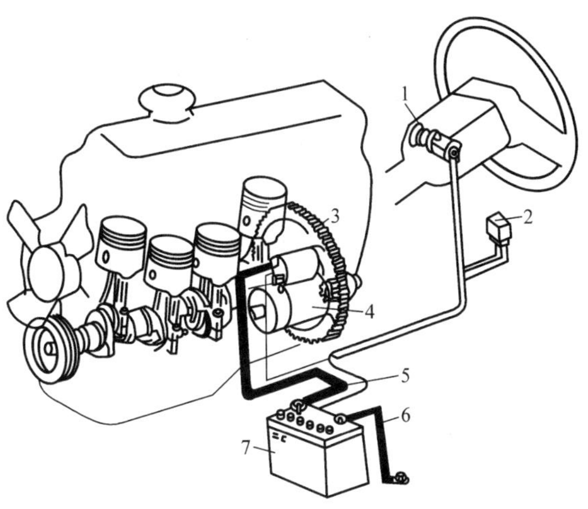

图2-1 起动系统的组成

1—点火开关 2—起动继电器 3—飞轮 4—起动机 5—起动机电缆 6—搭铁电缆 7—蓄电池

（1）电磁控制装置的结构

电磁控制装置在起动机上称为电磁开关，图2-3为QD124型起动机的电磁开关结构图。

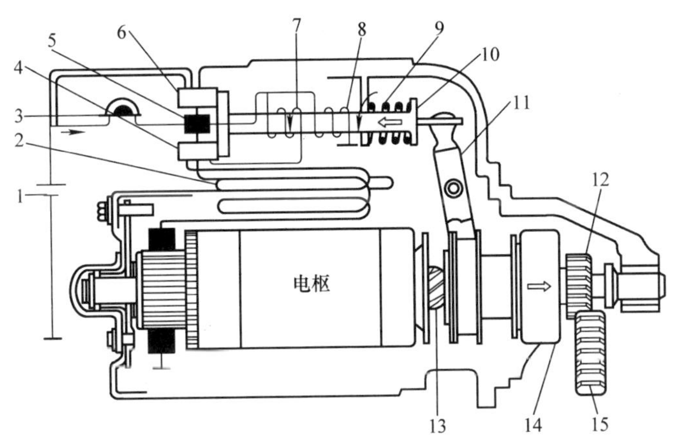

图2-2 电磁啮合起动机电路原理图

1—蓄电池 2—励磁线圈 3—起动开关 4—接起动机磁场 5—接点火开关 6—蓄电池 7—吸引线圈 8—保持线圈 9—复位弹簧 10—活动铁心 11—拨叉 12—驱动齿轮 13—螺纹花键 14—离合器 15—飞轮齿圈

电磁开关上有4个接线柱，分别是两个主电路接线柱1、13，附加电阻短路接线柱2和起动机接线柱12（电磁开关接线柱）。吸引线圈和保持线圈6，两线圈的公共端接起动开关或起动机接线柱12，吸引线圈的另一端接起动机开关主接线柱，保持线圈的另一端搭铁。活动铁心8与拨叉11通过调节螺钉10相连，固定铁心5的中心装有推杆7，其上套有接触盘4、活动铁心8及推杆7，接触盘上装有复位弹簧，其电路如图2-4所示。

（2）基本工作过程

当起动电路接通后，吸引线圈3、保持线圈4同时通电，保持线圈的电流经起动机接线柱12（图2-3）进入，经线圈后直接搭铁，吸引线圈的电流也经起动机接线柱12（图2-3）进入，但通过线圈后未直接搭铁，而是进入电动机，经电动机后再搭铁。两线圈通电后产生较强的电磁力，

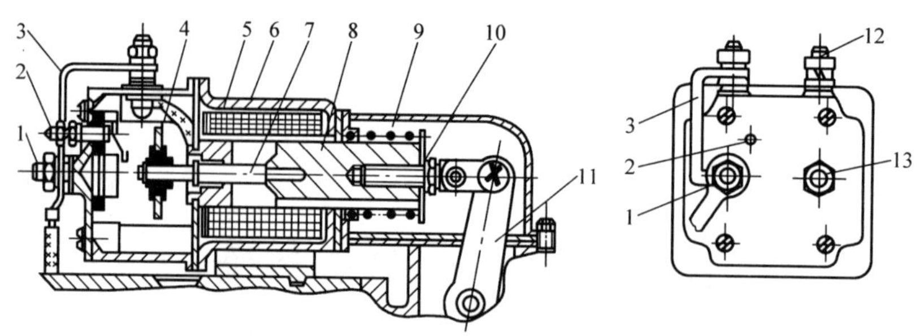

图 2-3　QD124 型起动机的电磁开关结构图

1、13—主电路接线柱　2—附加电阻短路接线柱　3—导电片　4—接触盘　5—固定铁心　6—吸引线圈和保持线圈　7—推杆　8—活动铁心　9—复位弹簧　10—调节螺钉　11—拨叉　12—起动机接线柱（吸引及保持线圈流入端）

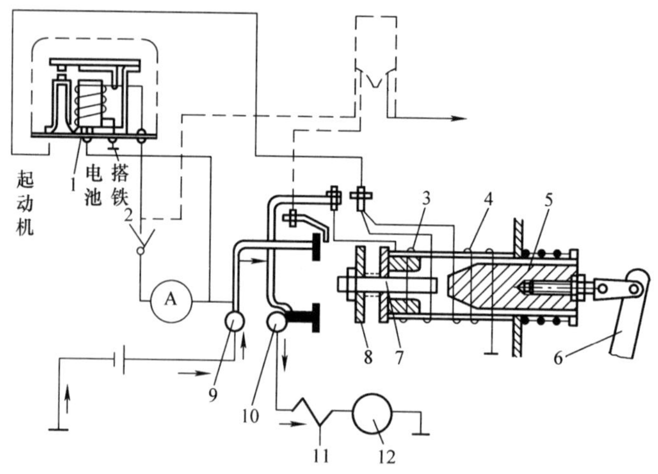

图 2-4　QD124 型起动机的电路

1—起动继电器　2—点火开关　3—吸引线圈　4—保持线圈　5—活动铁心　6—拨叉　7—推杆　8—接触盘　9、10—起动机主接线柱　11—励磁绕组　12—电枢绕组

克服弹簧力使活动铁心移动，一方面通过拨叉带动驱动齿轮移向飞轮齿圈并与之啮合，另一方面推动接触盘 8 移向两个主接线柱接触点，在驱动齿轮与飞轮齿圈进入啮合后，接触盘将两个主触点接通，使电动机通电运转。在驱动齿轮进入啮合之前，由于经过吸引线圈的电流经过了电动机，所以电动机在这个电流的作用下会产生缓慢旋转，以便于驱动齿轮与飞轮齿圈进入啮合。在两个主接线柱触点接通之后，蓄电池的电流直接通过主触点和接触盘进入电动机，使电动机进入正常运转，此时通过吸引线圈的电路被短路，因此吸引线圈中无电流通过，主接触点接通的位置靠保持线圈来保持。发动机起动后，切断起动电路，保持线圈断电，在弹簧的作用下，活动铁心回位，切断了电动机的电路，同时也使驱动齿轮退出与飞轮齿圈的啮合。

【任务实施】

电磁开关的检修

电磁开关是起动机中最容易出现故障的部件，其故障现象往往是电磁开关粘连不断电，导致起动机损坏。电磁开关的检修可以通过经验法来检查，也可以借助仪器来检查。

1. 经验法

可通过“听”和“试”的方法进行检查。接通点火开关起动挡时，若能听到“啪”的一声响，说明电磁开关工作良好；若声音很弱、无吸力，则说明电磁开关有故障，多为某一线圈（吸引线圈或保持线圈）线路断路或短路；若完全无声响，说明电磁开关损坏。也可采取“试”的方法，即在接通点火开关起动挡后，取一导线试电磁开关 30 端子（来自蓄电池正极）的火花，若火花正常，则再试电磁开关 C 端子（接起动机的粗导线）的火花，若火花仍正常，说明起动机电磁开关正常，故障在起动机内部；若无火花，说明电磁开关不能导通电路，应调整电磁开关，使其能达到接触良好。

2. 万用表检查法

（1）检查吸引线圈是否断路

用欧姆表检查端子 50 与 C 之间是否导通，如图 2-5 所示，如不导通，应更换电磁开关总成。

（2）检查保持线圈是否断路

用欧姆表检查端子 50 与开关体之间是否导通（图 2-6），如不导通，应更换电磁开关总成。

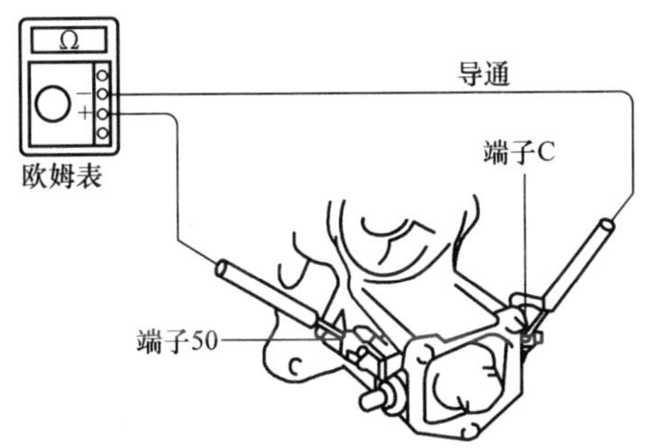

图 2-5　检查吸引线圈是否断路

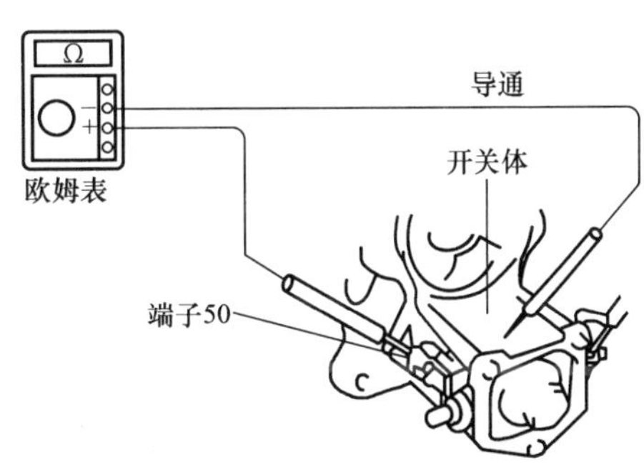

图 2-6　检查保持线圈是否断路

【思考练习】

1. 起动机由哪些部分组成？
2. 叙述起动机各组成部分的功用。
3. 起动系统的控制装置是怎样工作的？

任务二　起动机的安装与调整

任务目标

1）掌握起动机的作用；
2）了解起动机的工作原理；
3）熟练掌握起动机的安装与调整方法；
4）规范安全的操作方法。

【预备知识】

一、起动机的作用

起动机在点火开关或起动按钮控制下，将蓄电池的电能转化为机械能，通过飞轮齿圈带动发动机曲轴转动。

二、起动系统的工作过程

CA1091 型汽车的起动系统电路图如图 2-7 所示，其工作过程如下：

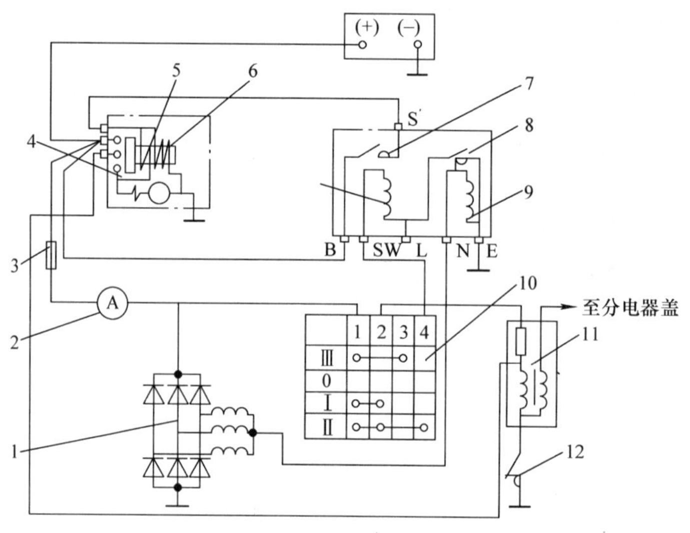

图 2-7　CA1091 型汽车的起动机接线图

1—交流发电机　2—电流表　3—熔断器　4—起动机　5—吸引线圈　6—保持线圈　7—起动继电器的常开触点　8—保护继电器的常闭触点　9—保护继电器线圈　10—点火开关　11—点火线圈　12—断电器

1）当点火开关 3 位置置于起动挡（Ⅱ挡）时，起动继电器线圈Ⅱ通电，电流回路为蓄电池正极→熔断器→电流表→点火开关起动触点Ⅱ→起动继电器线圈→保护继电器常闭触点→搭铁→蓄电池负极。

起动继电器线圈通电，使起动继电器的常开触点闭合，接通了起动机电磁开关电路，使起动机进入起动状态。

2）发动机起动后，松开点火开关，钥匙自动返回点火挡（Ⅰ挡），起动继电器触点断开，切断了起动机电磁开关电路，电磁开关复位，停止起动机工作。

3）发动机起动后，如果点火开关没能及时返回Ⅰ挡，这时组合继电器中保护继电器线圈由于承受交流发电机中性点的电压，使常闭触点断开，自动切断了起动继电器线圈的电路，触点断开，使起动机电磁开关断电，起动机便自动停止工作。发动机起动后，由于触点的断开，也切断了充电指示灯的搭铁电路，充电指示灯也熄灭。

4）在发动机运行时，如果误将点火开关置于起动挡，由于在此控制电路中，保护继电器的线圈总加有交流发电机中性点电压，常闭触点处于断开状态，起动继电器线圈不能通电，起动机电磁开关不能动作，避免了发动机在运行中使起动机的驱动齿轮进入与飞轮齿圈的啮合而产生的冲击，起到了保护作用。

有的汽车起动继电器线圈通过防盗系统搭铁，发动机起动时，只有防盗系统发出起动信号后，继电器线圈才能搭铁，如果防盗系统没有收到起动信号，则继电器线圈中无电流，起动机就不能工作，实现了防盗功能。

【任务实施】

一、起动机的拆卸

1）拆下蓄电池负极电缆。

注意：必须在点火开关转到 LOCK 位置且蓄电池负极电缆脱开约 120s 后，才能进行下面的工作。

2）拆下可能妨碍发动机拆卸的其他零件。

3）拆下起动机：

① 脱开起动机接头。

② 旋下螺母，脱开起动机配线。

③ 旋下螺母和螺栓，拆下起动机。

二、起动机的安装

1）对分解的零部件进行清洗，清洗时，对所有的绝缘部件，只能用干净布蘸少量汽油擦拭，其他机械零件均可放入汽油、煤油或柴油中洗刷干净并凉干。

注意：整流片及电刷表面在装配时，不应沾有油污。

2）按解体的相反顺序进行安装，在将电枢轴装入电刷架时，应防止将电刷撞断，必要时使用专用工具进行安装。

3）装配完毕后，转子应转动灵活，无碰擦或卡滞现象。

4）用一字螺钉旋具沿轴向拨动驱动齿轮，应能伸出并能自动复位。

三、起动机的调整

起动机检修装复后，必须做认真细致的调整，以防止起动机齿轮啮合不良、有冲撞声、起动困难等现象。

1. 起动机驱动齿轮与止推垫圈之间间隙的调整

电磁操纵强制啮合式起动机驱动齿轮与止推垫圈之间间隙的调整，如图 2-8 所示。

将电磁开关的活动铁心推至使其开关刚好接通的位置，并保持稳定，测量驱动齿轮与止推垫圈端面之间的间隙值，一般为 4～5mm，如不符合，可适当拧入或旋出拨叉 2 与活动铁心 4 的连接螺杆 3 进行调整，然后再将活动铁心顶到极限位置，此时驱动齿轮与止推垫圈之间的间隙应减小到 1.5～2.5mm，如不符合，可调整齿轮行程限位螺钉 1，直至合适为止。

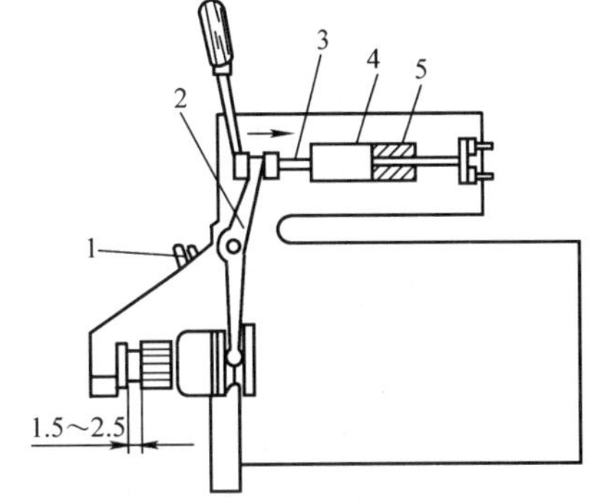

图 2-8　电磁操纵强制啮合式起动机驱动齿轮与止推垫圈之间间隙的调整

1—限位螺钉　2—拨叉　3—连接螺杆　4—活动铁心　5—黄铜套

2. 起动机电磁开关接通时刻的调整

电磁开关的调整，主要是调整点火线圈附加电阻短路接线接触片的接通时刻。一般在电磁开关内，短路点火线圈附加电阻都是利用主接线柱触点与接触盘之间的辅助接触片进行调整的。调整时只需将辅助接触片做适当的弯曲即可。

3. 起动机驱动齿轮端面与驱动端盖突缘面之间距离的调整

起动机驱动齿轮端面与驱动端盖突缘面之间距离的调整如图 2-9 所示，有些汽车（如东风 EQ1090、北京 2020 等）起动机，规定了起动机不工作时，驱动齿轮端面与后端盖突缘面之间的距离。如东风 EQ1090 型汽车起动机规定此值为 29 ~ 32mm，北京 2020 型汽车起动机规定此值为 32. 5 ~ 34mm。不符合规定值时，可调整后端盖上的齿轮行程限位螺钉，并将相关数据填入表 2-1。

表 2-1　起动机调整参数记录表

起动机型号：__________

调 整 项 目	调 整 部 位	标准值/mm	调整值/mm
驱动齿轮与止推垫圈之间间隙的调整	电磁操纵强制啮合式起动机驱动齿轮与止推垫圈之间间隙		
起动机驱动齿轮端面与驱动端盖突缘面之间距离的调整	起动机驱动齿轮端面与驱动端盖突缘面之间距离		

4. 起动机驱动齿轮轴向间隙的调整

如图 2-10 所示，用止推垫圈调整驱动齿轮的轴向间隙（推到极限位置），标准值为 0. 3 ~ 1. 5mm。

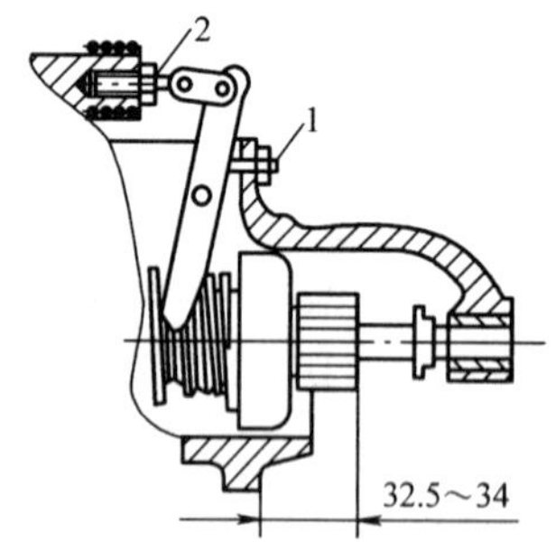

图 2-9　驱动齿轮端面与驱动端盖突缘面之间距离的调整

1—定位螺钉　2—调节螺钉

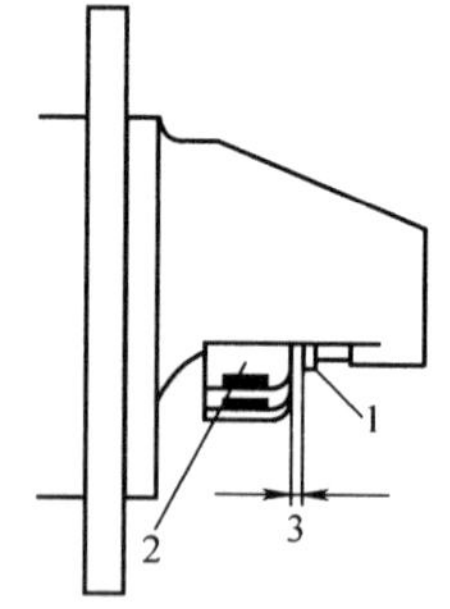

图 2-10　起动机驱动齿轮轴向间隙的调整

1—止推垫圈　2—驱动齿轮　3—驱动齿轮轴向间隙

【思考练习】

1. 起动机的作用是什么？

2. 按要求对起动机进行正确拆装。

3. 按要求对起动机各间隙进行调整。

任务三　点火开关的检查与维护

任务目标

1）掌握点火开关的类型；

2）熟悉点火开关线路；

3）了解防盗钥匙的匹配；

4）了解防盗控制器的更换与匹配；

5）熟练掌握点火开关总成以及线路的检查与维护方法；

6）规范安全的操作方法。

【预备知识】

一、点火开关的作用

点火开关主要用来接通和切断点火电路，同时还控制起动电路、发电机励磁电路、仪表电路及其他辅助电气设备的电路，是汽车电路中一个重要的电路开关。

二、点火开关的结构

1. 钥匙常规起动

可自由开启或关闭点火线圈的主要电路，也适用于其他电系电路。通常由锁芯和开关两部分组成，锁芯部分用钥匙控制。钥匙插进锁芯后，可以使锁芯转动，转动的锁芯带动开关部分，接通和切断有关电路。此外，现在大多数汽车上的点火开关都有锁死方向盘的作用，即将钥匙从点火开关拔下后，转向盘被锁止，起防盗的作用。

2. 一键起动

一键起动的按钮或旋钮必须在感应到智能钥匙的存在时才能起动，这种感应距离一般在50cm左右。一般情况下智能钥匙中也有常规的带有锯齿或凹槽的钥匙以防止一键起动功能发生故障时，利用机械起动方式进行起动。

具有一键起动功能的汽车一般不用插入钥匙，但都有插入钥匙的位置（作用是防止一键起动功能发生故障时，利用钥匙进行起动）。

三、点火开关挡位

（1）LOCK挡位

此挡位作用是锁死汽车，车钥匙放到这个挡位就等于锁死了方向盘，方向盘不能有太大的活动。

（2）ACC挡位

此挡位作用是给全车通电，收音机、车灯等可以正常使用，不可以使用空调。

（3）ON 挡位

钥匙位于此位置时，除了发动机，其余的基础设备都是开着的，可以为方向盘解锁，可以使用空调，但空调的制冷效果不是很好。

（4）START 挡位

START 挡是发动机起动挡位，起动后会自动恢复正常状态，也就是 ON 挡。

这四个挡每个挡位都是递进式的，目的是让电气设备逐个进入工作状态，这样还可以缓解由于瞬间通电造成的汽车蓄电池的负担。如果着车时在其他挡位不作停留，从 LOCK 直接进入 START 的起动状态，会瞬间增加蓄电池的负担，同时由于各电气设备还没有完全进入工作状态，计算机很难正常指挥发动机起动，所以这种操作对蓄电池和发动机都是非常不利的。经常这样操作会缩短蓄电池的使用寿命，会造成发动机起动困难。

【任务实施】

一、点火开关总成及线路的检查

点火开关由蓄电池经熔断器供电。点火开关的位置不管是在“ACC” “ON”或是“START”，都向每个熔断丝和继电器供电，钥匙开锁警告开关（检测钥匙的设定状态）位于点火开关内。

1. 点火开关和钥匙开锁警告开关的拆卸和安装

（1）脱开蓄电池端子

警告：务必在点火开关转到“LOCK”位置和从蓄电池负极（－）端子拆下电缆 20s 或更长时间以后才能开始工作。

（2）拆下相关元件

1）脱开插接器。

2）从锁芯上拆下螺钉和开关，以及配线夹。

（3）安装点火开关

按拆卸时的相反顺序进行安装。

2. 点火开关和钥匙开锁警告开关的检查

（1）检查点火开关

1）开关导通状况。检查端子间开关的导通状况，如图 2-11 所示。

端子 / 开关位置	1	2	3	4	5	6	11
LOCK							
ACC			○	○			
ON		○	○	○		○	○
START	○	○	—	○	○	○	○

图 2-11　开关导通情况检查

如导通状况不符合规定，应更换开关。

2）开关电路。接上开关的插接器并从后侧检查配线侧的插接器，如图 2-12 所示。

如电路不符合规定，检查开关或与其他元件相连的线路。

（2）检查钥匙开锁警告开关

1）开关导通状况。根据图2-13检查端子间开关的导通状况。

图2-12 插接器

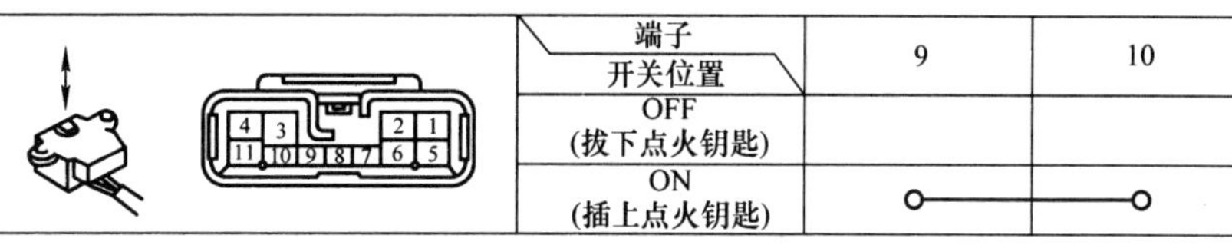

端子 开关位置	9	10
OFF (拔下点火钥匙)		
ON (插上点火钥匙)	○—	—○

图2-13 开关导通情况的检查

如导通状况不符规定，应更换开关。

2）开关电路。连接开关插接器并如图2-12所示从后侧检查配线侧的插接器。

根据表2-2进行检查。

表2-2 开关电路检查

检查项目	万用表连接	条件	规定值
导通	10-地	拔下点火钥匙	不导通
		插上点火钥匙	导通
	9-地	常态	导通
电压	2-地	点火开关转到ON位置	蓄电池电压
	3-地	点火开关转到ACC或ON位置	
	4-地	常态	
	5-地	点火开关转到START位置	
	6-地	点火开关转到ON位置	
	11-地	常态	

如电路不符规定，应检查开关或配线。

二、防盗钥匙的匹配

1. 广州本田轿车遥控器重新设定程序

（1）遥控发射器代码的输入方法

遥控发射器可将3个代码输入遥控车门接收装置的存储器。在输入发射器代码时应注意：

1）如果输入第4个代码，则第1个代码将被覆盖删除。

2）在操作过程中，一定要在步骤说明规定的时间内完成。

（2）遥控器代码输入的步骤

1）接通点火开关ON（Ⅱ）。

2）将发射器对准车门的接收装置，在4s内按压发射器的锁定与开启按钮。

3）在4s内关闭点火开关。

4）在4s内转入步骤5）。

5）重复步骤1）。

6）重复步骤2）。

7）重复步骤3）。

8）在4s内转入步骤9）。

9）重复步骤1）。

10）重复步骤2）。

11）重复步骤3）。

12）在4s内转入步骤13）。

13）重复步骤1）。

14）重复步骤2）。

15）确认已听到车门锁起动器工作的声音。

16）在9s内转入步骤17）~22）。

17）将发射器对准车门接收装置，输入第1个欲被存入的代码，然后按下发射器按钮。

18）确认已听到车门锁起动器工作的声音。

19）将发射器对准车门接收装置，输入第2个欲被存入的代码，然后按下发射器按钮。

20）确认已听到车门锁起动器工作的声音。

21）将发射器对准车门接收装置，输入第3个欲被存入的代码，然后按下发射器按钮。

22）确认已听到车门锁起动器工作的声音。

如果欲存入另一新的（第4个）发射器代码，则返回步骤1）然后逐步进行。

23）关闭点火开关，拔出点火钥匙。

24）使用发射器开启或锁定车门，确认发射器输入新代码后，系统工作正常。

2. 奥迪A6遥控器匹配口令

1）用副钥匙将点火开关打开，将所有车门关闭。

2）在门外用钥匙向锁的方向拧住并保持。

3）按遥控器开锁键一下，此时侧门灯应闪烁一次。

4）5s后再按一下开锁键，此时门锁应自动打开，第一把钥匙设定完毕。

5）设定第二把钥匙，用副钥匙将点火开关打开，将所有车门关闭。

6）在门外用第二把钥匙向锁的方向拧住并保持。

7）连续按第二把遥控器开锁键两下，此时侧门灯应闪烁两次。

8）5s后再按一下开锁键，此时门锁应自动打开，第二把钥匙设定完毕。

三、识读线圈的检查与维护

1. 识读线圈的作用

为了防止汽车被盗造成的经济损失，目前最先进且国际上最流行的是采用防盗点火锁系统，如果再在汽车转向盘上加锁，则防盗安全性能会更高。电子防盗控制系统使盗车人无法用通常的机械或电气方法起动发动机，同时防盗代码可随机产生。由于采用特别的通信手段，每次传递的信息不同，因此用先进的电子扫描方法来破解防盗代码也较困难。现以桑塔纳2000GSi型轿车（时代超人）来说明汽车的电子防盗系统，该系统是一种在点火开关接通后开始工作的防盗控制系统。如图2-14所示为该系统的基本组成，其主要由脉冲转发器、识读线圈、防盗系统ECU、有可变代码功能的发动机ECU和防盗报警灯等零部件组成。

识读线圈也叫收发线圈，安装在点火锁芯上，通过导线与防盗ECU相连，作为防盗系统ECU的负载，担负着防盗系统ECU与转发器之间信号及能量的传输任务。

识读线圈起能源传递和防盗识别代码的转发作用。当用汽车钥匙打开车门时，它把防盗器ECU电源能量传送到汽车钥匙内的脉冲转发器，然后把汽车钥匙的识别代码传送回防盗器ECU。识读线圈一般安装在点火开关外面，如图2-15所示。

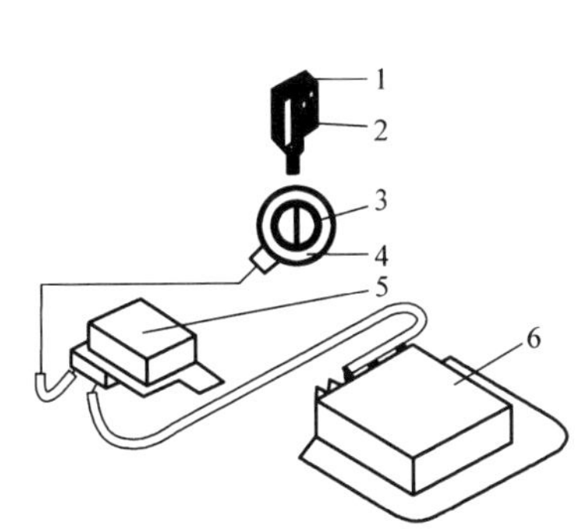

图2-14　2000GSi型轿车（时代超人）汽车的电子防盗系统组成

1—汽车钥匙　2—脉冲转发器　3—点火开关
4—识读线圈　5—防盗器ECU　6—发动机ECU

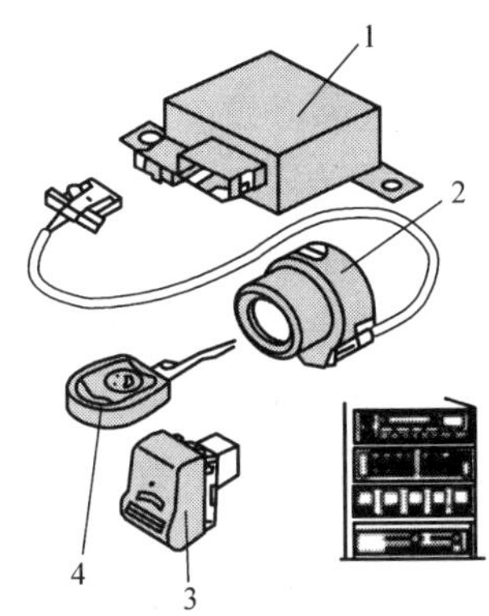

图2-15　识读线圈安装位置

1—防盗控制单元　2—识读线圈
3—防盗指示灯　4—带转发器的钥匙

2. 识读线圈的工作过程

脉冲转发器是不需要电源就可驱动的感应和发射器件，该器件安装在汽车钥匙手柄内。在汽车出厂时，防盗器ECU给车钥匙配备好该车的防盗识别代码，故每辆汽车的防盗控制代码是不同的。当用车钥匙打开点火开关时，来自于防盗器ECU的电源能量通过识读线圈，以感应方式传递给脉冲转发器。被激励的脉冲转发器立即发射出该车钥匙的识别代码，再通过识读线圈返回到防盗器ECU。ECU判别该钥匙是否为该车的合法钥匙，并将汽车点火和供油系统接通或不予接通。较早的防盗系统还可发出盗劫报警声光信号，有效防止汽车的被盗。汽车钥匙丢失重配或增配汽车钥匙，都必须与防盗器ECU的识别代码进行匹配处理。

防盗系统ECU安装在转向柱左边的中央电路板上方，它能通过识读线圈向汽车钥匙的脉冲转发器供给能量，同时接收车钥匙发回的防盗识别代码。如钥匙识别代码与防盗器ECU存储的代码一致，则汽车钥匙起动发动机后，汽车发动机正常运转，否则在2s内断开发动机油路和电路，令发动机熄火。

发动机ECU具有可变代码功能。发动机ECU修理更换后，防盗系统ECU内的原车钥匙识别代码不会更改，车钥匙和防盗器ECU不用再匹配。但防盗器ECU必须与更换的发动机ECU进行匹配，才能互相识别，否则，发动机不能起动。发动机ECU一般安装在位于驾驶员腿部上方的地方。

防盗报警灯起到警示插入点火开关内的车钥匙是否为该车合法汽车钥匙的作用。若使用合法的本车钥匙打开汽车油路和电路，则仪表盘上的防盗报警灯点亮 3s 内自动熄灭；否则防盗报警灯会不停闪烁，有的车还会向外发出声光报警。

（1）更换/匹配发动机控制单元操作步骤

1）登录锁止查询。

2）防盗器检查。

3）从防盗器中读取数据。

4）用户身份查询。

5）在线连接登录。

6）将数据传输到发动机控制单元进行匹配 。

（2）匹配钥匙操作步骤

1）登录锁止查询。

2）防盗器检查。

3）从防盗器中读取数据。

4）用户身份查询。

5）在线连接登录。

6）进行匹配/学习过程。

7）确认读写线圈数据。

8）将确认信息回传到数据库。

3. 识读线圈的检查

防盗控制系统具有自诊断功能，每次用汽车钥匙将点火开关接通，防盗器 ECU 都要进行自检。在自检中如发现故障或使用过程中出现故障，故障码都会被存储在防盗器 ECU 中。维修时，用故障诊断仪读出故障码及相应故障提示，以便尽快消除故障，修理完毕，应清除防盗器 ECU 中存储的系统故障码。

四、防盗控制器的更换与匹配

（一）中华尊驰控制器防盗器点火钥匙的匹配方法

前提：必须有 2 把钥匙和一个人协助。

1. 遥控器匹配方法

1）用一把钥匙将点火开关转到 ON 位置。

2）用另一把钥匙在车外面锁住车门。

3）此时室内灯会点亮，按遥控器上任何一个按键 2 次，室内灯熄灭，匹配完成。但上述操作必须在 30s 内完成。

2. 钥匙匹配方法

1）用红色主钥匙插入点火开关并打到 ON 位置，3s 之内关闭，拔下钥匙。

2）用黑色副钥匙插入点火开关并打到 ON 位置，3s 内关闭，拔下钥匙。

3）用红色主钥匙打开点火开关之后，3s 内关闭，完成。

（二）中华尊驰轿车遥控器匹配具体步骤

遥控器与中央控制器的互识

遥控器与中央控制器不是一一对应的，使用遥控器前应该进行遥控器与控制器的互识工作，即将遥控器里面的信号传输到控制器内。

（1）有两把机械钥匙的互识方法

1）第一把钥匙打开点火开关。

2）第二把钥匙在外部锁车。

3）此时室内灯会点亮30s，表明可以对新的遥控器互识，互识时间必须在30s内完成。

4）按压2次遥控器上的任意一个键，室内灯熄灭，互识结束。

（2）有一把机械钥匙的互识方法

1）用钥匙打开点火开关。

2）在2.5s内完成按压4次后窗除霜开关的动作。

3）此时室内灯会点亮30s，表明可以对新的遥控器互识，互识时间必须在30s内完成。

4）按压2次遥控器上的任意一个键，室内的灯熄灭，互识结束。

【思考练习】

1. 点火开关的检查方法？
2. 广州本田轿车遥控器的设定程序？
3. 识读线圈的作用？

任务四　起动机的分解、组装与故障诊断

任务目标

1）掌握起动机总成的结构；

2）学会起动机总成故障原因的分析与诊断方法；

3）熟悉起动机总成的性能测试；

4）熟练掌握起动机的分解与组装方法；

5）规范安全的操作方法。

【预备知识】

一、起动机的组成

起动机一般由三部分组成：直流电动机、传动机构和控制机构，如图2-16所示。

（1）直流电动机

其作用是将蓄电池输入的电能转换为机械能，产生电磁转矩。

（2）传动机构

其作用是：在发动机起动时，使起动机驱动齿轮啮入飞轮齿环，将起动机转矩传给发动

机曲轴；而在发动机起动后，使驱动齿轮打滑与飞轮齿环自动脱开。

（3）控制机构

其作用是用来接通和切断起动机与蓄电池之间的电路。在有些汽车上，还具有接入和隔除点火线圈附加电阻的作用。

二、起动机的内部构造

1. 直流电动机

直流电动机由电枢、换向器、磁极、电刷、轴承和机壳等组成，其主要部件如图 2-17 所示。

电枢绕组与磁场绕组串联的直流电动机又称为串励式直流电动机。

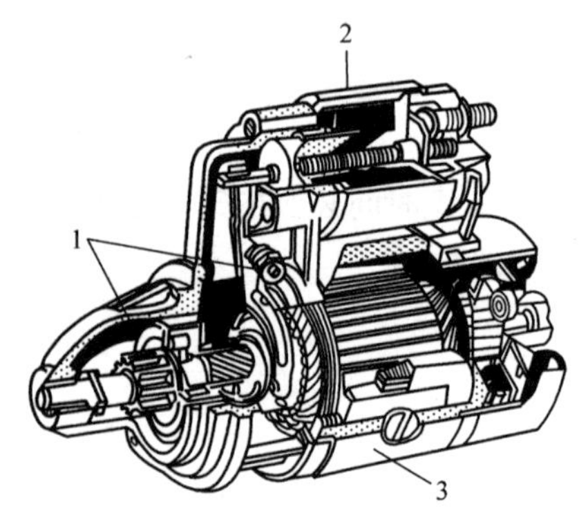

图 2-16 起动机组成

1—传动机构 2—电磁开关（控制机构） 3—直流电动机

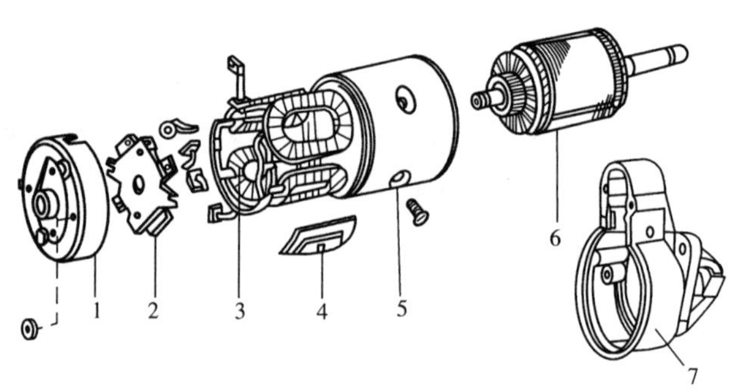

图 2-17 直流电动机组成

1—端盖 2—电刷和刷架 3—磁场绕组 4—磁极铁心 5—机壳 6—电枢 7—后端盖

（1）电枢

电枢由外圆带槽的硅钢片叠成的铁心和电枢绕组组成，如图 2-18 所示。

起动机工作时，通过电枢绕组和磁场绕组的电流达几百安或更大，因此其磁场绕组和电枢绕组一般采用矩形截面的裸铜线绕制。

换向器由许多换向片组成，换向片的内侧制成燕尾形，嵌装在轴套上，其外圆车成圆形。换向片与换向片之间均用云母绝缘。

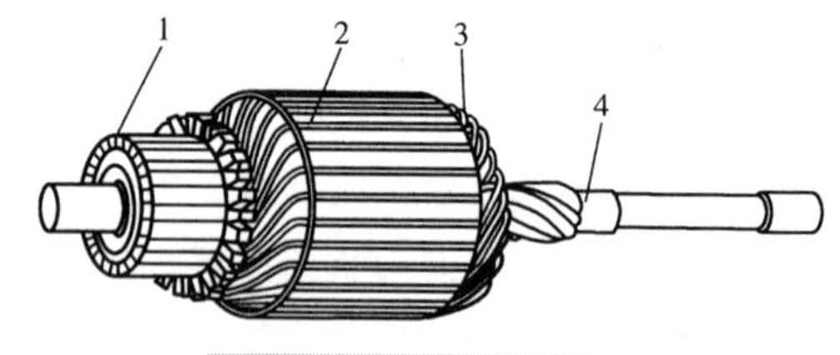

图 2-18 电枢的组成

1—换向器 2—铁心 3—绕组 4—电枢轴

电刷和装在电刷轴上的换向器用来连接磁场绕组和电枢绕组的电路，并使电枢轴上的电磁转矩保持固定方向。

电刷用含铜石墨制成，装在端盖上的电刷架中，通过电刷弹簧保持与换向片之间具有适当的压力。

（2）磁极

磁极由固定在机壳上的磁极铁心和磁场绕组组成，如图 2-17 所示，一般采用 4 个磁极，大于 7.35kW 的起动机采用 6 个磁极。励磁绕组一般接在外壳的绝缘接线柱上，另一端与两个非搭铁电刷相连。

（3）机壳

机壳一般做成圆筒状，是起动机的磁极和电枢的安装机体，其上有一绝缘接线端，是电动机的引入线。起动机的电磁开关也安装在机壳上。

2. 传动机构

（1）传动机构的作用

起动机的传动机构安装在电动机电枢的延长轴上，用来在起动发动机时将驱动齿轮与电枢轴连成一体，使发电机起动。发动机起动后，飞轮转速提高，它将带着驱动齿轮高速旋转，会使电枢轴因超速旋转而损坏。因此，在发动机起动后驱动齿轮的转速超过电枢轴的正常转速时，传动机构应使驱动齿轮与电枢轴自动脱开，防止电动机超速。为此，起动机的传动机构中必须有超速保护装置。

（2）传动机构的组成

传动机构主要由单向离合器、驱动齿轮、拨叉和啮合弹簧等组成。传动机构中，结构和工作情况比较复杂的是单向离合器，它的作用是传递电动机转矩，发动机起动后其自动打滑，保护起动机电枢不致超速飞车。常见单向离合器分为滚柱式单向离合器、弹簧式单向离合器和摩擦片式单向离合器。

1）滚柱式单向离合器。

① 结构。滚柱式单向离合器分为十字块式和十字槽式，其结构如图 2-19 所示。

② 工作原理。起动时，拨叉将离合器推出，驱动齿轮与飞轮啮合，电动机通电后，带动十字块旋转。此时十字块处于主动状态，使滚柱滚入窄端，将十字块与外壳卡紧。起动后，飞轮齿圈带动驱动齿轮与外壳高速旋转，当转速超过十字块时，就迫使滚柱滚入宽端，各自自由滚动，起保护作用。

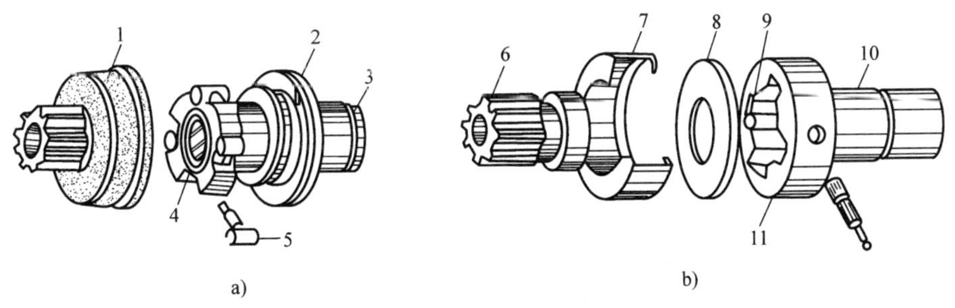

图 2-19　滚柱式单向离合器

a）十字块式　b）十字槽式

1—起动驱动及套筒　2、7—防护套　3—十字块套筒　4、11—弹簧　5、9—滚柱

6—驱动齿轮　8—垫圈　10—十字槽套筒

2）弹簧式单向离合器。

① 结构。弹簧式单向离合器主要由驱动齿轮、扭力弹簧和止推套筒等组成，如图 2-20 所示。

② 工作原理。起动时，电枢轴带动连接套筒旋转，扭力弹簧顺其旋转方向扭转，圈数增加，内径变小，将齿轮柄与连接套筒包紧，成为整体。这样电动机的转矩传给驱动齿轮，

带动曲轴旋转，起动发动机。起动后，驱动齿轮转速高于电枢转速，扭力弹簧被反向扭转，内径变大，齿轮与连接套筒松脱，各自转动，起到了保护作用。

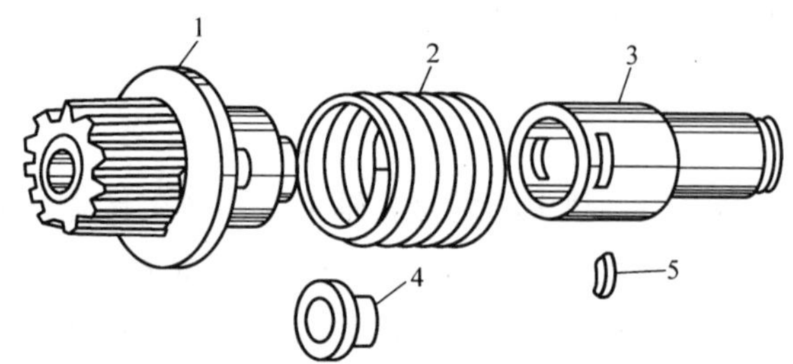

图 2-20　弹簧式单向离合器

1—驱动齿轮　2—扭力弹簧　3—螺旋花键套筒　4—止推套筒　5—定位键

3）摩擦片式单向离合器。

① 结构。摩擦片式单向离合器由主动片、从动片和驱动齿轮套筒等组成，如图 2-21 所示。

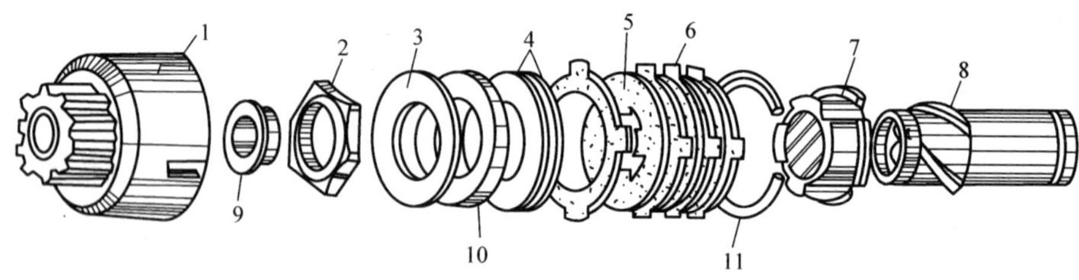

图 2-21　摩擦片式单向离合器

1—驱动齿轮套筒　2—调整螺母　3—弹性圈　4—调整垫片　5—主动片　6—从动片　7—内接合毂　8—螺旋花键套筒　9—止推套筒　10—压环　11—卡簧

② 工作原理。起动时，当驱动齿轮啮入飞轮齿圈后，电动机通电旋转，内接合毂在惯性力作用下沿着螺旋花键向右移动，摩擦片被压紧而将起动机的力矩传递给驱动齿轮。当发动机的阻力矩较大时，内接合毂会继续右移，增大摩擦片之间的压力，直到摩擦片之间的摩擦力足够所需的起动力矩，带动曲轴旋转，起动发动机。起动后，驱动齿轮被飞轮齿圈带动，其转速超过电枢转速时，内接合毂沿着螺旋花键向左退出，摩擦片之间的压力消除。驱动齿轮不会带动电枢轴旋转，起到保护作用。

3. 控制机构

起动机的控制机构也称操纵机构，它的作用是控制起动机主电路的通、断和驱动齿轮的移出和退回。

起动机的控制部分分为直接操纵式和电磁操纵式两种。

直接操纵式控制机构检修方便，且不消耗电能，有利于提高起动转速。但是驾驶人的劳动强度大，不易远距离操纵，所以目前已很少采用。

电磁操纵式控制机构，俗称电磁开关，其使用方便，工作可靠，并适合远距离操纵，所以目前广泛采用。

【任务实施】

一、起动机总成的分解

1. 分解

1）用扳手旋下电磁开关接线柱的螺母，取下导线，如图 2-22 所示。

2）旋下起动机贯穿螺钉和衬套螺钉，取下衬套座和端盖，再取下垫片组件和衬套，如图 2-23 所示。

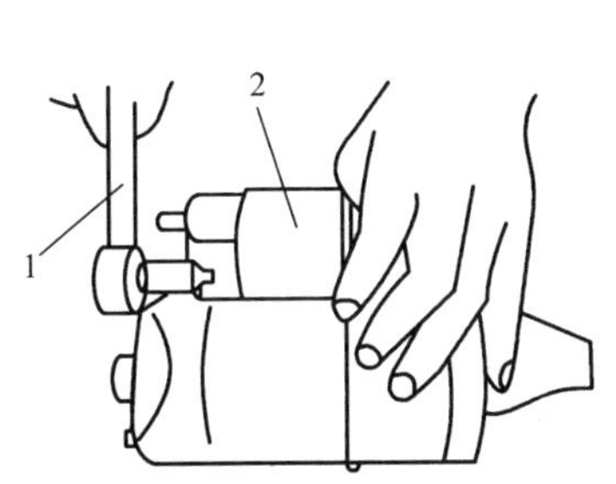

图 2-22 起动机导线的拆卸

1—扳手 2—电磁开关

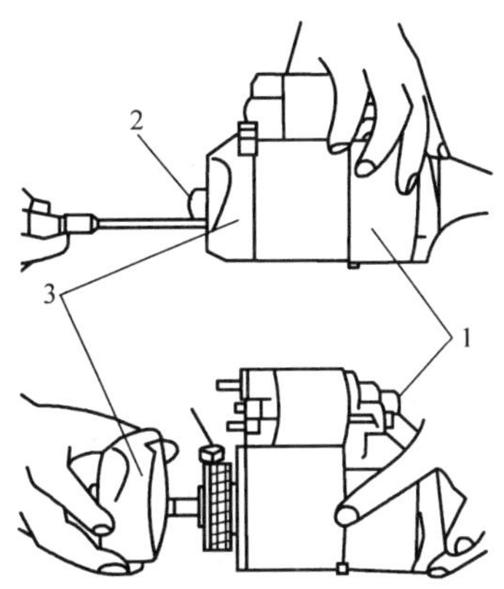

图 2-23 起动机衬套及端盖的拆卸

1—起动机 2—衬套座 3—端盖

3）用尖嘴钳将电刷弹簧抬起，拆下电刷架及电刷，如图 2-24 所示。

4）取下励磁绕组后，用扳手旋下螺栓，从驱动端端盖上取下电磁开关总成，如图 2-25 所示。

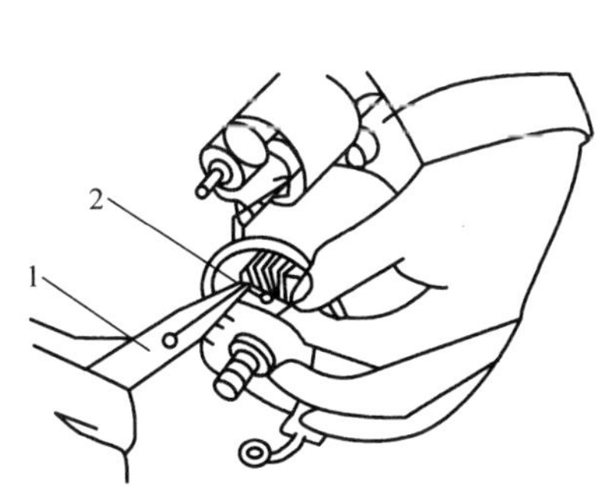

图 2-24 起动机电刷的拆卸

1—尖嘴钳 2—电刷弹簧

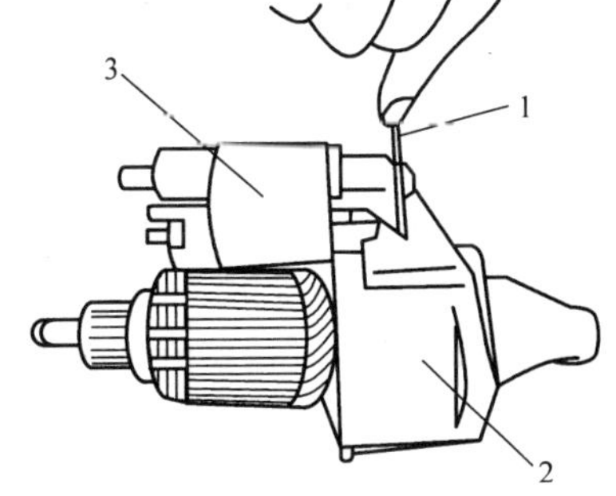

图 2-25 起动机电磁开关的拆卸

1—扳手 2—驱动端盖 3—电磁开关

5）取出转子后，从端盖上取下传动叉，然后取出驱动齿轮与单向离合器，再取出驱动齿轮端衬套，如图 2 26 所示。

2. 检修

（1）电枢绕组

1）使用欧姆表，检查整流子的所有扇形片之间是否导通，如图 2-27 所示，如果出现断路，应更换电枢。

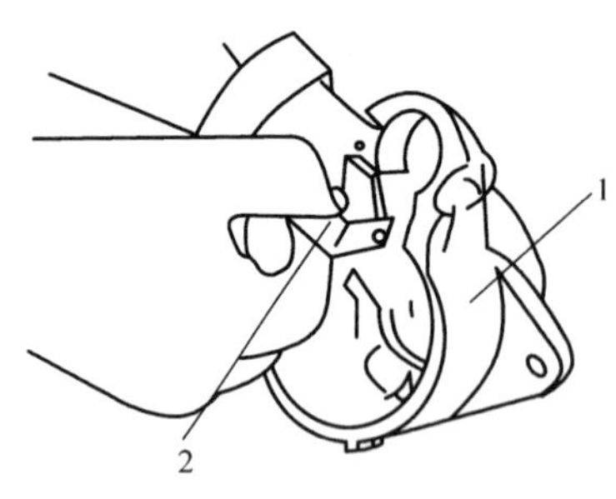

图 2-26 拆卸起动机传动叉
1—端盖 2—传动叉

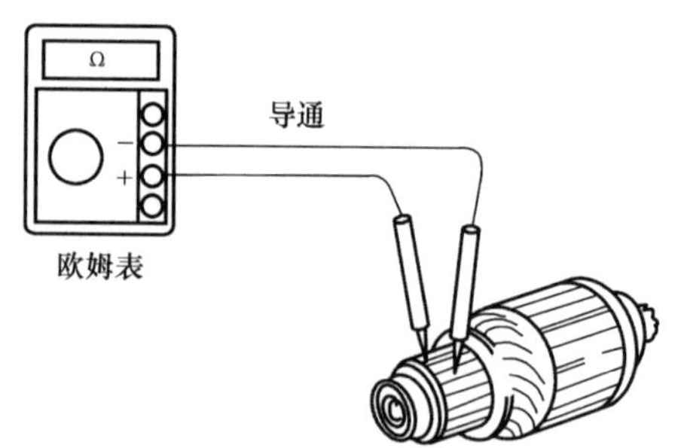

图 2-27 检查整流子与扇形片之间导通情况

2）使用欧姆表，检查整流子和电枢铁心之间是否不导通，如图 2-28 所示，如果导通，应更换电枢，并完成检修任务记表 2-3。

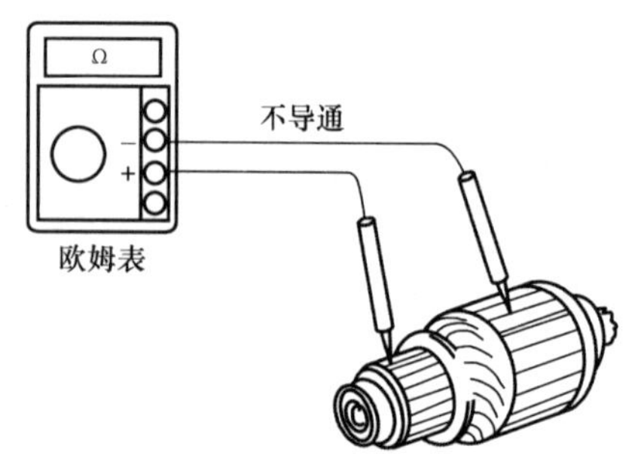

图 2-28 检查整流子和电枢铁心之间导通情况

表 2-3 起动机电枢绕组检修任务记录表

检查项目	检查结果	检查项目	检查结果
检查整流子与扇形片之间导通情况	导通	检查整流子和电枢铁心之间导通情况	导通
	不导通		不导通

（2）整流子

1）检查整流子表面，如出现脏污或烧灼现象，使用砂纸（NO. 400）或车床清洁其表面。

2）检查整流子的径向跳动，如图 2-29 所示。

① 将整流子放在 V 形块上。

② 使用千分表，测量整流子的径向跳动。最大径向跳动量为 0. 05mm。如果径向跳动量超标，使用车床对其进行修正。

3）使用游标卡尺，测量整流子的直径。如图 2-30 所示。

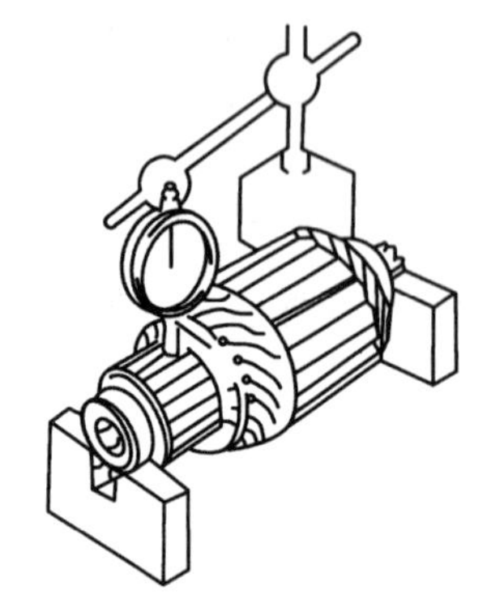

图 2-29 检查整流子的径向跳动

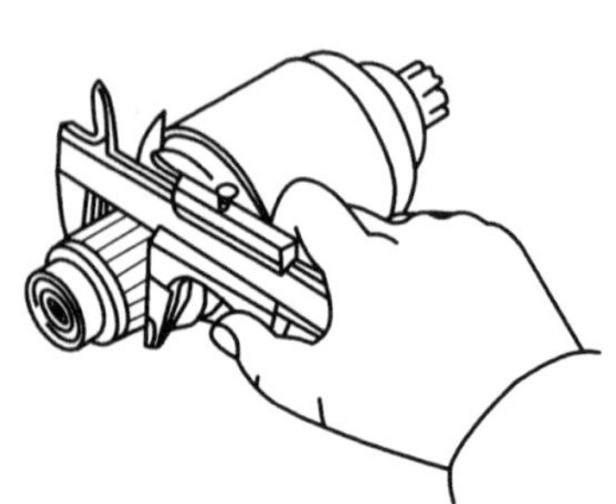

图 2-30 测量整流子直径

标准直径：30mm；

最小直径：29mm。

如果直径超标，更换电枢。

4）检查切口深度，如图 2-31 所示。切口内应清洁，不能有异物，切口边缘应平滑。

切口的标准深度：0.6mm；

切口的最小深度：0.2mm。

如果切口深度小于 0.2mm，使用钢锯加大切口深度。

最后，完成检修任务记入表 2-4。

表 2-4　起动机整流子检修任务表

检查表面	是否良好		是	否
径向跳动量	mm			
整流子直径	mm	是否需要更换	是	否
切口深度	mm	是否需要加大	是	否

（3）励磁绕组

1）使用欧姆表，检查引出线与励磁绕组电刷引线之间是否导通，如图 2-32 所示，如果不导通，应更换励磁绕组。

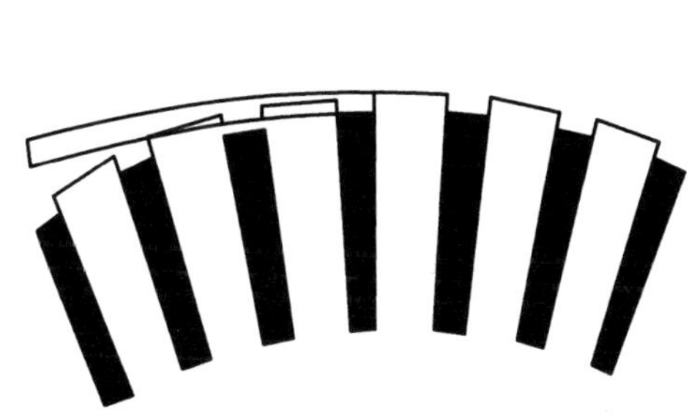

图 2-31　检查切口深度

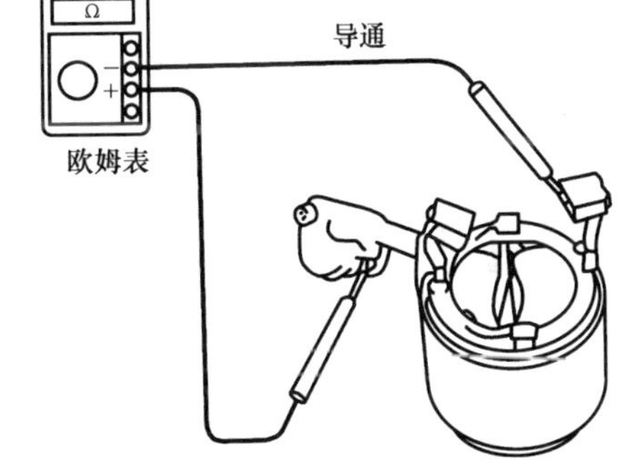

图 2-32　检查引出线与励磁绕组电刷引线之间导通情况

2）使用欧姆表，检查励磁绕组端头和励磁架之间是否不导通，如图 2-33 所示，如果导通，维修或更换励磁架。最后，完成检修任务记录表 2-5。

表 2-5　起动机励磁绕组检修任务记录表

检查项目	检查结果	检查项目	检查结果
检查引出线与励磁绕组电刷引线之间导通情况	导通	检查励磁绕组端头和励磁架之间导通情况	导通
	不导通		不导通

（4）电刷

检查电刷是否磨损：用游标卡尺测量电刷长度，如图 2-34 所示。

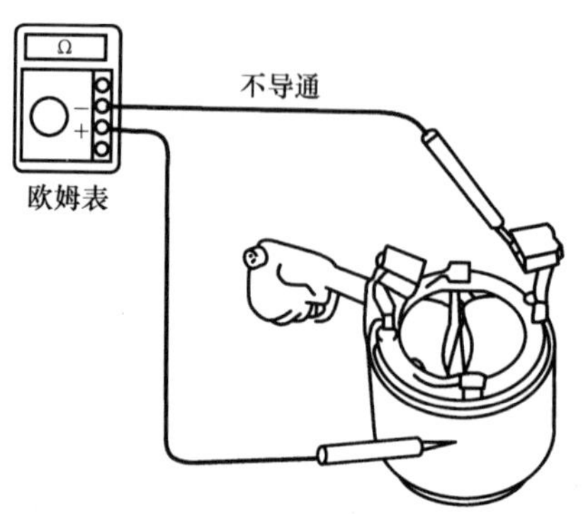

图 2-33 检查励磁绕组端头和励磁架之间导通情况

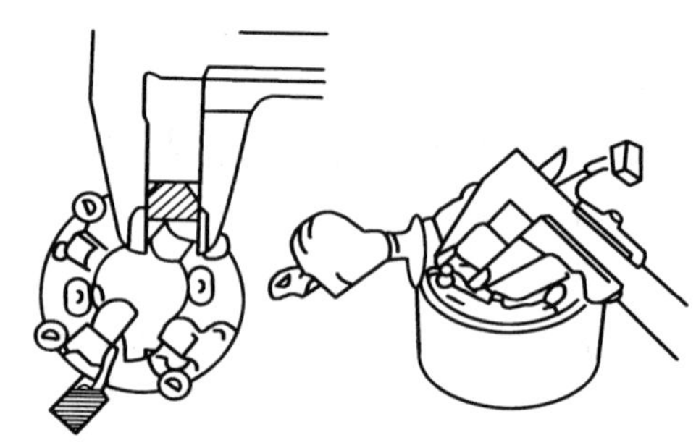

图 2-34 检查电刷磨损情况

标准长度：15.0mm；

最小长度：10.0mm。

如果电刷长度小于 10mm，应更换电刷座和励磁架。

（5）电刷弹簧

检查电刷弹簧的负荷：读取电刷弹簧从电刷上脱开的瞬间拉力计上的读数，如图 2-35 所示。

标准安装负荷：18 ~ 24N。

如果超出标准负荷需更换电刷弹簧。

（6）电刷座

检查电刷座的绝缘性能：用欧姆表，检查正（+）、负（-）电刷座之间是否不导通，如图 2-36 所示。如果不导通，应更换电刷座。最后，完成检修任务记录表 2-6。

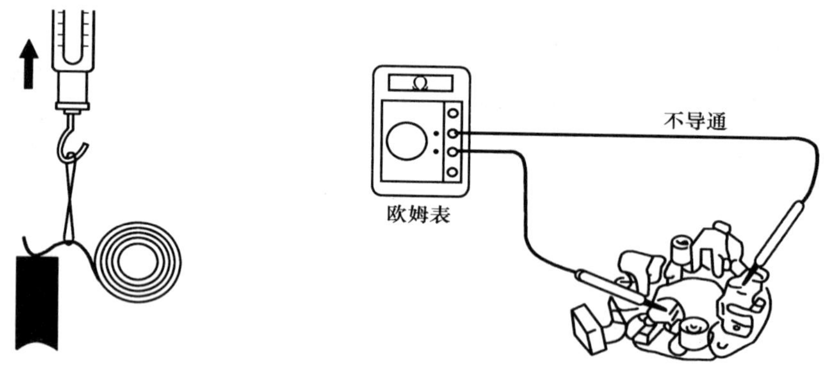

图 2-35 检查电刷弹簧的负荷

图 2-36 检查电刷座的绝缘性能

表 2-6 电刷、电刷弹簧、电刷座检修任务记录表

电刷长度	mm	是否需要更换	是	否
电刷弹簧负荷	N	是否需要更换	是	否
电刷座绝缘性	导通（不更换）		不导通（更换）	

（7）离合器和驱动齿轮的检修

检查离合器和驱动齿轮是否严重损伤或磨损。如有损坏，应进行更换。

检查起动机离合器是否打滑或卡滞，如图2-37所示。将离合器驱动齿轮夹在台虎钳上，在花键套筒中套入花键轴，将扳手接在花键轴上，测得力矩应大于规定值（29.4N·m），否则说明离合器打滑。反向转动离合器应不卡滞，否则应修理或更换离合器总成。

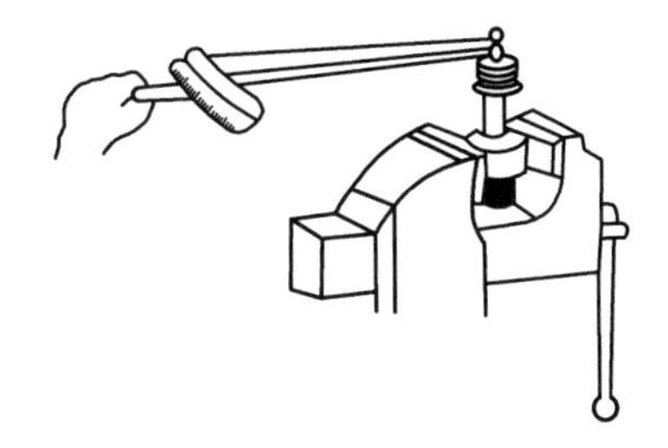

图2-37 检查起动机离合器工作是否正常

二、起动机总成的故障诊断

起动机是短时间断续工作的电气设备，且工作电流很大。每次连续工作不能超过5s，重复起动时应停歇2min。冬季和低温地区冷车起动时，应先使发动机预热后再使用起动机。起动机在连续几次起动不着时，不可继续起动，这时应对起动机、蓄电池以及连接线分别进行检查，找出其故障并予以排除，然后方可继续使用起动机。起动机的常见故障大致有如下几种。

1. 起动机不运转

（1）故障现象

将点火钥匙旋至点火开关起动位置时，起动机不运转。

（2）故障原因

1）蓄电池亏电，或连接导线断路、接头松脱。

2）起动继电器触点严重烧蚀或其线圈断路。

3）起动机电磁开关的触点严重烧蚀或其吸引线圈断路。

4）起动机直流电动机内部绕组断路或短路。

5）起动机电枢轴弯曲，轴与轴承间隙过紧。

6）换向器严重烧蚀，电刷磨损过多，电刷在刷架内卡住或压刷弹簧过软。

（3）故障诊断

按下起动机开关起动机不转时，开前照灯或按喇叭，检查电路是否有电。若前照灯不亮，喇叭不响，则应检查蓄电池及导线是否无电或断路。

若前照灯亮、喇叭响，说明蓄电池有电，这时可用螺钉旋具将起动机开关两接线柱搭接，若起动机空转，则系起动机开关有问题；如果起动机不转，并伴有强烈火花，则系起动机内部有短路或搭铁处。如果既不转动，也无火花，则说明起动机内部有断路处。

对于电磁操纵式起动机，若点火开关旋至起动位置，起动机不转并且听不到活动铁心移动的声音，此时应首先检查起动继电器，看继电器几个接线柱上的导线是否完好和牢固，然后用“试灯”或“划火”方法检查继电器与蓄电池接线柱是否有电。若无电，则系接至该接线柱上的常通导线断路。如果有电，用螺钉旋具把蓄电池接线柱与起动机接线柱短接，如果起动机或电磁开关立即工作，则系继电器的电路有故障，但不能接通起动机电磁开关线圈的电路。因此，应进一步检查。把点火开关旋至起动位置，检查继电器的点火接线柱是否有电，如果无电，则说明该接线柱至点火开关的导线断路、接触不良，或点火开关的起动挡不通；若有电，用螺钉旋具将继电器的电枢接线柱与机壳连接搭铁，如果继电器仍无反应，系内部线圈断路、短路、接触不良；若继电器“嗒”地一声微响，触点闭合，起动机接线柱通电，系继电器线圈搭铁不良，回路不通（如继电器的电枢接线柱至直流发电机电枢的导线断路、接触不良、整流子太脏等）。

短接继电器的蓄电池接线柱和起动机接线柱后，如果起动机仍不工作，应对电磁开关连接线进行检查。

如果在点火开关旋至超动位置时，起动继电器“嗒”地一声微响，触点闭合并接通起动机接线柱电路，说明继电器电路正常。检查电磁开关时，用一根导线的一端接起动机开关的电池接线柱，另一端接电磁开关的线圈接柱。如果这时起动机工作，说明电磁开关和起动机电路良好，继电器至电磁开关的电路不通；如仍无反应，可用螺钉旋具接通起动机主电路，若起动机工作，说明起动机内部电路正常，故障是电磁开关线圈断路、接触不良或活动铁心卡滞不能移动，应进一步检修或更换开关。若起动机仍不动，说明起动机内部断路（起动机内部断路后，吸引线圈的回路不通，不产生磁力，吸不动活动铁心，故电磁开关不工作），应对起动机解体修理。

2. 起动机运转无力

（1）故障现象

将点火钥匙旋至点火开关起动位置时，起动机能起动，但转动缓慢无力，带不动发动机。

（2）故障原因

1）蓄电池存电不足或起动电路导线接头松动而接触不良。

2）电刷与换向器接触不良，电动机绕组局部短路。

3）电动机轴转动不灵活或发动机装配过紧而使转动阻力过大。

（3）故障诊断

在使用中起动机出现无力时，首先检查蓄电池是否充足电；其次检查线路中有无接触不良部位。如果上述均无问题，则系起动机本身的问题。

在起动前开前照灯，当起动时前照灯灯光骤然变暗，则系蓄电池亏电。检验时，用试灯直接搭在蓄电池正、负两极柱上，再次起动，如果此时试灯亮度骤然变暗，则系蓄电池亏电。

电路接触不良，一般是由于接触点与连接点松动或锈蚀造成的，使电路之间产生较大的接触电阻。起动时起动电流通过接触电阻产生较大的电压使实际加在起动机上的电压远远低于额定值，导致起动机转速低、运转无力。可用测量电压的方法进行判断。在起动时测量一下起动机主开关电源接线柱与发动机壳体间的电压，再测一下蓄电池正、负两极的端电压，正常时两者应相等。如果第二次测量时前者比后者低很多，说明电路中存在较大的接触电阻。如果无电压表也可用试灯如上进行两次检查，正常时试灯亮度应无变化。一般发生此故障是在搭铁支路上，为使电路工作可靠，最好将蓄电池搭铁线直接接在发动机壳体上；其次在蓄电池极柱上形成的结晶物也会使极柱与导线间产生较大的接触电阻。

起动时测量起动机主开关电源接线柱与发动机壳体间的电压，如果电压在 10V 左右，起动机转速低、运转无力，则表明起动机内部有故障。

3. 起动机空转

(1) 故障现象

接通点火开关后，起动机只是高速空转，而不能带动发动机运转。

(2) 故障原因

1) 单向离合器打滑或损坏。

2) 拨叉变形或拨叉联动机构松脱。

3) 起动机驱动齿轮与发动机齿环行程调整不当，或驱动轮不能自由滑动。

(3) 故障诊断

起动机空转时转速很高，可听到“嗡嗡”的高速旋转声，一般为单向离合器打滑或损坏。可先用手正反向转动驱动齿轮，若均能转动，则证明是离合器失效。为了进一步确认，可检查单向离合器的锁止力矩。滚柱式单向离合器打滑，多因楔形槽和滚柱磨损过多而引起；弹簧式单向离合器打滑，多因弹簧折断或弹簧首末圈的紧缩量消除而引起；摩擦片式单向离合器打滑，常由下述原因引起：外接合鼓定位卡簧脱落，使摩擦片与结合鼓脱开；花键套前端的特殊螺母松动；弹簧圈破裂；从动片表面磨损，减小了与主动片结合的摩擦力；飞轮将变速器或曲轴箱窜入的机油甩入摩擦片间等。

若起动时伴有撞击声，应检查拨叉的联动机构是否松脱；起动机固定螺钉是否松动；驱动齿轮的行程是否合适。

4. 起动机运转不停

(1) 故障现象

当发动机起动后，将点火开关断开，起动机仍然不能停止运转，并发出尖叫声。

(2) 故障原因

1) 单向离合器卡死。

2) 起动机驱动齿轮缓冲弹簧复位力过小或折断。

3) 起动继电器触点或电磁开关触点烧结焊死。

(3) 故障诊断

出现这种故障应立即切断电源，否则会损坏起动机。在断电熄火后，先检查起动继电器触点和电磁开关触点是否烧结焊死，以排除电路不能断开的故障；再检查单向离合器是否卡死、缓冲弹簧是否折断或过软等，使驱动齿轮不能退出啮合位置而被飞轮反拖。

5. 起动机异响

(1) 故障现象

起动机在起动瞬间出现异常的撞击声。

(2) 故障原因

1) 齿顶缺损不能正常啮合。

2) 起动机安装不当，齿侧间隙太小。

3) 缓冲弹簧过软或折断。

(3) 故障诊断

按下起动机开关有撞击声，则说明起动机驱动小齿轮啮入困难。这时用手摇把将曲轴转一个角度，再按下起动机开关试验。如果此时撞击声消失并能起动发动机工作，则系飞轮齿圈部分齿轮啮入端打坏。若曲轴转过任何角度撞击声都出现，驱动小齿轮始终不能啮入，则就有可能是起动机拨叉行程或电磁开关行程过短，导致驱动小齿轮尚未啮入即高速旋转。此外，起动机固定螺栓或离合器固定螺栓松动，也可出现撞击声。鉴别该故障可在接通起动机开关时观察起动机壳体是否振动，即可查明。

起动机在起动时经常发生金属摩擦声和撞击声，容易被认为是起动机驱动齿轮与飞轮发出的，将两种声音误断为是打齿。起动机打滑时发出的金属摩擦声与打齿撞击声很相似，如没有实际诊断经验，是很难准确地判别出来的。现将起动机打滑声和打齿声判别方法介绍如下：

1）冷车时起动机驱动小齿轮打滑发生的次数较多，特别是冬季；而热车时很少发生或没有。而打齿无论是热车和冷车均会发生，但有时稍转发动机的曲轴，此现象会暂时消失。

2）起动机起动的一瞬间，若起动机打滑，则水泵风扇叶片会出现微动现象，而打齿则无此现象。

3）起动机打滑时，只有起动机旋转发出驱动齿轮离合器的金属摩擦声，虽声音较响但不强烈，而打齿时发出的金属摩擦声，既响又强烈。

4）从车上拆下起动机检查时，会发现打滑的齿轮齿牙前端边缘没有金属磨损痕迹；而打齿的齿牙和飞轮牙的前端边缘都有明显的金属磨损痕迹。

三、起动机总成的组装

起动机的类型不同，具体装复的步骤不可能完全相同，但基本原则是按分解时的相反步骤进行。

装复的一般步骤是：先将离合器和移动叉装入后端盖内，再装中间轴承支撑板，将电枢轴装入后端盖内，装上电动机外壳和前端盖，并用长螺栓结合紧，然后装电刷和防尘罩，装起动机开关可早可晚。

四、起动机总成的性能测试

以下测试必须在 3 ~5s 内完成，以免烧毁线圈。

1. 接通试验

1）从端子 C 上拆下励磁线圈的导线。

2）把蓄电池负极接到电磁开关体和端子 C 上。

3）把蓄电池正极接到起动机端子 50 上，如图 2-38 所示。

4）检查小齿轮是否向外移动。

5）如小齿轮不向外运动，应更换电磁开关。

2. 保持试验

1）如图 2-38 所示，安装测试设备。

2）在小齿轮向外移动时，断开端子 C 的负极引线。

3）检查小齿轮是否仍保持在外面。

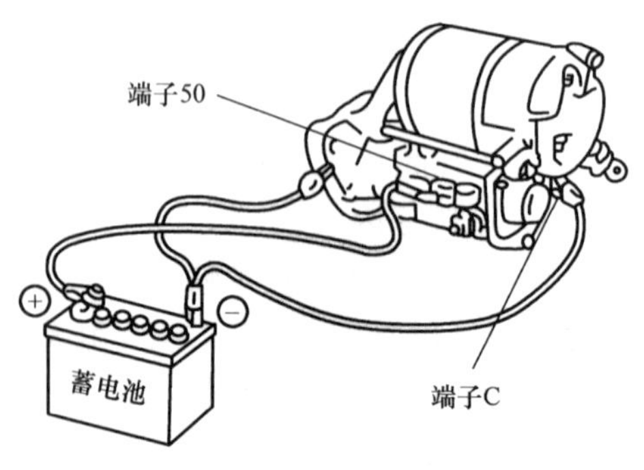

图 2-38 连接蓄电池

4）如小齿轮回到里面，则更换电磁开关。

3. 柱塞复位试验

1）如图2-38所示，装上测试设备。

2）从电磁开关体上拆下负极导线。

3）检查小齿轮是否向内移。

4）如小齿轮不向内移动，则应更换电磁开关。

4. 无负荷性能试验

1）把安培表负极引线接至端子30和50上。

2）再把安培表正极端子接至蓄电池正极端子上。

3）检查小齿轮向外移动时，起动机的转动是否平稳。

4）读出安培表的电流值，标准电流值：在11.5V时，90A以下。

五、起动机继电器的检查

1. 用欧姆表检查继电器端子间的导通性（图2-39）

1）端子1和3之间应导通。

2）端子2和4之间应不导通。

3）如检查结果与上述规定不符，则应更换继电器。

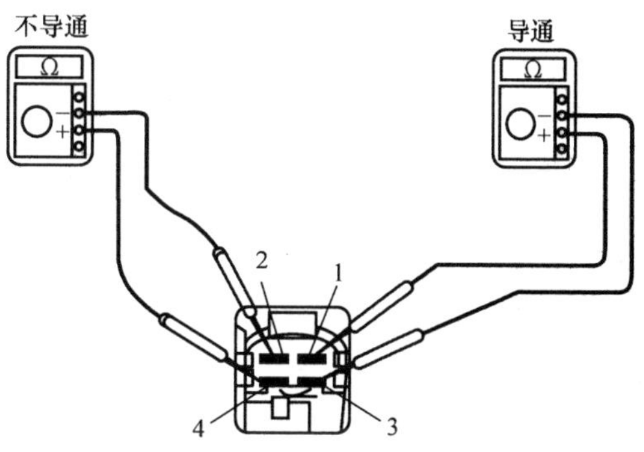

图2-39 起动机继电器检查

2. 用欧姆表检查继电器工作情况

1）在端子1和3之间加蓄电池电压。

2）用欧姆表检查端子2和4之间是否导通（应导通）。

3）如检查结果与上述规定不符，则应更换继电器。

【思考练习】

1. 熟悉起动机的内部结构。

2. 用万用表检测起动机的电枢绕组。

3. 分析起动机运转无力的原因。

项目三

灯光照明系统检修与维护

为了保证发动机的正常工作和汽车的行驶安全可靠，在汽车上必须安装各种照明和信号设备，主要包括外部照明灯、内部照明灯和相关的信号设备。

通过本项目的学习，应该学会照明灯、信号灯的检查、调整与维护的方法，掌握组合开关的检查与维护方法，掌握线路、插接器、继电器、闪光继电器及熔断丝的检查等常见维修任务。

任务一　照明灯、信号灯的检查、调整与维护

任务目标

1）了解内、外部照明灯的种类及作用；
2）掌握信号灯的种类及作用；
3）熟练掌握内、外照明灯的检查、调整与维护方法；
4）熟练掌握信号灯的检查、调整与维护方法；
5）规范安全的操作方法。

【预备知识】

汽车的转向、制动、超车、临时停靠以及夜间行车，时刻都离不开汽车的照明和信号装置。为保证汽车在各种条件下安全行车，提高汽车的行驶速度，在汽车上装有各种照明、信号装置，其数量的多少和配置形式因车型而异，但都必须满足两个要求：保证运行安全；符合交通法规。

汽车灯具按功能可分为照明灯和信号灯两大类；按安装位置可分为外部灯具和内部灯具。常见外部灯具有：前照灯、雾灯、牌照灯、倒车灯、制动灯、转向灯、示宽灯、驻车灯和警告灯。外部灯具光色一般采用白色、橙黄色和红色；常见内部灯具有顶灯、阅读灯、行李箱灯、门灯、踏步灯、仪表照明灯、杂物箱灯、工作灯和仪表板警告灯等。图 3-1、图 3-2 为汽车照明与信号系统设备的安装位置。

一、汽车照明系统的组成

汽车照明系统的主要作用是在夜间行车时或者在恶劣天气下（如雨、雪、雾天等）帮助驾驶人和乘员获得外界信息，同时向外界提供行车信息，以保证行车安全，改善车内照明条件。

照明系统由电源、照明装置及其控制部分等组成。控制部分包括各种灯光开关、继电器

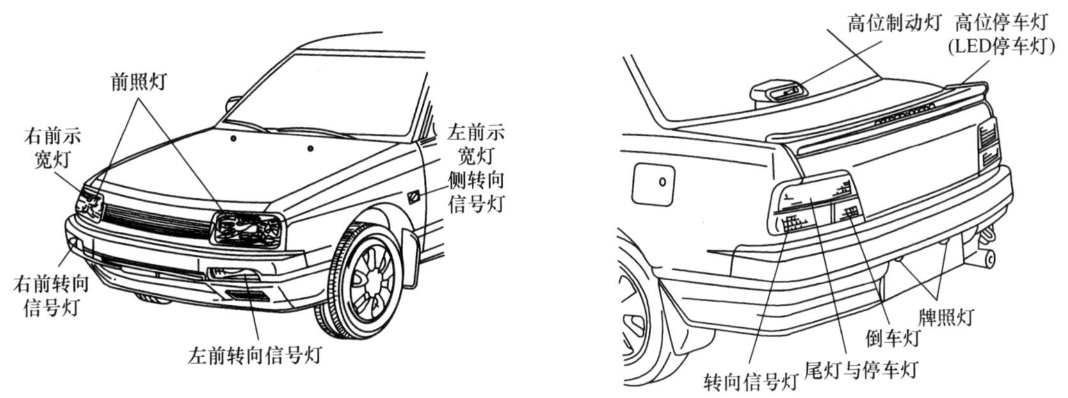

图 3-1　汽车常见外部灯具位置

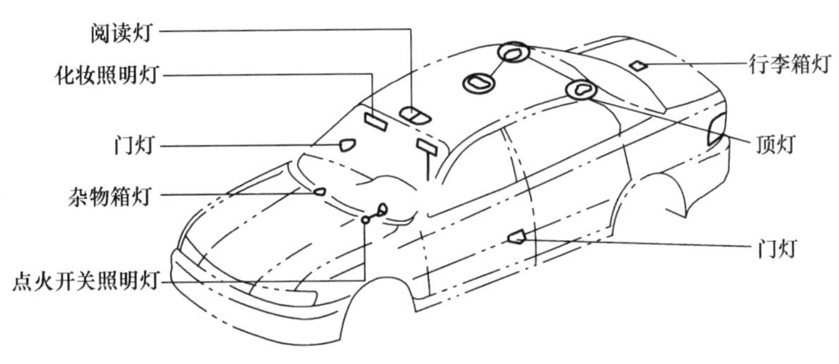

图 3-2　汽车常见内部灯具位置

等，照明装置包括前照灯、雾灯、示宽灯、牌照灯、行李箱灯、顶灯和其他照明灯。

1. 前照灯

前照灯是重要的外部照明装置，主要用于夜间行车时道路照明，灯光为白色。包括远光灯和近光灯两种，远光灯用于保证车前道路 100m 以上明亮而均匀的照明，随着现代汽车行驶速度的不断提高，对前照灯的要求也越来越高，现代汽车前照灯的照明距离应达到 200 ~ 250m，功率一般为 50 ~ 60W；近光灯在会车和市区内使用，避免使来车驾驶人炫目，又保证车前 50m 的路面照明，功率一般为 30 ~ 50W，有两灯制和四灯制两种配置方法。

（1）前照灯的组成

前照灯由灯泡、反射镜和配光镜三部分组成，如图 3-3 所示。

1）反射镜。反射镜的作用是最大限度地将灯泡发出的光线聚合成强光束，以增加照射距离。它一般呈抛物面状，内表面镀铬、铝或银，然后抛光，目前多采用真空镀铝。灯丝位于反射镜的焦点处，其大部分光线经反射后成为平行光束射向远方，其距离可达 150m 或更远，如图 3-4 所示。

2）配光镜。为不使射出光束过窄，前照灯前部装有配光镜，它是透镜和棱镜的组合体，如图 3-5 所示。可使光线折射向较宽的路面，使车前路面和路缘都有良好而均匀的照明。

3）灯泡。前照灯的灯泡有白炽灯泡、卤钨灯泡、氙气气体放电灯（HID 灯）。白炽灯泡和卤钨灯泡的结构如图 3-6 所示。在相同功率的情况下，卤钨灯泡的亮度是充气灯泡的

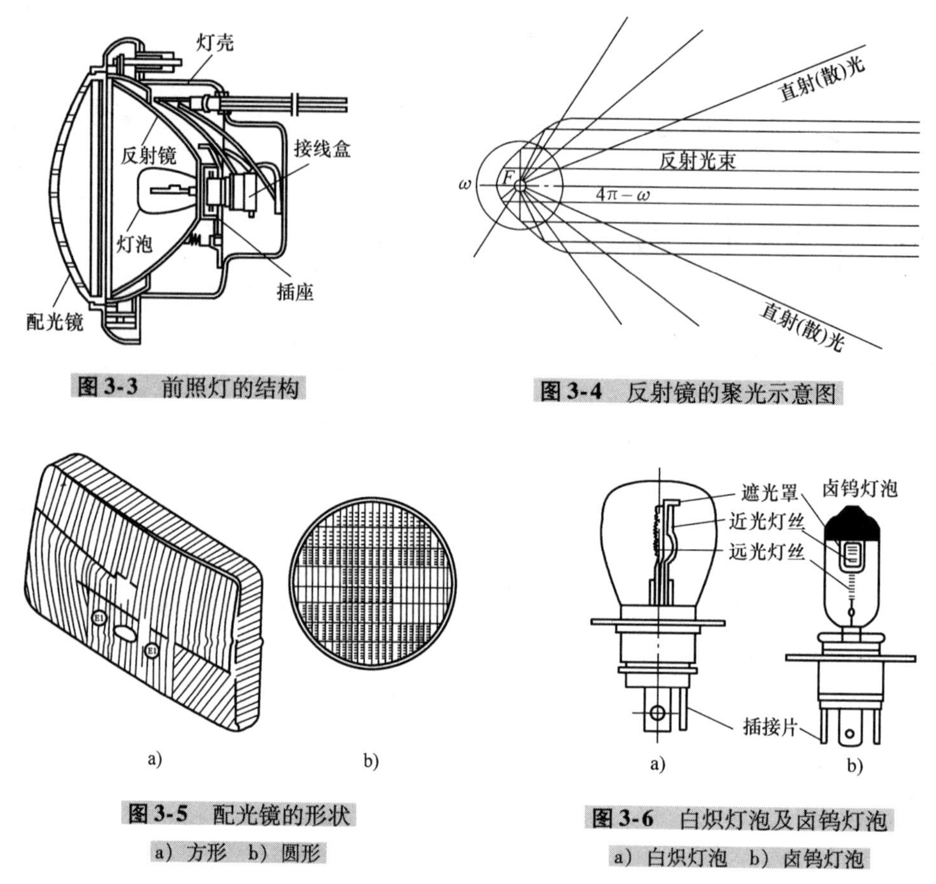

图 3-3　前照灯的结构

图 3-4　反射镜的聚光示意图

图 3-5　配光镜的形状

a）方形　b）圆形

图 3-6　白炽灯泡及卤钨灯泡

a）白炽灯泡　b）卤钨灯泡

1.5 倍，寿命是充气灯泡 2 ~3 倍。HID 灯使用装在石英灯管内的两个电极取代传统的灯丝，其外形及工作原理如图 3-7 所示，其灯泡发出的光色和日光灯非常相似，亮度是目前卤钨灯泡的 3 倍左右，寿命可达卤钨灯泡的 5 倍，克服了传统钨灯的缺陷，几万伏的高压使得光亮强度大大增强，完全满足了现代汽车夜间高速行驶的需要。

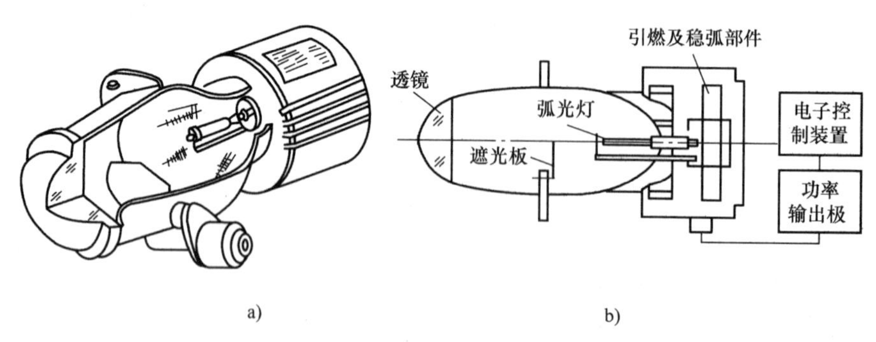

图 3-7　氙气前照灯外形及工作原理

a）外形　b）工作原理

（2）汽车防炫目措施

在夜间会车时，前照灯发出的强光束会使迎面来的汽车驾驶人炫目，很容易发生交通事故，所以必须解决前照灯引起的炫目问题。

目前国产汽车防炫目措施有三项，先进轿车还有更严格的防炫目措施。

1）采用双丝灯泡，远、近光束变换。大灯中采用双丝灯泡，其中远光灯丝位于反射镜的焦点上，功率为45～60W；近光灯丝位于反射镜焦点的上方或前方，功率为20～50W。这样在夜间行车时，当对面无来车时，可使用远光灯，能照亮车前方较远距离的路面；当对面来车时，则使用近光灯，由于近光灯光线较弱，且灯丝不在焦点上，经反射后的光线大部分射向车前的下方，所以可避免对方驾驶人炫目，双丝灯泡的远近光束如图3-8所示。

2）采用带遮光罩的双丝灯泡。在上述结构的双丝灯泡中，近光灯丝射向反射镜下部的光线经反射后，将射向斜上方，仍会使对面的驾驶人有轻微炫目。为了克服上述缺陷，在近光灯丝的下方装有遮光罩。当使用近光灯时，遮光罩能将近光灯丝射向反光镜下部的光线遮挡住，使其无法反射，这样就提高了防炫目效果。现代汽车广泛使用这种双丝灯泡，其结构如图3-9所示。

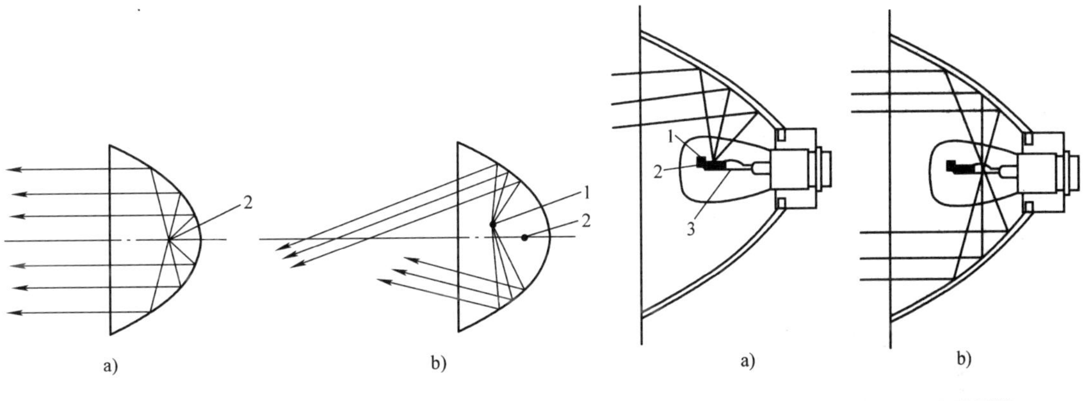

图3-8 双丝灯泡的远近光束

a）远光灯 b）近光灯

1—近光灯丝 2—远光灯丝

图3-9 带遮光罩的前照灯灯泡

a）近光时 b）远光时

1—近光灯丝 2- 遮光罩 3—远光灯丝

3）采用不对称光形。这是一种新型的防炫目前照灯，安装时将遮光罩偏转一定的角度，使其近光的光形分布不对称，减少灯光对对面来车驾驶人的影响，如图3-10a所示；也可将近光灯右侧光线倾斜并升高15°，如图3-10b所示，效果会更好。还可以采用Z型光形，它不仅可防止对面驾驶人炫目，也可防止迎面而来的行人炫目，其结构如图3-10c所示。

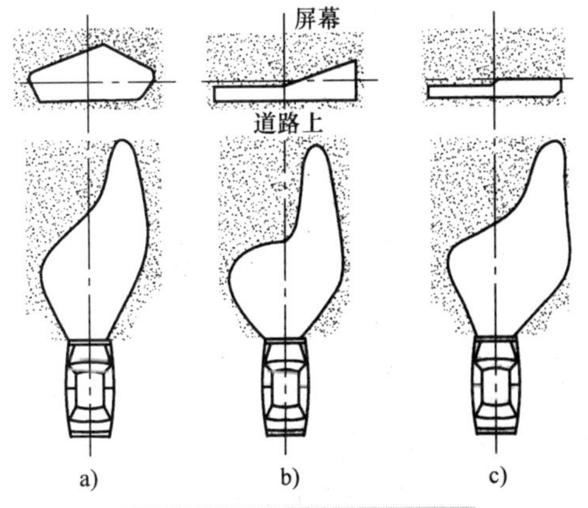

图3-10 前照灯的配光光形

a）标准型 b）非对称型 c）Z型

（3）前照灯的类型

前照灯按结构不同可分为可拆式、半封闭式和全封闭式三种。

1）可拆式前照灯的配光镜靠反射镜边缘上的卡簧与反射镜组合在一起，并用圈和螺钉将他们固定在灯壳上，其密封性较差，反射镜容易受污染，严重影响照射效果，现以很少采用。

2）半封闭式前照灯目前运用最广，其结构如图3-11所示，其配光镜靠卷曲反射镜边缘上的齿而紧固在反射镜上，并垫有橡皮密封圈，用螺钉固定在灯壳上。灯泡从后装入，损坏时，无须拆配光镜。配光镜损坏，只需撬开反射镜外缘的齿，更换新配光镜即可。

3）全封闭式前照灯的反射镜和配光镜都用玻璃制成整体，形成灯泡，如图3-12所示。它完全避免了反射镜被污染，性能稳定，寿命长。但灯丝损坏时，需整体更换，成本高。

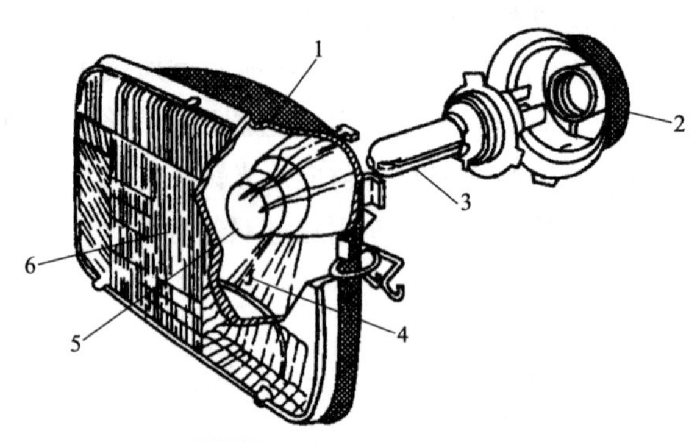

图3-11 半封闭式前照灯

1—灯壳 2—灯泡卡盘 3—灯泡

4—反射镜 5—玻璃球面 6—配光镜

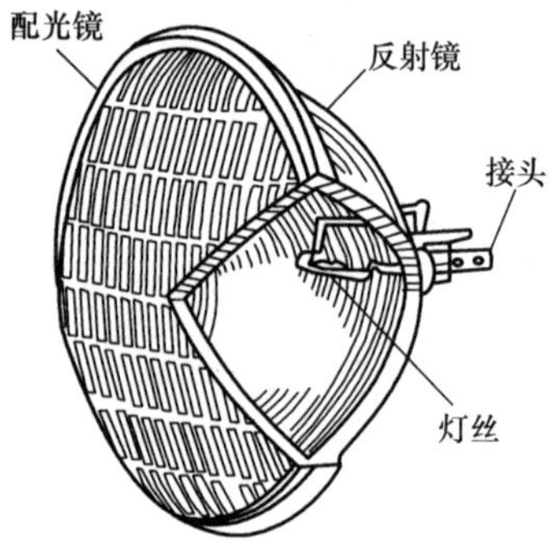

图3-12 全封闭式前照灯

2. 雾灯

雾灯在雨、雾天气时用来照明道路和发出警示，其结构与前照灯相近，采用黄色灯泡，利用了黄色光穿透性能好的特点。

3. 示位灯

示位灯又称“示宽灯”“位置灯”，功率一般为5～20W，安装在汽车前面、后面和侧面，夜间行驶接通前照灯时，示位灯同时发亮，以标志车辆的形位等。前位灯俗称“小灯”，光色为白色或黄色，后位灯俗称“尾灯”，光色为红色；侧位灯光色为琥珀色。

4. 牌照灯

装在汽车尾部用以照明牌照，并作为汽车尾部的灯光标志。桑塔纳轿车的牌照灯有两只，受车灯开关控制。

5. 行李箱灯

行李箱灯在夜间行李箱门打开时照亮行李箱。桑塔纳轿车的行李箱灯由车灯开关和行李箱灯门控开关共同控制。

6. 顶灯

顶灯装于驾驶室顶部照亮驾驶室，有的车辆顶灯还具有门灯的作用，当车门关闭不严时灯亮，提醒驾驶人注意。桑塔纳轿车的顶灯由顶灯开关和门控开关共同控制。

7. 其他照明灯

其他照明灯还有点烟器照明灯、雾灯开关照明灯、后风窗除霜器开关照明灯、空调开关照明灯、时钟照明灯和仪表盘照明灯等，用以辅助照明，他们均受车灯开关控制。桑塔纳的制动灯、倒车灯、后转向灯和尾灯等组合在一起。组合后灯结构如图3-13所示。

二、汽车信号系统的组成

1. 转向信号装置

转向灯安装在汽车两侧，在汽车起步、转弯、变更车道或路边停车时，需要打开转向信号灯以表示驾驶人的意图和汽车的去向，提醒周围车辆和行人注意。打开转向灯时，仪表盘上相应的指示灯⇦ ⇨同时闪亮。

转向信号装置是由转向信号灯、闪光器和转向开关等组成的，如图3-14为转向信号装置电路原理图。

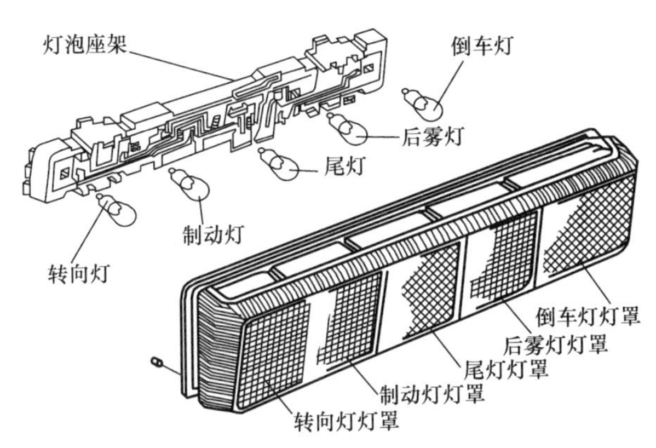

图3-13 组合后灯结构

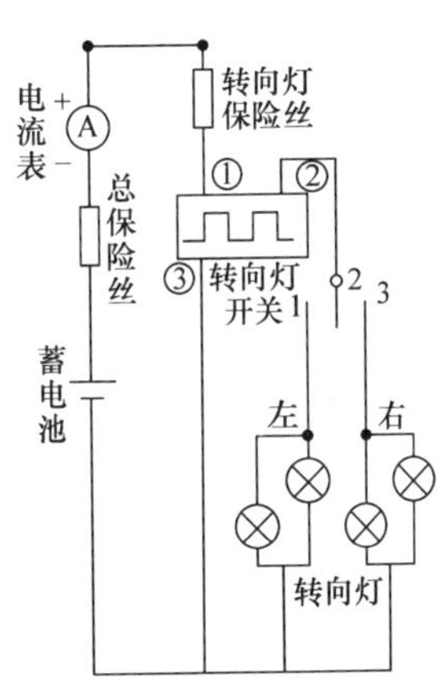

图3-14 转向信号装置电路原理图

（1）转向信号灯

转向信号灯用以显示行驶方向。前、后转向灯各两个，前转向灯为橙色，后转向灯为橙色或红色，驾驶室内还有两个转向信号指示灯，转向信号灯由转向开关控制。转向灯的闪光频率，国家标准规定为（60～120）次/min，但以（70～90）次/min为宜。如转向灯的闪光频率太高或太低时，应对闪光继电器进行调整。

（2）闪光器

闪光器控制转向信号灯的闪烁频率，闪光器按结构和工作原理可分为电容式、翼片式、电子式等多种。电容式和翼片式闪光器闪光频率较为稳定。

1）电容式闪光器的结构和工作原理。如图3-15所示为电容式闪光器。当转向灯开关打到左侧后，串联线圈有电流通过，电路为：蓄电池正极→串联线圈→触点→转向灯开关→转向灯及转向指示灯→搭铁→蓄电池负极。此时并联线圈和电容器被触点短路，而串联线圈产生的电磁力大于弹簧片的弹力使触点张开，因此转向信号灯处于暗的状态。

触点打开后，蓄电池经串联线圈、并联线圈及转向信号灯向电容器充电，其充电电路为：蓄电池正极→串联线圈→并联线圈→电容器→转向灯开关→转向信号灯及转向指示灯→搭铁→蓄电池负极。由于并联线圈的电阻较大，电路电流很小，故转向灯仍处于暗的状态。同时由于充电电流通过串联线圈、并联线圈所产生的电磁力的方向相同，触点仍保持打开状态。

随着充电时间延长，电容器两端电压逐渐升高，其充电电流逐渐变小，串联线圈和并联线圈的电磁力也逐渐减小，使触点又重新恢复闭合，通过转向信号灯的电流增大，转向信号灯及指示灯变亮，信号灯电路为：蓄电池的正极→串联线圈→触点→转向灯开关→转向信号灯及指示灯→搭铁→蓄电池负极，形成回路。与此同时，电容器放电，电路为：电容器→并联线圈→串联线圈→触点→电容器。

放电电流流过并联线圈时产生的磁场方向与经过串联线圈的方向相反，抵消串联线圈的电磁吸力，电磁吸力减小使触点仍保持闭合，转向灯继续发亮。

随着电容器的放电时间延长，电容器两端电压逐渐下降，其放电电流减小，则串联线圈的电磁吸力增强，触点又重新打开，转向灯不亮。

如此反复，利用电容器充、放电延时特性，使继电器的两个线圈产生的电磁吸力时而相加，时而相减，使触点周期性的打开或关闭，形成转向信号灯闪烁。

灭弧电阻与触点并联，用来减小触点火花。

2）翼片式闪光器。图 3-16 为翼片式闪光器，利用电流的热效应，使热胀条通电时热胀、断电时冷缩，通过翼片产生变形动作来控制触点的开闭。翼片式闪光器还具有结构简单、体积小、工作时伴有响声可起监控作用等特点。

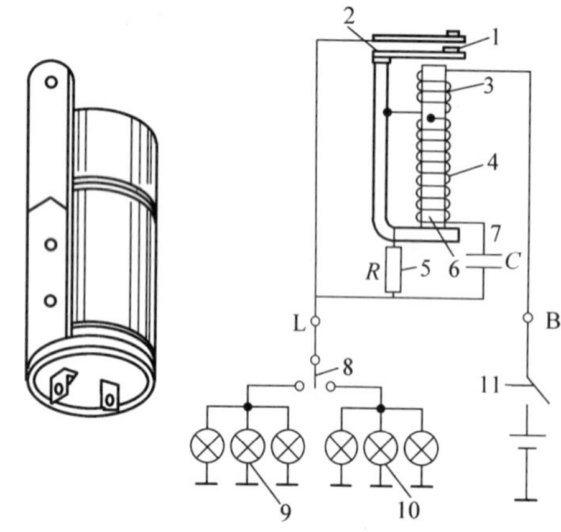

图 3-15　电容式闪光器外形和结构原理图

1—触点　2—弹簧片　3、4—线圈　5—电阻

6—铁心　7—电容器　8—转向灯开关

9、10—转向灯及转向指示灯　11—电源开关

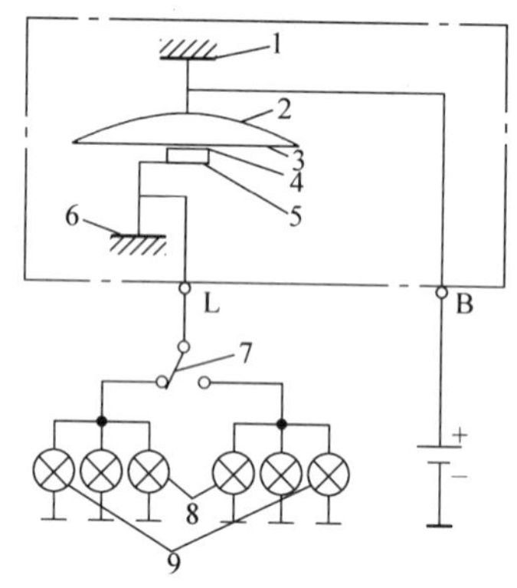

图 3-16　翼片式闪光器

1、6—支架　2—翼片　3—热胀条

4—动触点　5—静触点　7—转向灯开关

8—转向指示灯　9—转向信号灯

3）电子式闪光器。如图 3-17 所示为触点式电子闪光器，主要由一个晶体管的开关电路和一个继电器组成。通过电容不断地导通和放电，晶体管也就不断地导通与截止，控制继电器的触点反复地闭合、断开，使转向信号灯发出闪光。电子式闪光器具有性能稳定、工作可靠等优点，目前已被广泛应用。

2. 危险警告灯

危险警告灯是转向信号系统的一部分。当接通危险警告信号开关时，所有转向信号灯同时闪烁，表示车辆遇紧急情况，请求其他车辆避让或引起众人的关注。危险警告灯操纵装置不得受点火开关控制，如图 3-18 所示。

转向信号闪光器和危险警告闪光器可以共用一个，也可以单独设置，分别使用。

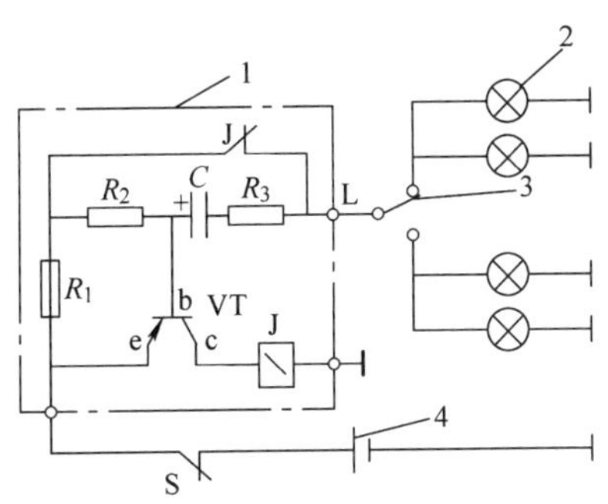

图 3-17　触点式电子闪光器
1—电子闪光器　2—转向信号灯
3—转向灯开关　4—蓄电池

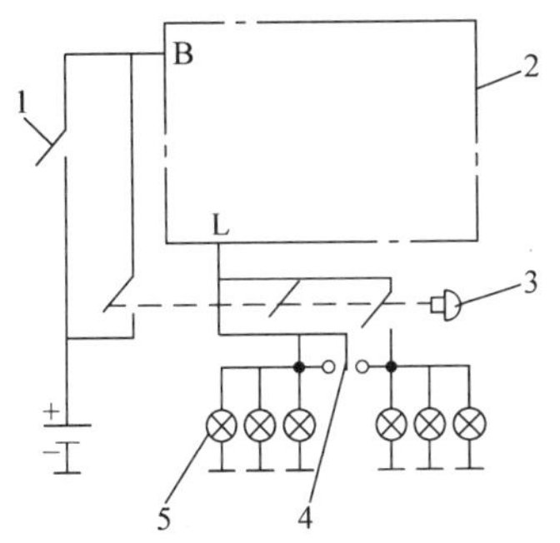

图 3-18　危险警告灯电路
1—点火开关　2—闪光器　3—危险警告开关
4—转向开关　5—转向信号灯及指示灯

3. 制动信号装置

制动信号装置主要由制动信号灯、制动开关和制动安全报警装置组成。制动信号灯安装在车辆后部（灯罩为红色），制动时点亮，警告后边车辆该车正在减速。研究结果表明，如果将制动灯安放的高度与驾驶人眼睛一般高，会显著减少追尾事故的发生，所以许多汽车安装了高位制动灯，又称为防撞灯。

（1）制动信号灯与制动开关

制动信号灯大多与后灯合为一体，用双丝灯泡或两个单丝灯泡制成，功率小的灯泡在下部，作为车后的红光标志并照明牌照，功率大的为制动信号灯。

制动开关有液压式、气压式和机械式三种。

1）气压式制动信号灯开关。常用的气压式制动信号灯开关，如图 3-19 所示，装在汽车的制动阀上，控制制动信号灯的火线。制动时，气压推动膜片向上拱曲，压缩弹簧，使触点接通制动信号灯电路，制动信号灯亮；当抬起制动踏板时，气压下降，膜片复原，触点分开，切断电路，制动灯熄灭。

2）液压式制动信号灯开关。液压制动信号灯开关，如图 3-20 所示，它装在制动总泵的前端。当踏下制动踏板时，制动系统中液压增大，膜片拱曲，接触桥接触接线柱 1 和 2，制动信号灯便通电发光。当松开制动踏板时，液压降低，膜片挺直，在弹簧作用下，接触桥回原位，信号灯熄灭。

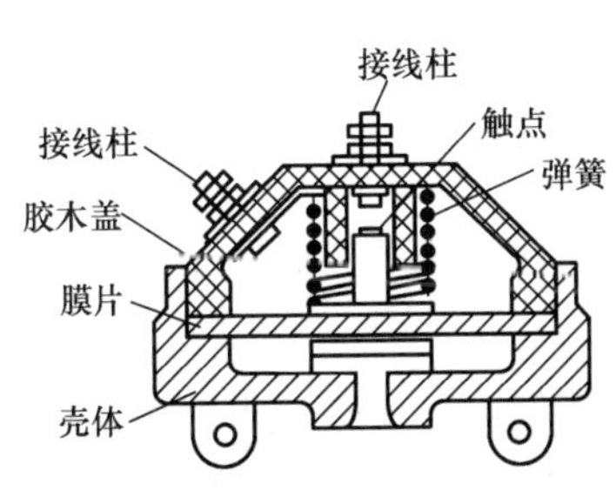

图 3-19　气压式制动信号灯开关

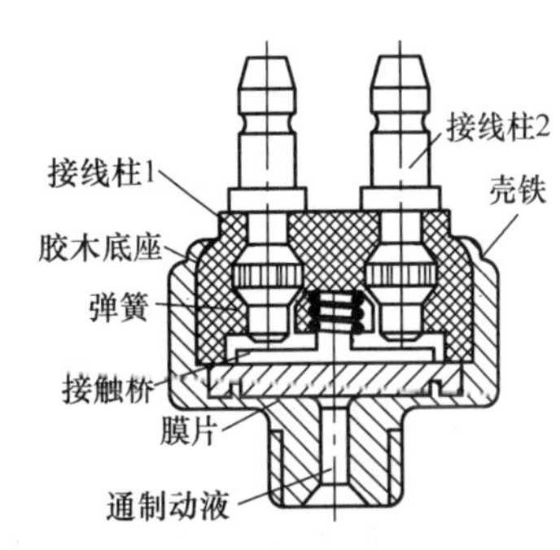

图 3-20　液压式制动信号灯开关

（2）制动信号灯电路

制动信号灯电路一般不受点火开关控制，直接由电源、熔断丝到制动信号灯开关。制动信号灯电路根据尾灯的组合形式不同而有所不同。如图 3-21 所示为采用三灯组合式尾灯的制动信号灯控制电路。

4. 倒车灯与倒车蜂鸣器

（1）倒车灯开关

倒车灯在汽车后部，为了警示车后的行人和其他车辆注意避让，在汽车的后部装有倒车灯和倒车蜂鸣器（或倒车语音报警器），当倒车时照亮汽车后方的道路并警示该车要倒车。

倒车灯开关通常安装在变速器上，由装在变速器上的倒挡开关控制。当变速杆挂入倒挡时，倒挡拨叉轴的凹槽对准倒车开关的钢球，使开关闭合，使倒车报警器和倒车灯电路接通，如图 3-22 所示。

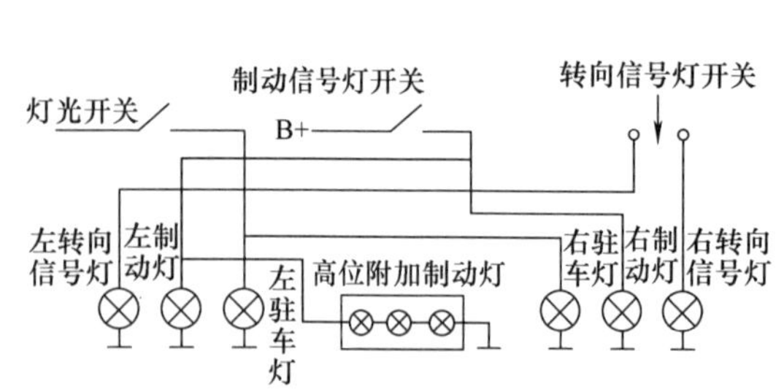

图 3-21 制动信号灯控制电路

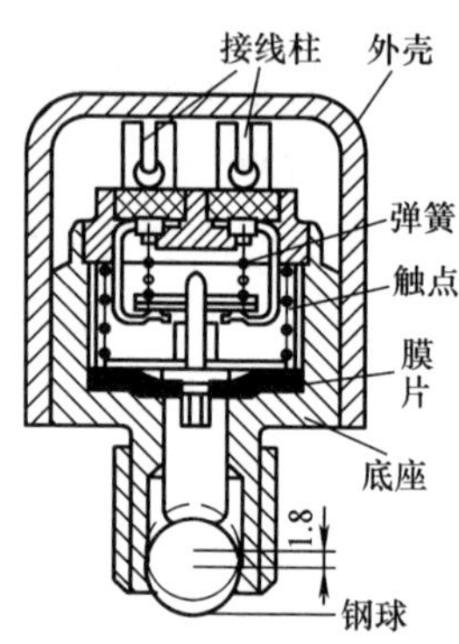

图 3-22 倒车灯开关

（2）倒车信号灯电路

倒车信号灯电路如图 3-23 所示。电流由蓄电池经熔断丝到倒车信号灯开关，之后分为两路：一路经倒车信号灯搭铁，使倒车灯发亮；另一路经蜂鸣器的触点开关（常闭）又分成两条支路，一路经喇叭搭铁而发出倒车响声，另一路经励磁线圈。开始通过线圈 L_1 和 L_2 的电流大小相等，方向相反，产生的磁通相抵消，对触点开关没有吸力。随着电容 C 的充电，两端电压逐渐增高，使流入线圈 L_2 的电流逐渐减少。当线圈 L_1 比 L_2 的磁通量大到足以吸开触点开关时，触点开关打开，切断蜂鸣器电流，响声停止。与此同时，电容 C 开始放电，放电电流经线圈 L_1 和 L_2 并产生相同方向的磁通，继续吸引触点开关，使之处于分开状态。放电终了时，两个线圈磁力全部消失，触点开关在自身弹力作用下又重新闭合，蜂鸣器又接通，喇叭发出响声，电容 C 又开始充电。如此反复，触点开关不断开闭，蜂鸣器不断发出断续的响声。倒车结束，变速杆被移出倒挡位置，倒车开关自动跳出，切断电路，倒车灯熄灭，蜂鸣器停响，报警结束。

随着集成电路技术的发展，现在已经能将语音信号压缩存储于集成电路中，制成倒车语音报警器。在汽车倒车时，能重复发出“请注意，倒车!”等声音，以此提醒车后行人避开车辆而确保安全倒车。

5. 电喇叭和喇叭继电器

汽车上都装有喇叭，用来警告行人和其他车辆，以引起注意，保证行车安全。按其发音动力有电喇叭和气喇叭之分。气喇叭主要用于具有空气制动装置的重型载重车上，电喇叭具有结构简单、体积小、质量轻、声音悦耳且维修方便等优点，因而在中小型车辆中获得了广泛应用。电喇叭又分为普通电喇叭和电子电喇叭。

（1）普通电喇叭

下面以盆形电喇叭为例，介绍普通电喇叭的工作情况。

盆形电喇叭的结构特点如图3-24所示。按下喇叭按钮时，电流从蓄电池“+”极→线圈→触点→喇叭按钮→搭铁→蓄电池“-”极，构成回路。铁心上绕有励磁线圈，电流流经线圈时产生电磁吸力，向下吸上铁心，其无扬声筒，而是将上铁心、膜片和共鸣板装在中心轴上。上铁心下移，与下铁心碰撞，同时使触点断开，使线圈断电，电磁吸力消失，膜片带动上铁心复位，使触点再次闭合，如此反复。下铁心与上铁心碰撞产生较低的基本频率，并激励膜片及与膜片联成一体的共鸣板产生共鸣，从而发出比基本频率强得多、且分布又比较集中的谐音。为了保护触点，有的盆形喇叭在触点之间也并联了灭弧电容器。

桑塔纳系列轿车采用盆形电喇叭，有高音喇叭、低音喇叭各一个，并同步工作。

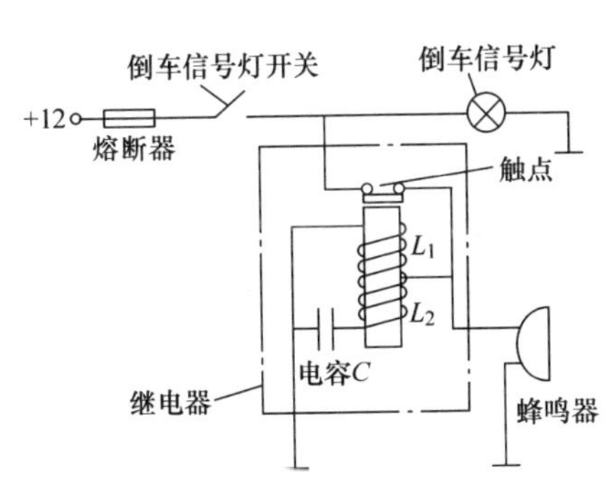

图3-23　倒车信号灯电路

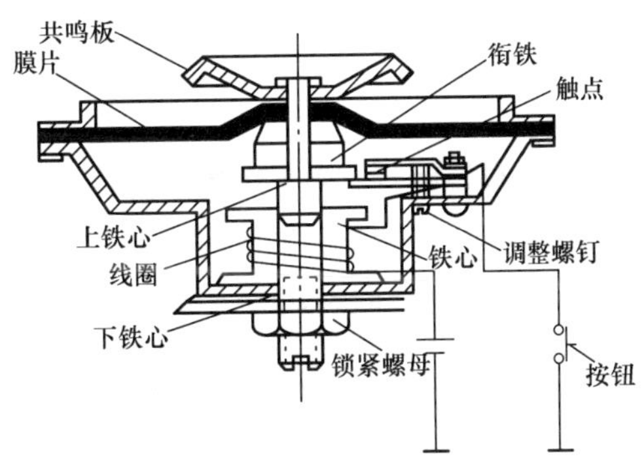

图3-24　盆形电喇叭

（2）电子电喇叭

如图3-25所示为盆形电子电喇叭的结构，其电路如图3-26所示。当喇叭电路接通电源后，由于晶体管T加正向偏压而导通，线圈中便有电流通过，产生电磁力，吸引上衔铁，

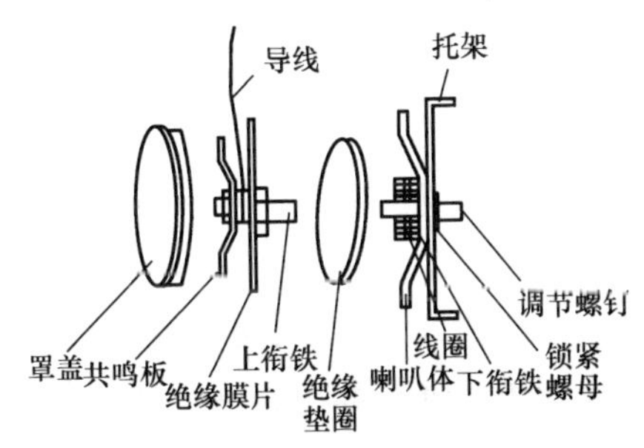

图3-25　盆形电子电喇叭的结构

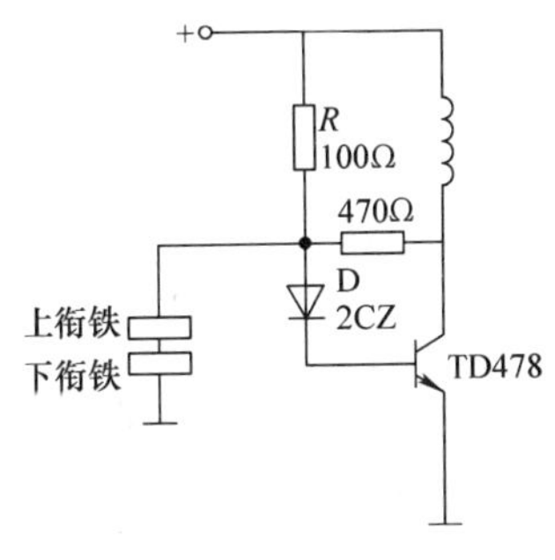

图3-26　电子电喇叭典型电路

连同绝缘膜片和共鸣板一起动作，当上衔铁与下衔铁接触而直接搭铁时，晶体管 T 失去偏压而截止，切断线圈中的电流，电磁力消失，膜片与共鸣板在弹力作用下复位，上、下衔铁又恢复为断开状态，晶体管 T 重又导通。如此周而复始地动作，膜片不断振动便发出响声。

（3）喇叭继电器

为了得到较为和谐、悦耳的声音，许多轿车通常装有两个不同音调（高、低音）的电喇叭。其中高音喇叭膜片厚，扬声筒短，低音喇叭则相反。当装用两只电喇叭时，电喇叭耗用电流较大（约 15 ~ 20A），用按钮直接控制，易烧蚀触点。为克服这个缺点，应采用喇叭继电器控制双音电喇叭。

喇叭继电器结构和接线如图 3-27 所示。按下转向盘上喇叭按钮时，蓄电池便经过喇叭继电器线圈形成小电流，使继电器铁心产生电磁吸力，将继电器触点闭合，接通了双音电喇叭，喇叭发音。松开转向盘喇叭按钮时，继电器线圈断电，铁心电磁吸力消失，触点在自身弹力作用下张开，切断了电喇叭电路，电喇叭停止发音。

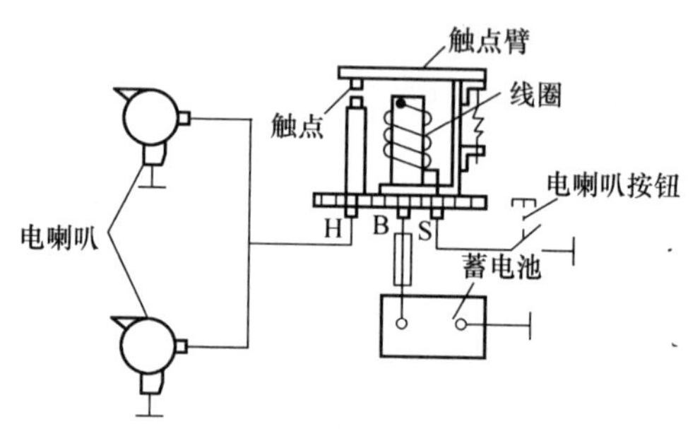

图 3-27 喇叭继电器

喇叭继电器的作用就是利用铁心线圈的小电流控制触点的大电流，从而保护转向盘按钮触点。

三、汽车照明与信号系统的常见故障

汽车照明与信号系统的故障，一般是由于线路断路、短路，灯丝烧毁，以及中间设备（开关、保险）损坏而引起的。常见故障现象有：前照灯光束不正；灯光暗淡；转向灯工作不良；一个或数个灯不亮；电喇叭不响。

1. 前照灯光束不正

（1）故障现象

前照灯射出的光线不正。前照灯远光射出的光束，其主轴应向下，在水平的道路上，在车前 75 ~ 100m 处与路面相交。这样可以保证 100 ~ 150m 远的道路上视线良好，而交会汽车的驾驶人不致炫目。

（2）诊断和排除

前照灯光束射向不正确，往往是由于翼子板变形下坠而引起的。所以在汽车发生碰撞等情况后，应及时检查和调整。

2. 灯光暗淡

1）如果前照灯都比较暗淡，应先查电源电压是否正常，如果偏低，检查充电系统。

2）如充电系统正常，应检查前照灯及其线路接触情况。

通常前照灯光线变暗是由于灯光电路中存在接触不良的现象，从而导致前照灯电压下降。检测前照灯系统的电压，应依据电路图确定接线端子、开关和电路元件的数量和位置，对电路中可能引起电压降的位置，测量电压是否符合维修手册要求，视情修理。

3）灯泡（或灯芯）老化或产品质量差，应更换合格的灯泡。

4）前照灯反射镜脏污或涂层脱落，应予清洁或更换。

5）散光玻璃装配不当，应适当调整。

注意事项

散光玻璃的安装应注意以下几点：

① 标“TOP”或“f”符号表示应朝上安装；

② 散光玻璃的棱镜均呈竖向配置；

③ 散光玻璃中部棱镜较稀部分呈正方形端朝右，呈长方形端朝左（左右以面对玻璃而言）。

3. 转向灯工作不良

（1）故障现象

转向灯闪光频率不正常，接通转向灯开关时，左、右转向灯的闪光频率不一致或两边转向灯的灯光频率都不正常。

（2）诊断和排除

1）检查转向灯线路：检查是否有松脱的地方，闪光继电器、转向灯开关接线柱等接线松脱，会造成闪光频率不正常。

2）检查左、右转向灯功率是否相同：对于电容式闪光继电器，灯泡功率大，闪光频率低；反之，闪光频率高。如果功率不同，则更换为相同功率的转向灯泡。

3）检查闪光继电器：转向灯的闪光频率，一般为60～120次/min，但以70～90次/min为宜。如转向灯的闪光频率太高或太低时，应对被试闪光继电器进行调整。

注意事项

转向灯闪光器选用不当，会造成闪得太快、太慢或没有转向信号；单个转向灯灯泡烧坏也会造成转向灯闪得太快（电子闪光器）或太慢（机电式闪光器）。

4. 电喇叭不响

（1）故障现象

按喇叭时，双喇叭都不响。

（2）产生原因

1）喇叭外线路导线断路或接头松脱。

2）喇叭按钮触点焊接脱焊或连接导线断路。

3）因导线搭铁短路，引起熔断丝熔断。

4）喇叭继电器线圈短路或断路，使触点不能闭合。

5）喇叭继电器触点烧坏，不能分离或闭合。

6）铁心线圈损坏或接线松脱。

7）铁心与接触盘调整间隙过大，或电源电压过低。

（3）诊断与排除

1）查看熔断丝：如果喇叭电路上的熔断丝烧断，电路不通，喇叭就会不响，需要更换熔断丝。

2）检查线路是否断路或短路：如图3-28所示，用螺钉旋具将喇叭继电器电源接线滑碰搭铁。若无火花，说明蓄电池到继电器之间线路有断路。用螺钉旋具将喇叭继电器的电源线与喇叭线接通，若喇叭响，说明继电器到喇叭按钮之间的线路断路。利用试灯或万用表查找并排除线路中的断路和短路处。

3）检查喇叭开关是否损坏：如图3-29所示，用螺钉旋具将继电器带“按钮”字样的接线直接搭铁。若喇叭响，说明喇叭开关已损坏，更换喇叭开关。

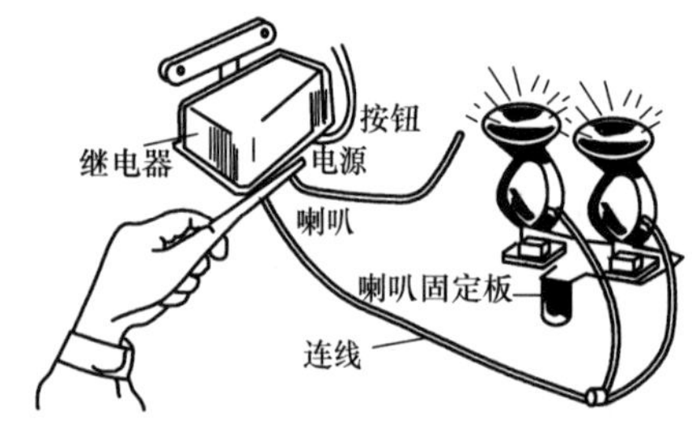

图3-28　检查线路是否断路或短路

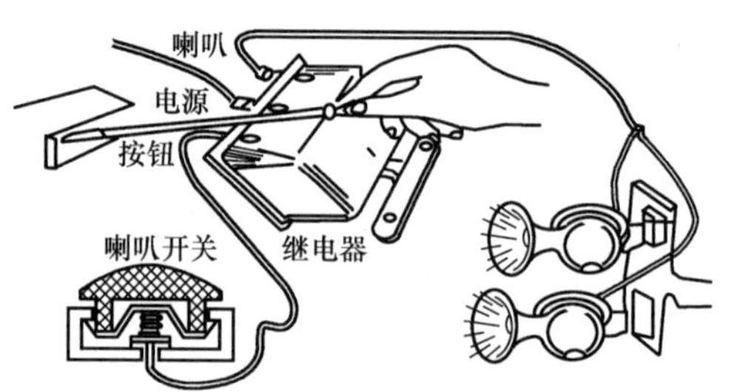

图3-29　检查喇叭开关是否损坏

4）检查喇叭继电器是否损坏：如图3-30所示，拆下继电器盖，用螺钉旋具使“按钮”接线柱搭铁。若活动触点臂不能被吸动，说明继电器已坏，则更换喇叭继电器。

5）检查喇叭是否损坏：如图3-31所示，从蓄电池正极桩到喇叭端子跨接一根线，如果喇叭工作，则为喇叭提供电流的电路出现故障。如果喇叭不工作，说明喇叭已损坏，更换喇叭。

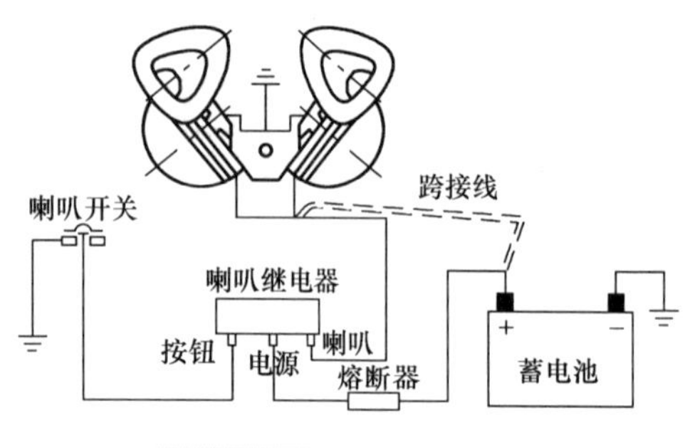

图3-30　检查喇叭继电器

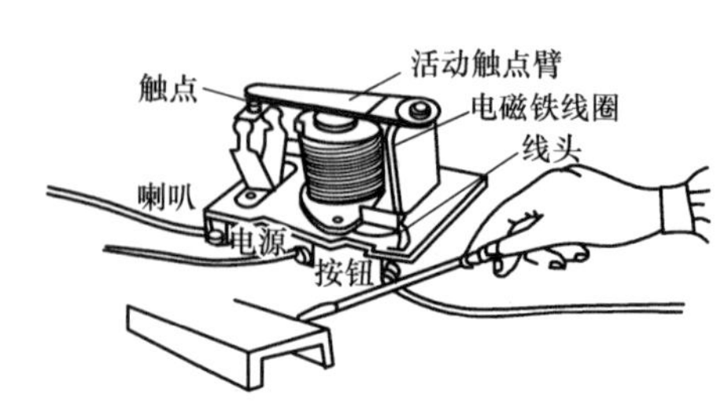

图3-31　检查喇叭是否损坏

【任务实施】

一、灯具的检修和维护

1）照明与信号灯具多为组合型，通常检查灯的玻璃、灯罩、灯泡是否损坏，灯座与灯泡插脚的接触是否良好。如有损坏，应予修理或更换。将检查结果填入表3-1中。

2）对于半封闭式前照灯，还应检查其反射镜与配光镜之间的密封垫圈是否良好，如有损坏应及时更换，反射镜若脏污，应予清洁。

3）反射镜的清洁：

① 对于半封闭式前照灯，可用压缩空气吹净反射镜上的尘污。

② 若吹不净，可擦净：镀铬的用柔软麂皮沾少量酒精擦，要由镜的中心向外围成螺旋形地轻轻擦拭或清洗。镀银或镀铝的只能用清洁棉花蘸热水清洗，不要擦拭。

③ 有的反射镜表面由制造厂预涂了一层薄而透明的保护膜，清洁时千万不要破坏。

④ 如果反射镜经常容易脏污，则必须更换密封橡胶圈。

4）擦拭或清洗反射镜后，应晾干再装复，并注意安装位置是否正确。

5）半封闭式前照灯的反射镜变黑，光度减少时，应予更换。

6）前照灯灯泡的更换：当前照灯灯丝烧断或配光镜打碎时，需要更换前照灯。如果经常需要更换前照灯灯泡，则有可能是充电系统的输出电压过高。封闭式前照灯的拆卸如图 3-32所示。

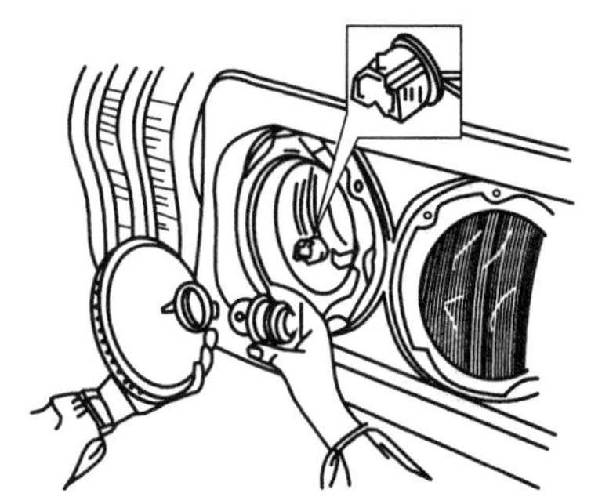

图 3-32 前照灯灯泡的更换

注意事项

① 更换灯泡前，先关掉电源；

② 灯泡刚熄灭时温度很高，不能直接用手旋转灯泡；

③ 检查更换的灯泡规格和型号要与原灯泡相同；

④ 白炽灯和卤钨灯不能互换；

⑤ 不要触摸灯泡的玻璃，尤其是卤钨灯泡，因为留在玻璃上的手指印或污垢会受到开灯时产生的热而蒸发，蒸汽留在反光镜上，反光镜会因此而变暗；

⑥ 在拆、装前灯罩盖时，一定不要将调整螺钉和别的安装螺钉搞混；

⑦ 安装前照灯，应注意保持接线良好，不得存在虚接或氧化锈蚀现象，否则将导致前照灯不亮或发光微弱；

⑧ 当前照灯灯丝损坏时，应及时换装相同规格的灯泡。

表 3-1 灯具的检查与维护

项　目	检查结果		
	正　常	不　正　常	采取措施
玻璃是否有污损、裂纹			
灯罩是否有损坏			
灯泡是否有损坏			
灯泡与接脚触点接触是否良好			

二、前照灯光束的检查与调整

前照灯光束调整正确与否，将极大地影响行车安全、运输效率和驾驶人的疲劳程度。汽车在行驶过程中受到振动或其他原因影响，使前照灯的安装角度发生变化，从而改变光束的正确照射方向，同时，灯泡在使用过程中会逐步老化，反射镜脏污使其聚光的性能变差，或者发电机发电量不足，蓄电池亏电等原因而导致前照灯的亮度不足。所有这些变化，都会使汽车前照灯的照射效果下降，引起驾驶人对前方道路情况辨认不清，或在会车时造成对方驾驶人炫目等，从而导致交通事故的发生。因此，国内外对前照灯检查和调整均十分重视，应按厂家规定的方法及时进行检测和调整前照灯光束。

前照灯光束检查常用屏幕检验法和仪器检验法。

1. 屏幕检验法

在实际检测过程中，屏幕法是比较简单和经济的。

1）将汽车空载停放在平整的场地上，前照灯总成应清洁，将车辆停于屏幕前，并与屏幕垂直，轮胎气压符合规定，并且驾驶室内只允许乘坐一名驾驶人。

2）距汽车前照灯 10m（有些车型另有规定）处，竖一屏幕（或利用白墙），在屏幕上画三条垂线：一条为中心垂线，它与汽车的中心线对正，另两条垂线分别位于中心垂线的两侧，它们各和中心垂线的距离均为两大灯中心距离的一半，如图 3-33所示。

3）画一条水平线 H（与前照灯的离地高度等高）。前照灯光束最低线 a-a 应在前照灯水平中心线 H-H 的下方 10cm 处，雾灯光束的下部边线 d-d 应在前照灯水平中心线 H-H 下方 20cm。

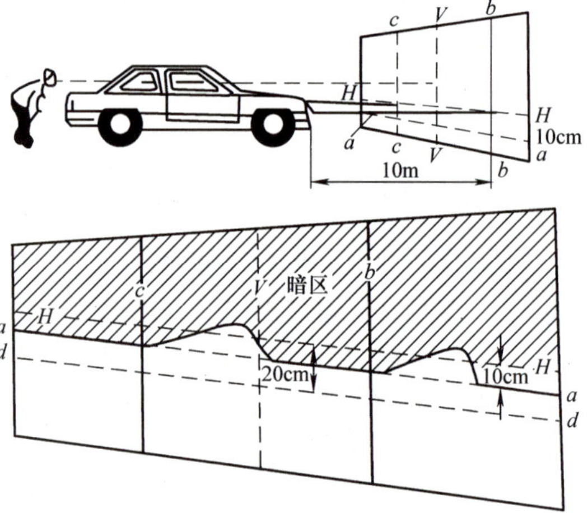

图 3-33　前照灯的屏幕检验法

4）起动发动机，使之以 2000r/min 的速度（约为发动机最高转速的 60%）旋转，即在蓄电池不放电的情况下点亮前照灯远光（有些车按近光调整）。

5）调整时，应把一只灯遮住，如调右前照灯，则遮住左前照灯，如调左前照灯，将右前照灯遮住，使前照灯发出的光束中心，正好分别对准左、右垂线与水平线的交点，分别调整使左、右前照灯光束分别对准标记即可。如不符合标准，可调整灯座上的左右及上下调整螺钉，如图 3-34 所示。

2. 前照灯检测仪检验法

1）汽车进入工位前，将工位清理干净，准备好前照灯检测仪、万用表、一字旋具、翼子板布、驾驶室保护罩等工具和器材，前照灯检测仪如图 3-35 所示。

2）拉紧驻车制动器、变速杆置于空挡或 P 位。

3）轮胎气压必须在标准值，蓄电池充满电，车辆空载以保证汽车水平停放，将前照灯镜面擦拭干净。

4）调整前照灯测试仪水平，如图3-36所示。转动水平调整螺栓，检视水平仪水泡应在其中央位置。

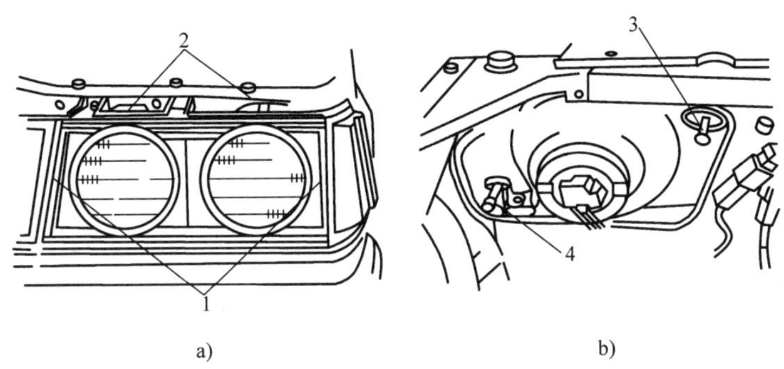

图3-34　前照灯的调整部位

a）外侧调整式　b）内侧调整式

1、3—左右调整螺钉　2、4—上下调整螺钉

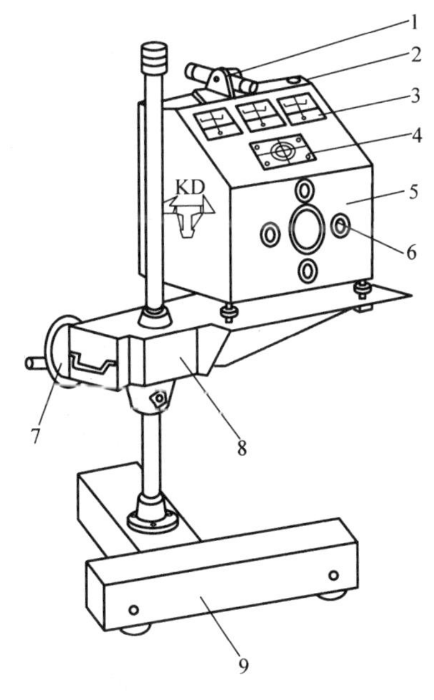

图3-35　前照灯检测仪

1—瞄准镜　2—水平仪　3—仪表　4—投影屏　5—机箱

6—受光镜组　7—手轮　8—升降架　9—底座

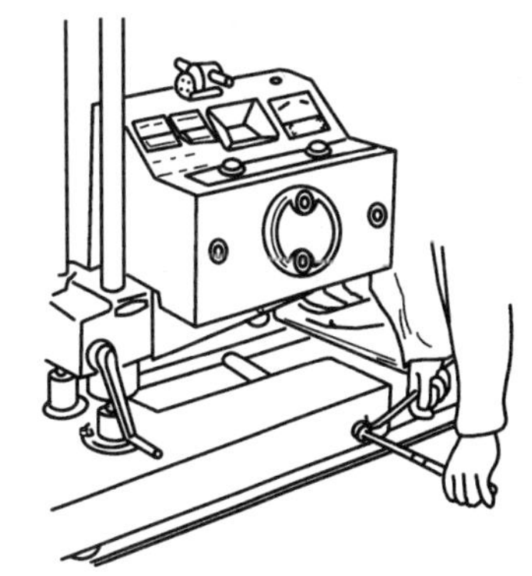

图3-36　调整前照灯测试仪水平

5）汽车开至测试仪正前方3m处，可利用测试仪上的卷尺进行正确的测量，如图3-37所示。

6）利用前照灯测试仪上的探视镜，检查车辆是否与测试仪对正，如图3-38所示。

7）打开前照灯测试仪开关，打开汽车近光灯，用橡皮盖盖住其中一个近光灯。移动前照灯测试仪，对准近光灯主光轴。上下或左右移动前照灯测试仪，使上下光轴计及左右光轴计的指针对正零，如图 3-39 所示。

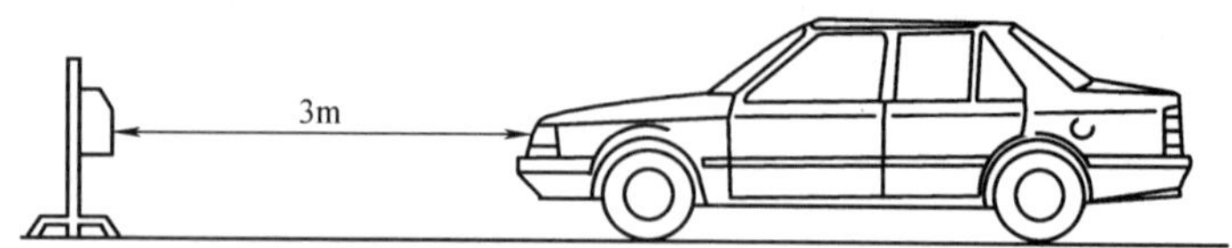

图 3-37　汽车与前照灯测试仪的距离

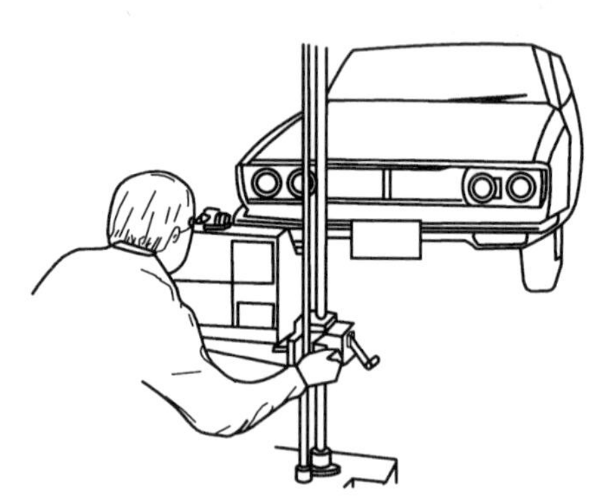

图 3-38　检查车辆的对正

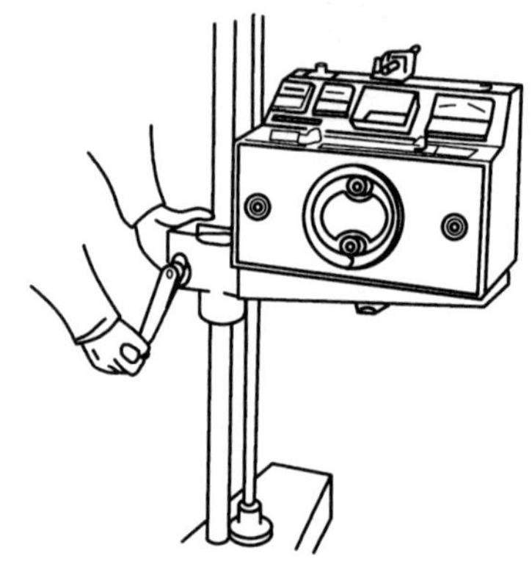

图 3-39　上下或左右移动前照灯测试仪

8）转动上下及左右角度调整按钮，将前照灯的影像调整至荧屏的中央，如图 3-40 所示。从上下及左右角度调整按钮上读取角度差，并读取光度。

9）调整前照灯方向。依原出厂规定值，将上下及左右角度调整按钮转至一定值。上下及左右移动前照灯测试仪，使前照灯的影像在荧屏的中央，调整前照灯的方向，使上下光轴计和左右光轴计的指针对正零，方法如前所述。

将测量结果填入到表 3-2 中。

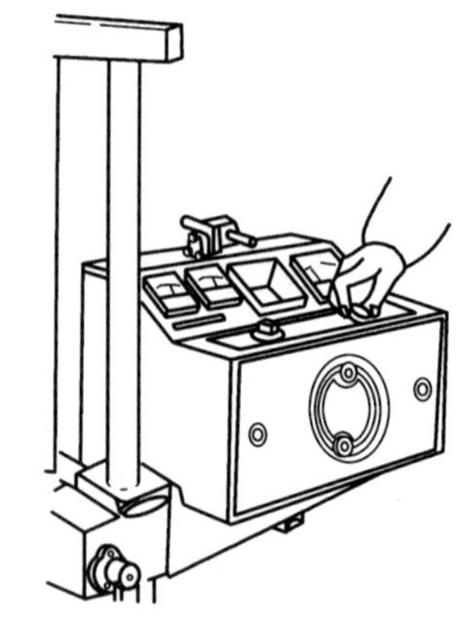

图 3-40　调整前照灯影像至荧屏中央

三、电喇叭的检测与调整

1. 电喇叭的性能测试

电喇叭的性能测试主要是用耳朵听喇叭的音调和音量。当发出的声音响亮、清晰、柔和、悦耳时，即为性能良好；如果音量不足，声音嘶哑、刺耳，出现怪音等，即为性能不良，可进行调整。

表 3-2　前照灯光束检测与调整

项　目	检查结果		
	正　常	不 正 常	采取措施
左前照灯上下偏移量			
左前照灯左右偏移量			
右前照灯上下偏移量			
右前照灯左右偏移量			

虽然喇叭形式较多，结构也不完全相同，但调整的基本原则却是相同的，一般对喇叭的调整部位有如下两处。

（1）音调的调整

电喇叭音调的高低与铁心间隙有关，间隙小时，膜片的振动频率高，音调高；反之音调低。铁心间隙δ（一般为0.7～1.5mm）根据喇叭高低音与规格而定。调整音调时，使用塞尺测量铁心间隙，当不符合规定时再进行调整。调整时，应使衔铁与铁心间的气隙均匀，否则会产生杂音。

盆形电喇叭衔铁间隙的调整如图3-41所示，调整时应先松开锁紧螺母，然后旋转音量调整螺栓（铁心）进行调整。

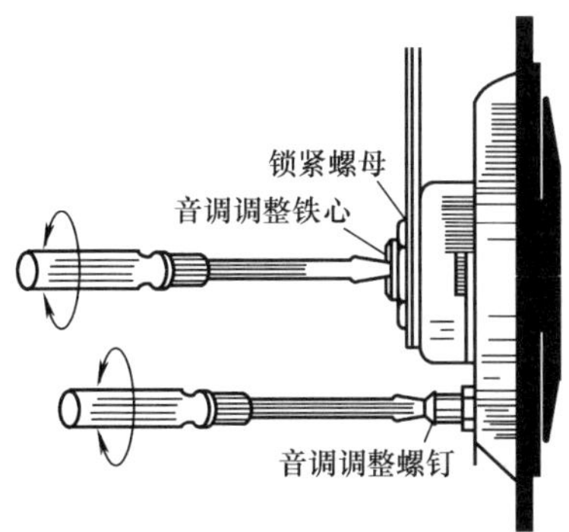

图3-41 盆形电喇叭的调整

（2）音量的调整

电喇叭声音的大小与通过喇叭线圈的电流大小有关。当触点压力增大时，流入喇叭线圈的电流增大，使喇叭产生的音量增大，反之音量减小。

如图3-41所示的盆形电喇叭，可旋转音量调节螺钉（反时针方向转动时，音量增大）进行调整。一般在调音量时，可以边调边试，直到音量合适为止。调整时不可过急，一般每次转动调节螺母不多于1/10圈。

电喇叭音量和音调调整并不是完全独立的，它们两者实际上是相互关联的，因此两者需反复调试才会获得最佳效果。汽车喇叭声级在距车前2m、离地面1.2m处测量时，其值应为90～115dB。

2. 电喇叭的测量与检修

1）电喇叭线圈的检测：用万用表R×1Ω挡测量喇叭线圈电阻，将测得值与标准值对照，若阻值低于规定值，说明线圈有短路；若测得阻值无穷大，说明线圈有开路故障。当线圈有短路、开路和搭铁故障时，可按原数据重新绕制。

2）检查触点接触状况：触点应光洁平整；上、下触点应重合，其中心线的偏移不应超过0.25mm，接触面积不应小于80%，否则应修整。如触点表面烧蚀严重时，应拆下用油石打磨。打磨厚度若低于0.3mm，应更换，并注意金属垫片和绝缘片的位置，切勿装错。

3. 喇叭继电器的检修

1）拆下继电器外壳，检查、清理触点工作端面，如触点烧蚀，应用细砂布磨平并擦净。触点间隙应适当，一般应为0.60～0.80mm，否则应予调整。

2）检查铁心线圈有无短路、断路现象，应保持铁心与摇臂气隙在0.80～1.00mm，否则应调整。

将检测结果填入表3-3。

表3-3 电喇叭的检测与调整

项　　目	检查结果		
	正　　常	不　正　常	采取措施
音调是否正常			
音量是否正常			
线圈的阻值			
触点接触是否良好			
继电器是否良好			

【思考练习】

1. 如何检查并调整前照灯？
2. 照明和信号灯具都有哪些？各有什么作用？
3. 如何更换照明灯及信号灯具？
4. 喇叭的音量和音调如何调整？

任务二　组合开关的检查与维护

任务目标

1）熟悉组合开关各部分的作用；

2）熟悉组合开关的使用方法；

3）熟练掌握组合开关的检查与维护方法；

4）规范安全的操作方法。

【预备知识】

整个照明系统的主要控制开关是车灯开关，车灯开关用来控制前照灯、雾灯、仪表灯、顶灯等电路。桑塔纳轿车的照明电路如图3-42所示。

前照灯23由点火开关3和车灯开关4共同控制，点火开关3置于正常工作挡位(1挡)、车灯开关4为2挡时，前照灯亮，通过变光和超车开关2进行远光、近光变换控制。此外，远光灯还由变光和超车开关2直接控制，在夜间汽车超车时当做超车信号灯用。

雾灯开关电路中，连接了雾灯继电器8，雾灯继电器线圈由车灯开关4控制，雾灯继电器触点由中间继电器5控制，而中间继电器5由点火开关3控制。

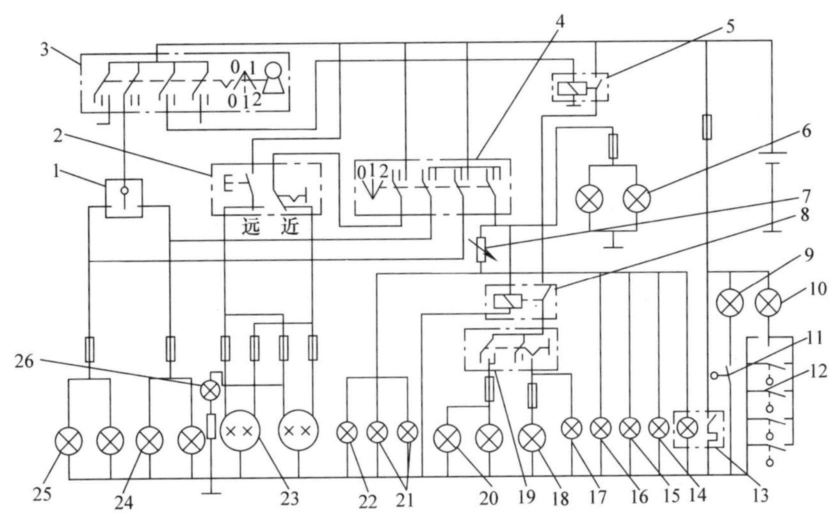

图 3-42　桑塔纳轿车照明电路

1—驻车灯开关　2—变光和超车开关　3—点火开关　4—车灯开关　5—中间继电器　6—牌照灯　7—仪表灯调光电阻　8—雾灯继电器　9—行李箱灯　10—顶灯　11—行李箱灯门控开关　12—顶灯门控开关　13—点烟器照明灯　14—雾灯开关照明灯　15—后风窗除霜器开关照明灯　16—空调开关照明灯　17—雾灯指示灯　18—后雾灯　19—雾灯开关　20—前雾灯　21—仪表灯　22—时钟照明灯　23—前照灯　24—右前、后示廓灯　25—左前、后示廓灯　26—远光指示灯

因此要使用雾灯，点火开关必须置于 1 挡使中间继电器接通，为雾灯继电器触点供电；车灯开关必须置于 1 挡或 2 挡使雾灯继电器接通，这时，雾灯开关就可以控制雾灯了。雾灯开关置于 1 挡接通前雾灯 20 的电路，2 挡同时接通前雾灯 20、后雾灯 18 和雾灯指示灯 17 的电路。

牌照灯 6 由车灯开关 4 直接控制，不受点火开关控制。在车灯开关置于 1 挡或 2 挡时亮。仪表板、时钟、点烟器、雾灯开关、后风窗除霜器开关、空调开关等的照明灯 21、22、13、14、15、16 也均由车灯开关 4 直接控制。当车灯开关在 1 挡或 2 挡时，上述照明灯均被接通，其亮度可通过仪表灯调光电阻进行调节。

顶灯 10 由顶灯开关和门控开关 12 共同控制，当顶灯开关接通时，顶灯亮。当顶灯开关断开时，顶灯由 4 个门控开关控制，只要有一个门控开关接通即有一个门关闭不严，顶灯就亮。

行李箱灯 9 由行李箱灯门控开关 11 控制，当行李箱门打开时，其门控开关就会接通行李箱灯电路。

常见的灯开关有拉杆式、摇转式和组合式，现代汽车上使用较多的是将前照灯、尾灯、转向灯及变光开关等制成一体的组合式开关。

一、组合开关安装位置及使用

为了方便驾驶人的操作，在转向柱上安装一套组合开关，包括点火开关、前风窗刮水及清洗开关、转向灯开关及变光开关，如图 3-43 所示。

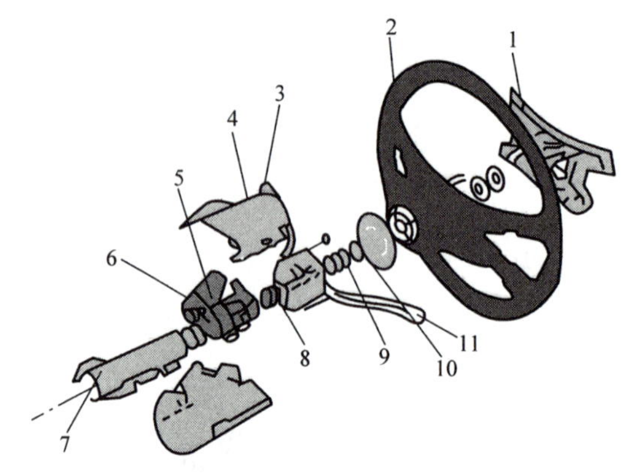

图 3-43 组合开关安装位置

1—转向盘盖 2—转向盘 3—刮水器开关 4—护板 5—点火锁体 6—点火开关 7—转向柱套管 8—接触环 9—弹簧 10—弹簧垫圈 11—转向灯开关

控制灯光的组合开关兼有灯光开关、转向开关和变光开关的作用，如图 3-44 所示。顺时针方向转动开关的尾端，就可以依次接通前位灯和前照灯。将开关向下压，就可以由近光变换为远光，将开关向上扳，就可以由远光变换为近光。在远光时松手就会自动弹回到近光位置，这种短时间的远光闪烁可以作为夜间超车的信号。纵向前后扳动开关可以接通左、右转向灯，如图 3-45 所示。

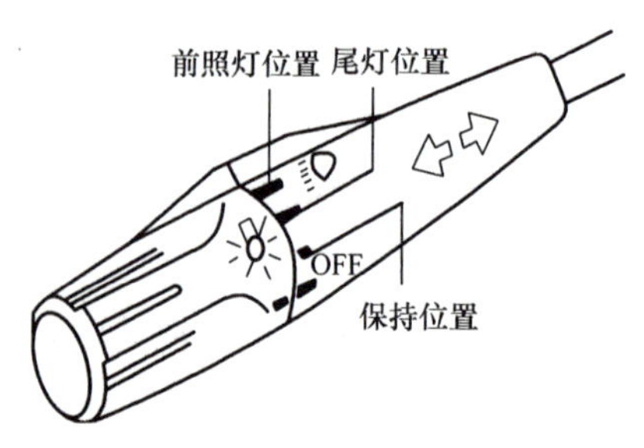

图 3-44 组合开关示意图

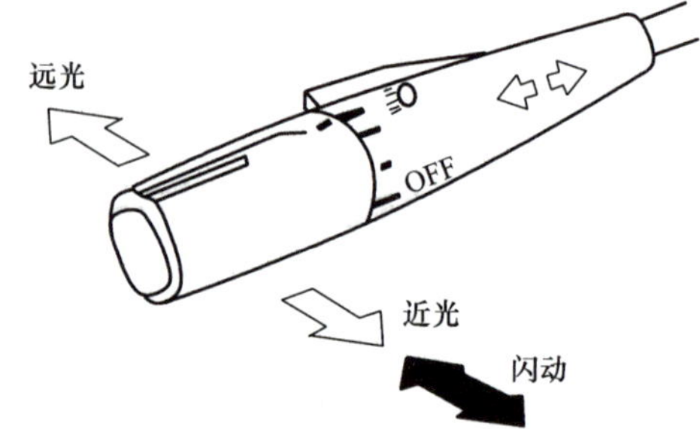

图 3-45 变光开关的示意图

二、组合开关常见故障

1. 内部接触不良

(1) 故障现象

开启前照灯或前位灯时，灯不亮；进行左、右转向操作时，无转向灯指示。

(2) 检查办法

1) 检查是否有内部接触片不能闭合点。

2) 检查是否有接触片表面氧化现象。

2. 开关不复位

(1) 故障现象

进行左、右转向操作时，开关不复位；远近光灯切换时开关发卡。

(2) 检查办法

1) 检查复位装置与方向盘的配合。

2) 适当在复位装置弹簧处添加适量润滑脂。

3) 确认是否需要更换组合开关。

【任务实施】

汽车上所使用的开关，常出现的问题是开关内部的短路和断路故障，通过学习对组合开关进行检测，可以判断开关是否需要维修或更换。

组合开关作为汽车电器中最常用的部件，可根据开关的功能和开关各挡位的导通情况，用带电源的试灯检测，也可以用万用表的电阻挡进行测量。

用万用表测量时，调至电阻最低挡，点火关闭，断开组合开关的相应线束插接器，部分线束接口布置如图 3-46 所示。

按照各车型维修手册提供的各端子间连通表，检测各端子间的阻值，如图 3-47 所示。

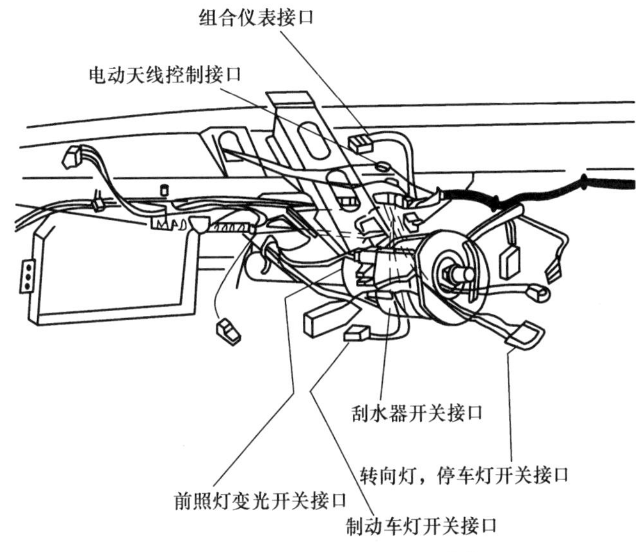

图 3-46 部分线束接口布置

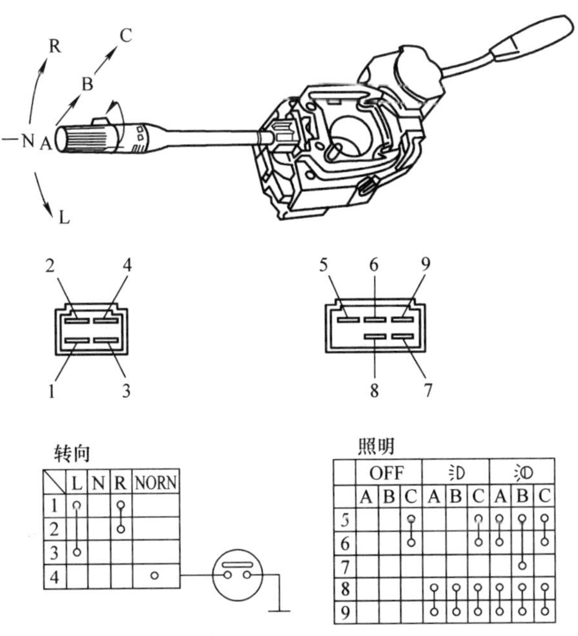

图 3-47 检查组合开关

1. 转向灯开关检测

1）在N位时，检测1、2、3、4各端子间的电阻应该是趋于无穷大。

2）在打开左转向灯L位时，端子1和3之间电阻应该很小，其余端子间的电阻之间应该是趋于无穷大。

3）在打开右转向灯R位时，端子1和2之间电阻应该很小，其余端子间的电阻之间应该是趋于无穷大。

将测量结果填入表3-4。

2. 前照灯开关检测

1）前照灯开关在第一个位置OFF挡位时，端子5和6之间电阻值应该很小，其余各端子间阻值应该是趋于无穷大。

2）在开关转到第二个位置时，会控制驻车灯、尾灯、仪表灯、示宽灯、牌照灯等，A位置和B位置测量时，8、9端子间电阻应该是很小，其余端子间电阻应该是趋于无穷大。C位置测量时，5、6端子间和8、9端子间电阻应该是很小，其余端子间电阻应该是趋于无穷大。

3）在开关转到第三个位置时，会控制第二位置的灯及前照灯，A位置测量时，8、9端子间电阻应该是很小，其余端子间电阻应该是趋于无穷大；B位置测量时，5、7端子间和8、9端子间电阻应该是很小，其余端子间电阻应该是趋于无穷大；C位置测量时，5、6端子间和8、9端子间电阻应该是很小，其余端子间电阻应该是趋于无穷大。

将测量结果填入表3-4。

表3-4 组合开关的检测

项目			检查结果		
			正常	不正常	采取措施
转向开关测试	N位				
	L位				
	R位				
照明开关测试	位置一 OFF	A位			
		B位			
		C位			
	位置二	A位			
		B位			
		C位			
	位置三	A位			
		B位			
		C位			

【思考练习】

1. 组合开关控制哪些照明设备？
2. 如何检查组合开关？
3. 组合开关常见故障及原因有哪些？

任务三 其他电路基本元件的检查与维护

任务目标

1）熟悉汽车电路的基本组成元件；
2）理解掌握继电器的工作原理；
3）熟练掌握线路、插接器的检查维护方法；
4）熟练掌握继电器、闪光继电器及熔断丝的检查与维护方法；
5）规范安全的操作方法。

【预备知识】

汽车电路的基本元件主要指导线、线束、熔断器、插接器、各种开关和继电器等。

一、线束

随着汽车电气设备的增多，导线的数量不断地增加，为了使全车线路不零乱、安装方便，以及保护导线不被水、油侵蚀和磨损，汽车导线除高压线和蓄电池导线外，都用绝缘材料包扎成束，称为线束，如图3-48所示。

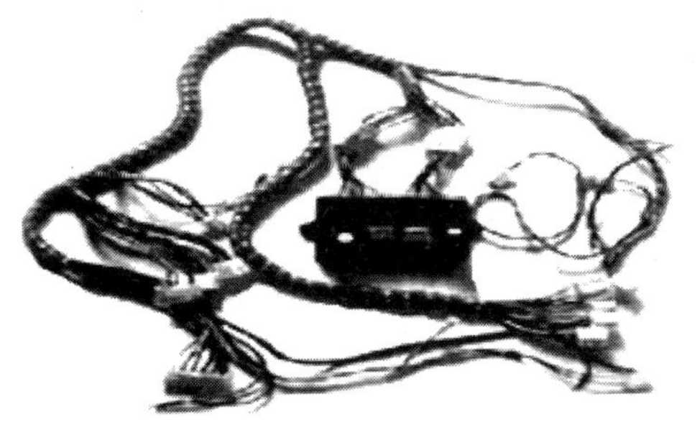

图3-48 汽车线束

汽车用的线束是一种将各电器之间的连线，选择最短的途径，并把同一路径的若干导线用绝缘带包扎而成的。故其主要由各种颜色的低压导线，以及相关连接插件、接线端子和绝缘包扎材料等组成。

包扎线束的绝缘材料通常采用棉纱编织的套管或聚氯乙烯胶带，有的还在包扎好的线束外表面再套上一根波纹管。

同一种车型的线束在制造厂里按车型设计制造好后，用卡簧或绊钉固定在车上的既定位置，其抽头恰好在各电器设备接线柱附近位置，安装时按线号装在其对应的接线柱上。各种车型的线束各不相同，同一车型线束按发动机、底盘和车身分多个线束。

1. 照明系统线路的检查与维护

照明系统线路经常处于振动之中，并可能受到拉伸和磨损，因此安装时应注意。

1）线路必须有依附，应逐段用夹片固定。

2）线路不应承受拉力和挤压力。

3）线路不便检修处、绕过锐角处及穿过铁板孔隙时，应用橡胶护套、垫圈或套管保护。

4）线路布置应尽量避开热源，以确保导线的使用寿命。

5）线束的线头应用接线板对色相接，单线则使用接线管相接。

6）尽量避免在线路中间焊接分支线路，以免导线变脆易折断和短路。

7）电源线应通过熔断器加以保护，以确保安全。

8）所有接线点和插接器等接触必须牢固可靠。

2. 试灯法诊断线路故障

汽车照明系统故障，一般是由于线路断路、短路，灯丝烧毁以及中间设备（开关、熔断器）损坏而引起的。

线接头松动或接触不良、导线过细或搭铁不良，可导致灯光暗淡，需要逐一检查排除。在检查线路时，可用万用表或试灯逐段检查线路，以便找出短路或断路故障的部位。

试灯法是利用小灯泡对线路故障进行诊断的一种方法，优点是可迅速地判断电路中的短路和断路故障。

1）断路检测法：测试原理如图3-49所示。当电路中出现短路故障时，电路中的熔断丝熔断后可自动切断电路。检查这一类故障时，可将试灯直接接入保护的位置，并按图中标的序号①、②、③依次打开插接器，直到试灯熄灭为止。这样，便可以迅速地查找出线路中的短路位置。

2）短路检测法：测试原理如图3-50所示。当电路出现断路故障时，用电器无法工作。若按图中标的序号①、②、③依次打开插接器（电源端），直到试灯亮为止。这样便可迅速地查找出线路中的断路部位。

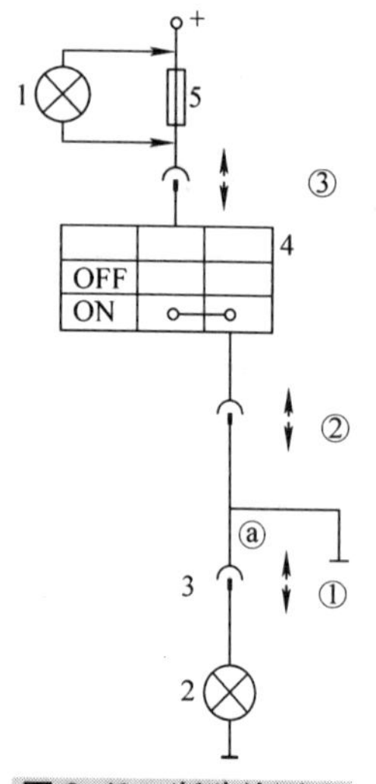

图3-49　断路检测法

1—小试灯　2—车用灯　3—插接器

4—车灯开关　5—熔断器

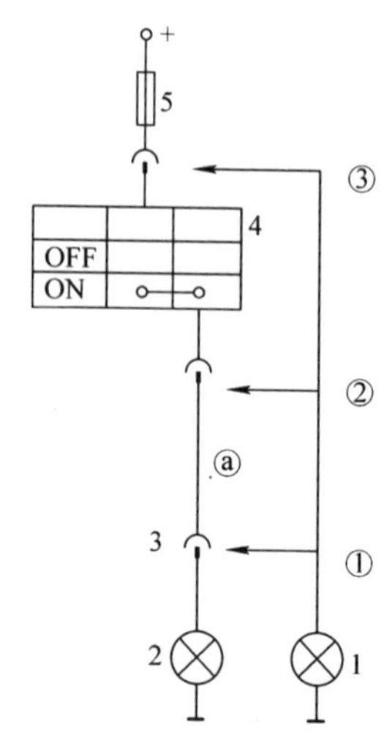

图3-50　短路检测法

1—小试灯　2—车用灯　3—插接器

4—车灯开关　5—熔断器

二、插接器

插接器是汽车电路中线束的中继站，线束与线束（或导线与导线）、线束（导线）与电器部件之间的连接一般采用插接器。插接器由插座和插头组成，插头里面的插销和插座里面的插孔相连接。为了防止插接器在汽车行驶中脱开，所有的插接器均采用了闭锁装置，如图3-51所示。

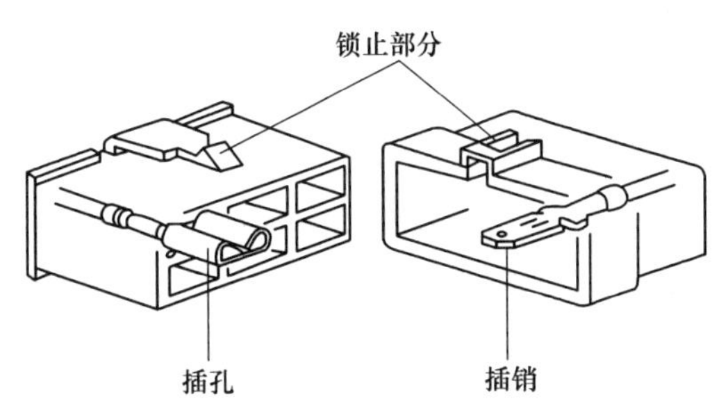

图3-51　插接器的组成

1. 插接器的表示方式

插接器的表示方式如图3-52所示。

插头的表示如图3-52a所示，一般在表示插头脚数的方格（正方格或长方格）一边画一深黑色长方框，方格的数量表示插头的引脚数。如果黑色长方框倒角，则表示插头采用片式接线端子，如果长方框不倒角表示插头采用针式接线端子。

插座的表示如图3-52b所示，一般在表示插座脚数的方格的一边用白色（不涂黑色）画一个倒角或不倒角的长方框，方格的数量表示插座的引脚数。

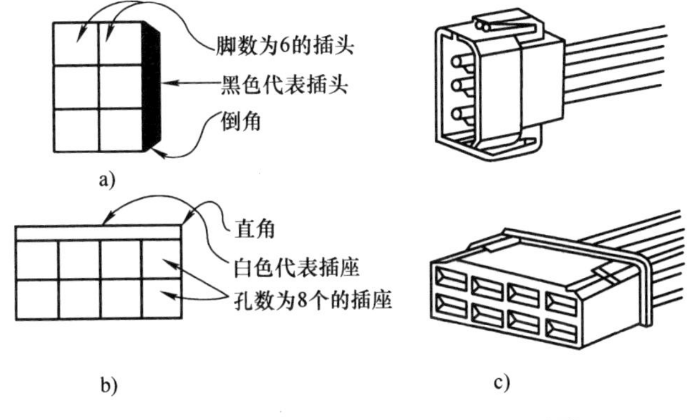

图3-52　插接器的表示方式和实物对比

a）插头符号　b）插座符号　c）实物

2. 插接器的拆装方法

在检查线路故障及更换导线、插接器时，经常要拆卸插接器，如图3-53所示。

1）拆卸时，先判断锁止部分的形状，分析锁止的方向。

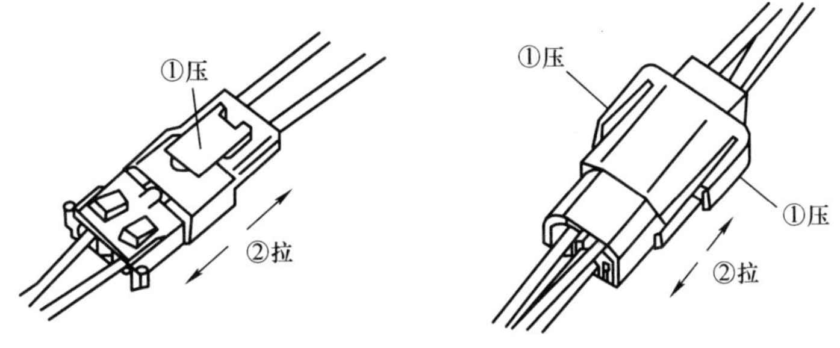

图3-53　插接器的拆卸方法

2）两手分别握住插接器的两部分。

3）然后由上向下或由两侧向内压下锁止部分。

4）向分离的方向均匀用力拉动插接器，使其两部分分离。

5）安装时应把插头与插座的导向槽重叠在一起，使插头和插孔对准，然后平行插入即可十分牢固地连接在一起，正常情况下会听到安装到位时的咔嗒声。

6）安装好后，用力把端子朝导线方向推，以确保端子和接头紧紧地锁在一起。

三、灯光继电器检修

继电器的作用是通过线圈的小电流控制经过触点到用电器的大电流。

继电器一般有以下几种：

1）常开式：电磁线圈通电时，触点闭合，如图 3-54a、b 所示。

2）常闭式：电磁线圈通电时，触点断开，如图 3-54c 所示。

3）混合式：同一继电器内有两对触点，如图 3-54d 所示。一对触点常开，另外一对触点常闭，电磁线圈通电时，常开触点闭合，常闭触点断开。

汽车上的灯光继电器，一般均具有一只电磁线圈与一对触点，如图 3-55 所示，常见故障是触点烧蚀或线圈损坏，可以用万用表进行检查。

1）当测量连接线圈的二接线端子 1、2 间的电阻值过小，甚至为 0 时，说明线圈烧毁造成短路，若电阻值为无穷大，则说明线圈断路。

2）再用万用表测量连接触点的二接线端子 3、4 间电阻，其阻值应为无穷大，否则为触点失效；然后用手使二触点闭合，其阻值应接近 0，若接触阻值过大，可用“00”号砂布擦拭修复。

如果上述检测没问题，可以通电检测。在 1、2 两端子间接入 12V 直流电压，用万用表检查 3、4 两端子间应导通。如果没有导通或通电后继电器发热，均说明其已损坏，应进行更换。

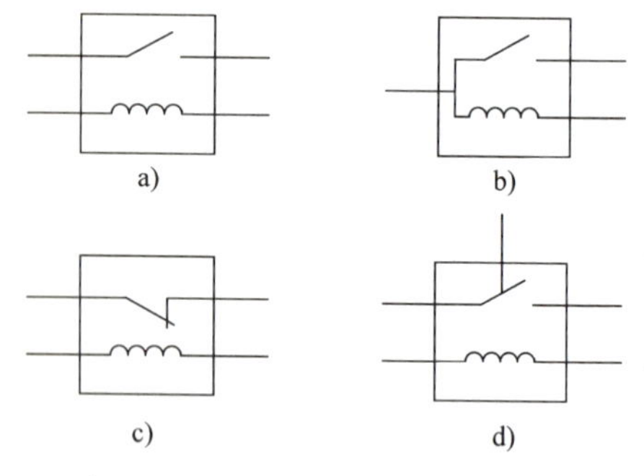

图 3-54　继电器的类型

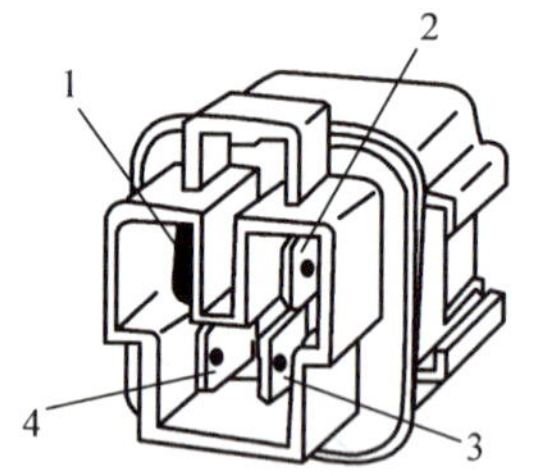

图 3-55　继电器的检测示意

四、闪光继电器的检测

1. 闪光继电器的检查

1）如图 3-56 所示，将闪光继电器的 B（电源）接线端子接蓄电池（电压要与闪光继电器相符）的正极，将闪光继电器的 L（开关）接线端子，接于一只 50～60W 汽车灯泡的一端，闪光继电器的外壳与蓄电池负极及灯泡的另一端相连。若是晶体管式闪光继电器，则其 E（搭铁）接线端子，与蓄电池负极及灯泡另一端相连。

2）接通电源之后，灯泡应闪亮，且闪光次数约为 70～90 次/min，若灯泡不亮或灯泡常亮不闪，说明闪光继电器失效。

2. 操作要点

1）不允许用搭铁试火的方法来检验闪光继电器及有关电路。更换转向灯时，必须切断电源。

2）在装有危险信号灯装置的闪光继电器电路中，其信号的工作时间不宜过长。

五、熔断器

熔断器又称保险，内有熔断丝，在电路中起保护作用。汽车上常见的熔断器外形如图 3-57所示。熔断丝是一种极薄的金属条，当电路中流过的电流超过其规定的最大电流时，熔断丝自身发热而熔断，从而切断电路，以防烧坏电路连接导线和电器设备，把故障限制在最小范围内。通常情况下，熔断器集中安装，即将很多熔断器组合在一起安装在熔断器盒内，并在盒盖上注明各熔断器的名称、额定容量和位置。

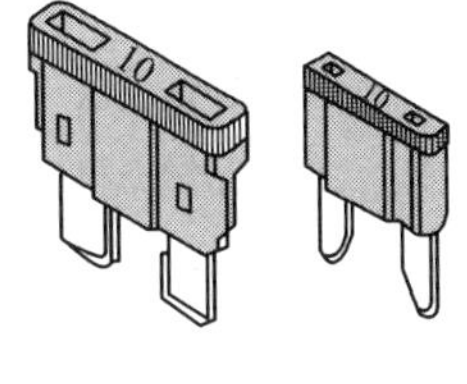

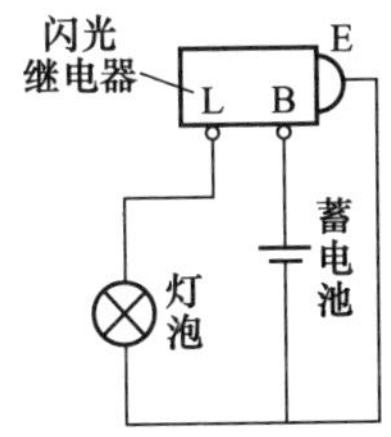

图 3-56 电容电热式闪光试验电路

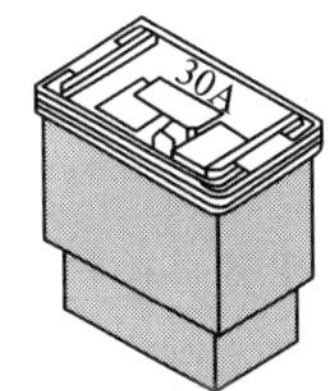

图 3-57 常见熔断器外形

（1）熔断丝的检查

熔断丝熔断后，一般用观察法就可以发现。对于较隐蔽的故障，需要进行详细检查。具体方法是用万用表电阻挡测量熔断丝是否熔断，如图 3-58 所示，也可以用试灯进行检查。熔断丝只能一次性使用，每次烧断必须更换。

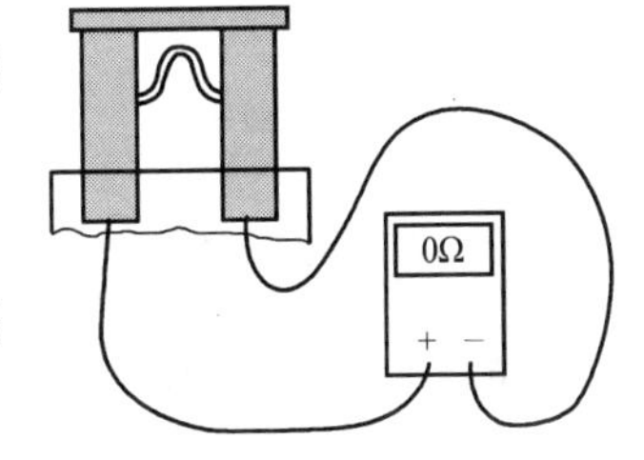

图 3-58 熔断丝的检查

（2）熔断丝的正确使用

1）熔断丝熔断后，必须真正找到引起故障的原因，彻底排除故障，以免故障的重复发生。

2）更换熔断丝时，应断开所有用电器的开关，一定要选用与原规格相同的熔断丝，不能随意使用比原规定容量大的熔断丝。

3）如果在汽车上增加用电设备时，不能随意改用容量大的熔断丝，最好另外再安装熔断丝。

4）熔断丝支架与熔断丝接触不良会产生电压降和发热现象，检查时应注意熔断丝支架有无氧化现象和脏污，必要时用细砂纸打磨光，使其接触良好。

5）熔断丝熔断后，没有备用熔断丝的情况下，不可以用香烟盒内的锡箔纸代替，因为即使50A的电流流过时，锡箔纸只会发热变红，不会熔断。

6）应急修理时，可用细导线代替熔断丝。可把汽车上使用的0.5mm^2的烯树脂多股绞合线拆开，使用其中的一股细导线，一般相当于约15A的熔断丝，一旦回到目的地或有新熔断丝时，应及时换上。

【任务实施】

针对一个灯或数个灯不亮的故障现象，完成各项可能性检测任务。

1. 检查熔断丝

有的车型整个照明系统只有一个熔断丝，有的车型是每个灯用一个熔断丝，若某个灯光不亮，可以首先找到与这个灯有关的熔断器盒的位置，拆下相关的熔断器查看熔断丝是否烧断，如图3-59所示。如果发现该熔断丝烧断，则要找出线路中是否有短路的地方，如果线路中有短路现象，则发生短路之处将发热，导线会发软或绝缘皮烧焦，发出臭味。与此同时，熔断丝烧坏，电路被切断。查找并修复好线路后，更换相同规格的熔断丝。

2. 检查灯泡

将发生故障的灯泡取下，检查灯泡的灯丝是否因震动而断裂或烧断发黑。如果发现灯丝断裂，则更换相同功率的灯泡。

3. 检查灯座

闭合该灯控制开关，使灯线头搭铁，如有火花，说明灯线无问题，是灯座接触不良；如果是灯座松动，则紧固灯座。

4. 检查线路是否有断路

如图3-60所示，将灯的控制开关闭合，使灯的电源线直接试火，如无火花，说明线路某处存在断路现象。用手摇动导线，如导线有破口，则当其接触车架等金属件时，发出火花和“吱吱”的响声，说明导线已断。处理办法是利用试灯或万用表进行检测，找到导线断路点并进行修复。

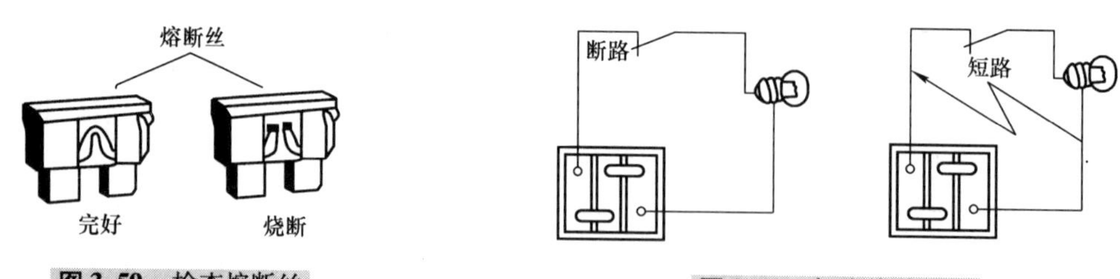

图3-59 检查熔断丝

图3-60 灯泡线路检查

5. 插接器检查

为了保证线路正常，要求线路中的各插接器有极小的电阻而且不能出现腐蚀、连接松动等问题，否则会导致额外的电压降，使系统工作不正常。检查相关连接位置的插接器是否松动，是否有老化、腐蚀现象，如果有则要进行修复或更换。

将检测结果填入表3-5。

表 3-5 灯不亮的故障检查

故障现象描述			
检 查 项 目	检 查 结 果		
	正 常	不 正 常	采 取 措 施
检查熔断丝			
检查灯泡			
检查灯座			
检查线路			
检查插接器			

【思考练习】

1. 照明系统线束的安装及维护应注意哪些问题?
2. 插接器如何正确地拆装?
3. 如何判断继电器的好坏?
4. 如何判断线路的短路与断路故障?

项目四

仪表显示系统检修与维护

为了及时了解汽车在行驶过程中各系统和主要部件的工作情况，及时发现和排除可能出现的故障，汽车上装有很多检测仪表，如车速里程表、发动机转速表、电压表、机油压力表、燃油表、冷却液温度表和电流表等。本项目的任务是学习和掌握汽车仪表显示系统的检修与维护方法。

任务一　中央仪表总成的检查与维护

任务目标

1）熟悉和掌握汽车常用仪表的组成和工作原理；
2）掌握车速里程表的检查和维护方法；
3）掌握发动机转速表的检查与维护方法；
4）熟练掌握中央仪表总成的检查与维护方法。

【预备知识】

在汽车中央控制电器系统——仪表板上，装有各种检测仪表和信号装置，用来监视和测量汽车行驶过程中各系统和主要部件的工作情况。

一、汽车电器仪表的安装方式

1. 以总成方式安装

汽车电器仪表均集中安装在驾驶室转向盘前方的仪表板上，一般采用仪表板总成安装方式，分垂直安装式和倾斜安装式两类。所谓总成安装方式，就是将各种仪表及仪表照明灯等合装在一个表壳内，共用一块表面玻璃密封。

2. 与各种警告灯和监视灯组合在一起

现代汽车的仪表盘上，除了安装了一些基本的仪表以外，还将各种警告灯和监视灯也集成在仪表盘内，由此就形成了组合式仪表盘。这也是现代客车、轿车上使用较多的一种新型组合仪表。

其中大部分仪表通过传感装置获得被监测对象的状态变化而直接表述出来。随着汽车电子技术的发展，多功能、高精度、高灵敏度、读数直观的电子数字显示及图像显示的仪表已不断应用于汽车上。汽车仪表的功能已不仅仅是单纯的显示，而是通过对汽车各部件参数的监测和微机处理相配套，从而达到控制汽车各种运行工况的目的。

不同汽车装用的仪表个数及结构类型有所不同，以桑塔纳2000型轿车为例，它的仪表板上主要有车速里程表、发动机转速表、冷却液温度表、燃油表、时钟、冷却液液面警告灯、手制动拉起和制动液液面警告灯作用、充电指示灯、后窗除霜加热指示灯、远光指示灯、紧急闪光和ABS报警等二十几种仪表或显示装置（图4-1）。其中采用电子仪表或电子控制的装置有十几种。仪表板线路采用薄膜印制线路板，可以很方便地检查线路故障。

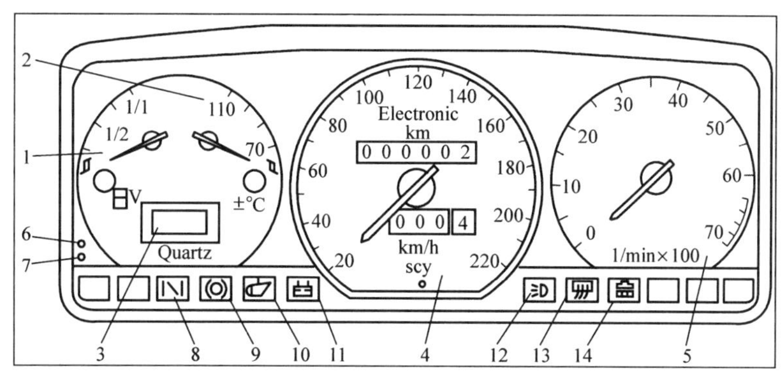

图4-1 桑塔纳2000型轿车仪表盘

1—燃油表 2—冷却液温度表 3—电子液晶钟 4—电子车速里程表 5—电子发动机转速表 6—电子钟分钟调节钮 7—电子钟时钟调节钮 8—阻风门拉起指示灯（仅GLS） 9—手制动拉起和制动液液面警告灯 10—机油压力警告灯 11—充电指示灯 12—远光指示灯 13—后窗除霜加热指示灯 14—冷却液液面警告灯

二、汽车仪表结构原理

目前，国产汽车上装用的电器仪表主要有车速里程表、发动机转速表、燃油表、冷却液温度表、机油压力表以及电流表等。

1. 车速里程表

仪表板中最显眼的是车速里程表，它用于指示汽车行驶速度和累计行驶里程数。车速里程表实际上由两个表组成，一个是车速表，另一个是里程表。车速里程表有磁感应式与电子式两种。

（1）磁感应式车速里程表

磁感应式车速里程表也称永磁式车速里程表，磁感应式车速里程表没有电路连接，它是由变速器输出轴上的一套蜗轮蜗杆以及挠性软轴来驱动的，其结构如图4-2所示。

车速表由永久磁铁、带有轴及指针的铝碗、罩壳和紧固在车速里程表外壳上的刻度盘组成。罩壳是固定的，铝碗是杯形的，与永久磁铁及罩壳间具有一定的间隙，没有机械连接。铝碗是与指针一起转动的，不工作时，由于盘形弹簧（游丝）的作用使指针指在刻度盘“0”的位置上。

车速表的工作原理：汽车行驶时，变速器输出轴上的蜗轮、蜗杆以及软轴等带动永久磁铁转动，同时在铝碗上感应出涡流，产生转矩，使铝碗反抗盘形弹簧向永久磁铁转动方向转动，带动指针同转一个角度，因为涡流的强弱与车速成正比，车速越快，永久磁铁旋转越

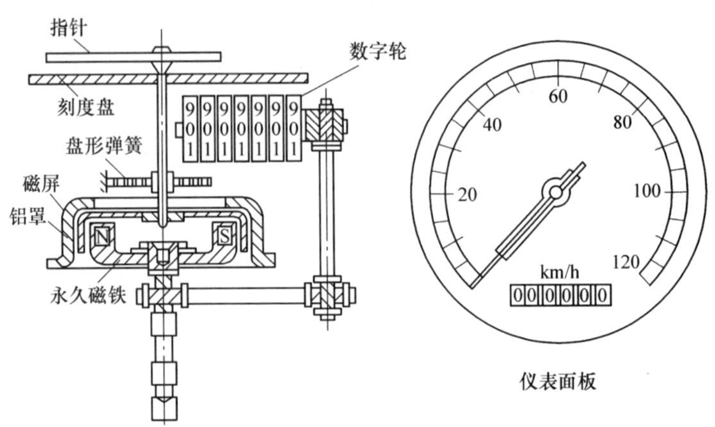

图 4-2 磁感应式车速里程表结构示意图

快，感应罩上的涡流转矩越大，感应罩带着指针偏转的角度越大，指示的车速值也越大；反之，车速越慢，则指示的车速值越小。

里程表是由蜗轮蜗杆和计数轮组成的，蜗轮蜗杆带动里程表的第一计数轮转动。第一计数轮上的数字为十分之一公里，每两个相邻的计数轮之间，又通过本身的内齿和进位计数轮的传动齿轮，形成 1∶10 的传动比。这样汽车行驶时，就可以将其行驶里程不断累计起来。

汽车停驶时，永久磁铁以及蜗轮蜗杆均停止转动，感应罩上的涡流转矩消失，在盘形弹簧作用下使转速表指针回到“0”位置，同时里程表也停止计数。当汽车继续行驶时，里程表又继续计数。

（2）电子式车速里程表

随着电子技术的发展，很多轿车仪表已采用电子式车速里程表，较常见的是从变速器上的速度传感器获取速度信号，再通过脉冲频率的变化使指针偏转或者显示数字。电子车速表主要由车速传感器、电子电路、车速表和里程表四部分组成。

车速传感器由变速器驱动，可产生与汽车行驶速度成正比例的电压信号。电子电路对车速传感器送来的电信号进行整形和触发处理，输出一个用来表示车速的数字信号，然后就可以用电子指针型车速表或数字型车速表显示车速了。

如图 4-3 所示为车速传感器的结构，它由一个舌簧开关和一个有 4 对磁极的转子组成。转子每转一周，舌簧开关中的触点闭合 8 次，产生 8 个脉冲信号，汽车每行驶 1km，车速传感器输出 4127 个脉冲。

电子电路的作用是对车速传感器送来的具有一定频率的电信号进行整形和触发处理，输出一个与车速成正比的电流信号。车速表实际上是一个磁电式电流表，当汽车以不同车速行驶时，从电子电路接线端 6 输出的与车速成正比的电流信号便驱动车速表指针偏转，即指示相应的车速。

电子里程表是一种显示汽车行驶总里程的装置。有的里程表还可以通过设置来记录某次行车的里程或两次加油之间车辆行驶的距离。电子仪表板可以用电驱动的机械里程表或者数字式里程表来显示里程。机械式里程表采用一种叫做步进电动机的小电动机来转动数字滚轮，给步进电动机输入脉冲电压，它就可以根据里程来转动了，如图 4-4 所示。

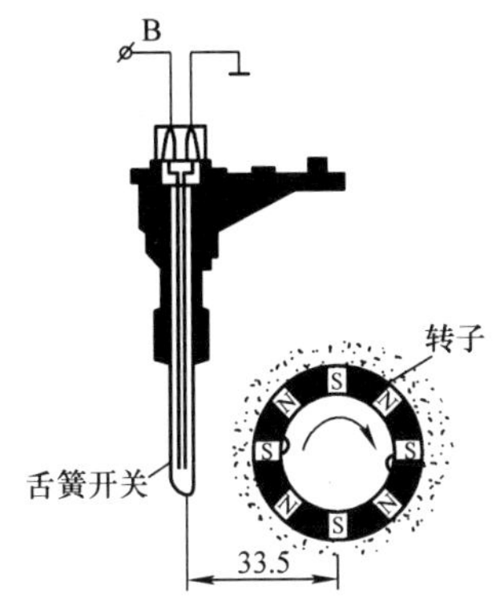

图 4-3 车速传感器的结构

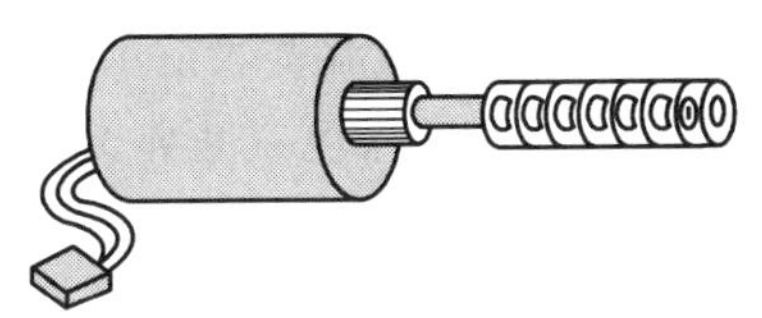

图 4-4 用步进电动机转动里程表计数器

数字式里程表使用发光二极管、液晶显示屏或真空管荧光显示屏来显示里程数。因为在熄火或蓄电池断开的情况下也要显示总里程数，所以一种特殊的电子芯片被用来存储总里程数。

这些特制的芯片即使在断开电源时也不会丢失其储存的信息，如果芯片被损坏或受到静电干扰，也会运行失效并可能显示“ERROR”（错误）。

2. 发动机转速表

为了监视发动机工作情况，在仪表板上装有发动机转速表，驾驶人可以正确地选择换挡时机、防止发动机超速运转。转速表上都标有红色危险区，发动机转速一般不得超过危险标线，否则会造成发动机早期损坏。

转速表按其结构不同可分为机械式和电子式两种。电子式转速表由于指示精确、结构简单、安装方便等优点，被广泛应用。电子式转速表，有指针式和液晶数字显示式两种。转速表一般设置在仪表板内，与车速里程表对称地放置在一起。

电子转速表获取转速信号的方式有三种：从点火系统获取脉冲电压信号、从发动机的转速传感器获得转速信号、从发电机获取转速信号。汽油发动机电子式转速表都是用接收点火线圈中初级电流中断时产生的脉冲信号作为触发信号，并将此信号转换为可显示的转速值。发动机转速越快，点火线圈产生的脉冲次数越多，表上显示的转速值就越大。

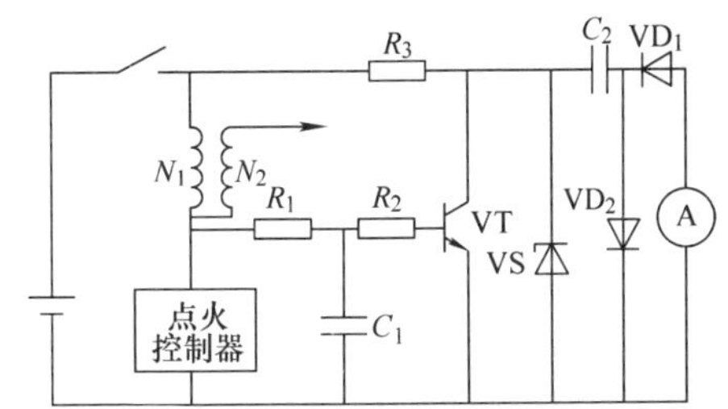

图 4-5 桑塔纳轿车电子转速表电路原理图

如图 4-5 所示为桑塔纳轿车电子转速表电路原理图，转速信号来自于点火系统的初级电路。工作原理如下：当点火控制器使初级电路导通时，晶体管 VT 处于截止状态，电容 C_2 被充电。其充电电路为：蓄电池正极→R_3→C_2→VD_2→蓄电池负极，构成回路。

当点火控制器使初级电路截止时，晶体管 VT 的基极得正电位而导通，此时 C_2 便通过导通的晶体管 VT、电流表 A 和 VD_1 构成放电回路，从而驱动电流表。当发动机工作时，初级电路不断的导通、截止，其导通、截止的次数与发动机转速成正比。所以当初级电路不断地导通、截止时，对电容 C_2 不断地进行充放电，其放电电流平均值与发动机转速成正比，于是将电流平均值标定成发动机转速即可。

3. 冷却液温度表

冷却液温度表是用来指示发动机水套中冷却液的温度是否正常。它由装在仪表板上的冷却液温度表和装在发动机水套上的冷却液温度传感器配合工作。常用的有电热式和电磁式两种。正常情况下，冷却液温度表指示值应为 800 ~ 900℃。有些进口车冷却液温度表上无数字显示而涂有三种色：绿色（正常）800 ~ 900℃；红色（危险）900 ~ 1000℃；黄色（注意）750℃以下。

（1）电热式冷却液温度表

1）电热式冷却液温度表配电热式冷却液温度传感器，其工作原理如图 4-6 所示。电热式冷却液温度表除刻度板示值与电热式油压表不同外，其他结构都是相同的。

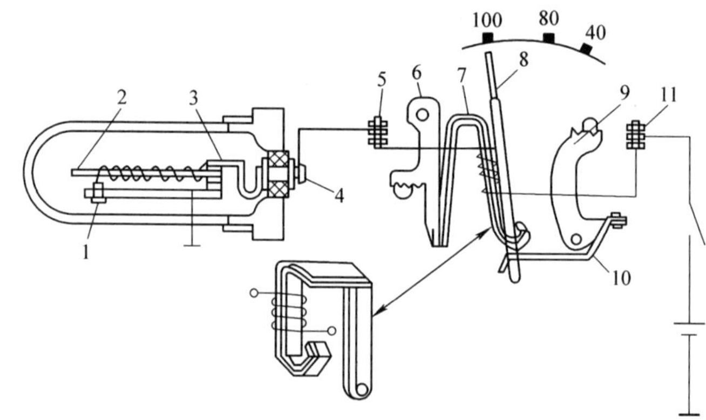

图 4-6 电热式冷却液温度表与电热式冷却液温度传感器的工作原理

1—固定触点 2—双金属片 3—连接片 4—冷却液温度传感器接线柱 5、11—冷却液温度表接线柱 6、9—调节齿扇 7—双金属片 8—指针 10—弹簧片

冷却液温度传感器是一个密封的铜套筒。在铜壳内装有固定触点 1，双金属片 2 上绕有加热线圈，线圈的一端与焊在双金属片上的触点相连，另一端经连接片 3 经接线柱 5 与冷却液温度表相连。当点火开关接通后，电流由蓄电池正极→双金属片 7 上的加热线圈→冷却液温度传感器接线柱 4→连接片 3→双金属片 2 上的加热线圈→固定触点 1→底板→搭铁→蓄电池负极。

双金属片使触点具有一定的初始压力，当冷却液温度升高时，双金属片向离开固定触点方向弯曲，使触点间压力减弱，触点的闭合时间变短，断开时间变长，流过电热线圈的脉冲电流平均值减小，冷却液温度表指针指在高温区。冷却液温度低时，触点间压力增大，触点的闭合时间变长，断开时间缩短，电流的平均值增大，冷却液温度表指针指在低温区。

2）电热式冷却液温度表配热敏电阻式传感器。如图 4-7 所示为电热式冷却液温度表与热敏电阻式传感器的工作原理图。

热敏电阻式冷却液温度传感器的主要元件为负温度系数的热敏电阻，即温度升高，电阻

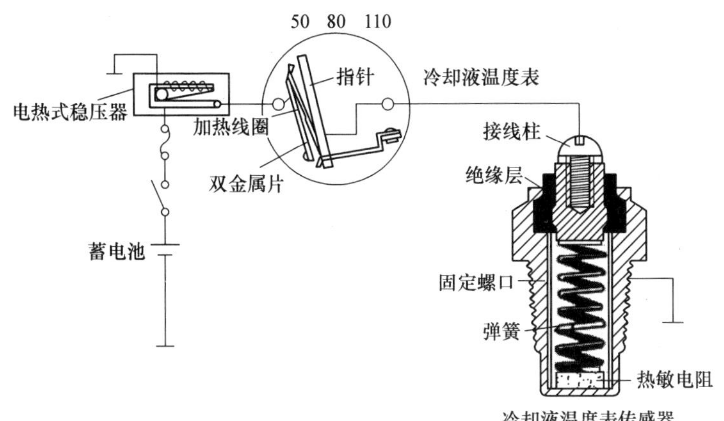

图 4-7 带稳压器的电热式冷却液温度表结构示意图

值下降；温度下降，电阻值上升。其具体的工作原理如下：

闭合点火开关，冷却液温度表电路接通。当冷却液温度较低时，热敏电阻阻值大，冷却液温度表电路电流较小，冷却液温度表加热线圈的温度低，双金属片的变形量较小，指针指示低温；当冷却液温度较高时，热敏电阻阻值小，冷却液温度表电路电流增大，冷却液温度表加热线圈温度高，双金属片的变形量较大，指针指示高温。

闭合点火开关，冷却液温度表电路接通。当冷却液温度较低时，热敏电阻阻值大，冷却液温度表电路电流较小，冷却液温度表加热线圈的温度低，双金属片的变形量较小，指针指示低温；当冷却液温度较高时，热敏电阻阻值小，冷却液温度表电路电流增大，冷却液温度表加热线圈温度高，双金属片的变形量较大，指针指示高温。

由于电源电压变化时，将影响与热敏电阻式冷却液温度传感器配套使用的电热式冷却液温度表的指示值，因此在这种电路中需配有电源稳压器。其作用是：当电源电压波动时，起稳定电路电压的作用，以保证仪表的读数准确。稳压器的工作原理如下：

当触点闭合时，其输出电压与输入电压相等，即等于电源电压，此时，加热线圈有电流通过，双金属片受热变形，使触点张开；当触点张开后，电路被切断，稳压器的输出电压为“0”，双金属片因无电流通过而逐渐冷却复原，于是触点又重新闭合，如此反复，稳压器的输出电压实际上是脉冲电压。当电源电压升高时，触点闭合时流过加热线圈的电流增大，加速了双金属片的受热变形，使触点打开时间长，闭合时间短，反之，当电源电压降低时，触点打开时间短，闭合时间长。因此，当电源电压变化时，经稳压器输出电压的平均值保持不变。

(2) 电磁式冷却液温度表

电磁式冷却液温度表一般配用热敏电阻式冷却液温度传感器，而且不需要电源稳压器。

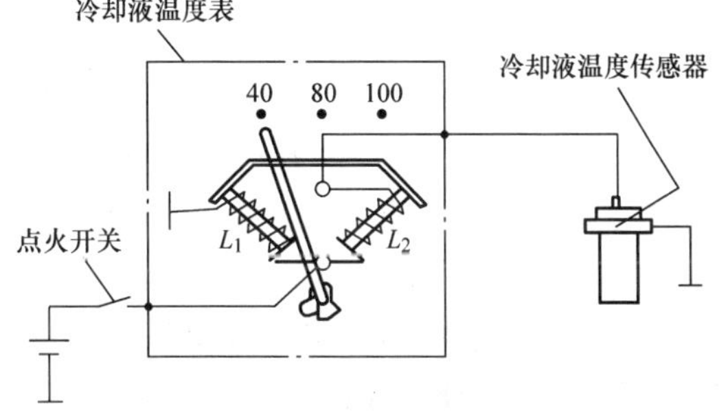

图 4-8 电磁式冷却液温度表的工作电路

工作原理如图 4-8 所示：当发动机冷却液温度较低时，热敏电阻阻值较大，则通过

线圈 L_2 的电流小，而通过 L_1 的电流相对大，磁场强，吸引衔铁使指针偏向低温处；当发动机温度升高时，由于热敏电阻的阻值减小，则通过线圈 L_2 的电流增大，磁场增强，吸引衔铁使指针偏向较高温度处。

冷却液温度表也有用指示灯表示的，冷却液温度指示灯亮表示冷却液温度偏高。

4. 机油压力表

机油压力表简称油压表或机油表，用以显示发动机工作时主油道机油压力，以防因缺机油而造成拉缸、烧瓦等重大事故发生。它由装在发动机主油道上（或粗滤器壳上）的油压传感器配合工作，将主油道的油压转变为电信号，传给机油压力表。常用油压表结构有双金属式油压表、电磁式油压表两种。其中双金属式油压表应用最为广泛。

双金属式机油压力表如图 4-9 所示，油压传感器为圆盘形，内部有感受机油压力的膜片，膜片下方的油腔与润滑系统主油道相通。膜片上方顶着弓形弹簧片，弹簧片的一端焊有触点，另一端固定并搭铁。

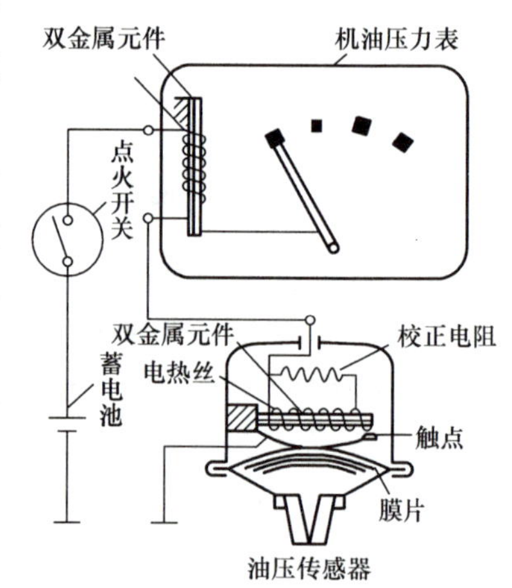

图 4-9　双金属式机油压力表

双金属元件上绕有电热线圈，线圈的一端焊在双金属元件端的触点上，另一端接在接触片上。校正电阻与电热线圈并联。机油压力表内装有双金属元件，其上绕有电热线圈，线圈一端经接线柱和传感器的触点串联，另一端接电源正极。双金属元件的一端弯成钩形，钩在指针上，另一端则固定在调整齿扇上。当油压表接入电路中工作时，电流由电源正极→开关→电热线圈→接线柱→接触片，之后分两路：一路经双金属元件的电热线圈→触点→弹簧片→搭铁→蓄电池负极；另一路经电阻→双金属元件→触点→弹簧片→搭铁→蓄电池负极。

发动机运转时，发动机机油压力增大，膜片向上拱曲，传感器内触点的压力增大，这时，电热线圈必须经过较长时间通电后，才能使双金属元件弯曲变形将触点分开。触点分开后，只需较短时间的冷却，又使触点重新闭合。因此，当油压升高时，传感器内触点断开时间短，闭合时间长，电流平均值增大，油压表内双金属元件变形相应增大，从而指示较高的油压。反之，当油压降低时，传感器内触点断开时间长，闭合时间短，电路中电流的平均值减小，油压表内双金属元件变形减小，指针指示较低油压。

5. 燃油表

燃油表是显示油箱内的油量的仪表，单位是 L（升），指针指向“F”，表示满油，指向“E”，表示无油；也有燃油表用 1、1/2、0 分别表示满油、半箱油和无油。

传感器安装在油箱中，燃油表有电磁式和电热式两种，传感器一般为可变电阻式。

（1）电磁式燃油表

电磁式燃油表的结构和电路如图 4-10 所示。其中燃油表与电磁式冷却液温度表相同。其传感器由可变电阻、滑片和浮子等组成。浮子漂浮在油面上，随油面的高低而起落，带动滑片使电阻器的阻值随之改变。线圈（左）与可变电阻串联，线圈（右）与可变电阻并联。

当油箱内无油时，浮子下降到最低位置，传感器上的电阻器被滑片短路，线圈（右）同时也被短路，无电流通过。此时，线圈（左）中的电流达到最大，产生的电磁强度也最大，吸引转子带动指针偏向最左端，指在“0”位置上。

当向油箱中加油时，随着油量的增多，浮子也上升，电阻逐渐增大。左线圈中的电流逐渐减小，电磁强度相对减弱。右线圈中电流逐渐增大，电磁强度相对增强，两线圈的合成磁场偏向右方，吸引指针顺时针偏转，指示油量增多。

当油箱注满时，浮子上升到最高处，传感器的电阻被全部接入，这时左线圈中的电流最小，而右线圈中的电流最大，电磁力也达到最大，在两线圈的合成磁场作用下，带动指针偏向最右端指在“1”的刻度上，表示油箱已盛满油。当油箱中油为半箱时，指针指向“1/2”的位置。

传感器的可变电阻末端搭铁，可避免滑片与可变电阻接触不良时产生火花，引起火灾危险。

（2）电热式燃油表

电热式燃油表又称为双金属片式燃油表，它的传感器与电磁式燃油表相同，其结构和电路如图 4-11 所示。

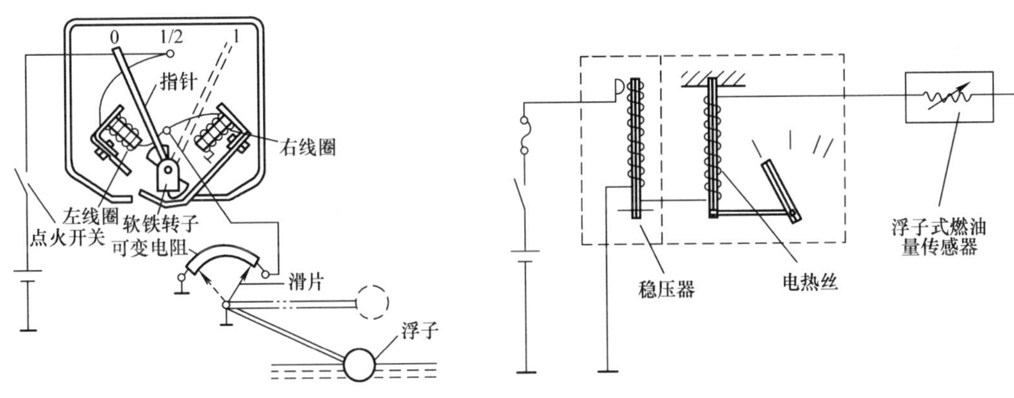

图 4-10 电磁式燃油表

图 4-11 电热式燃油表

当油箱无油时，传感器浮子在最低位置，将可变电阻全部接入电路，加热线圈中的电流最小，所以双金属片没有变形，指针指示“0”的位置；当油箱中的油量增加时，传感器浮子上浮，带动滑片移动，可变电阻的阻值减小，加热线圈中的电流增大，双金属片受热变形，带动指针向右转动。因其对蓄电池电压的变化非常敏感，为了保持精确度，在电路中需配用一个稳压器。

6. 电流表

电流表串联在充电电路中，用来指示蓄电池充电或放电的电流值，因而把它制成双向的，刻度盘上中间的示值为“0”，两侧分别标有“+”“-”标记，其最大读数为 20A 或 30A，其电路连接如图 4-12所示。

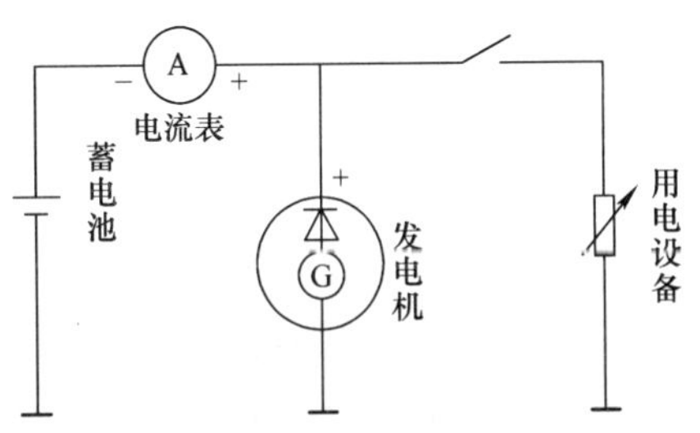

图 4-12 电流表的电路连接

指针指向“+”侧时，表示蓄电池充电；指针指向“－”侧时，表示蓄电池放电。常见的电流表形式有电磁式电流表和动磁式电流表。

国产汽车一般都使用电磁式电流表，其基本结构如图 4-13 所示。电流表工作原理如图 4-14所示，电流表内有黄铜板条或铝合金架固定在绝缘底板上，两端与接线柱相连，下边前侧夹有永久磁铁，后侧支撑有转轴，在转轴上装有带指针的软钢转子。没有电流时，软钢转子被永久磁铁磁化而相互吸引，使指针保持在中间“0”的位置。当铅蓄电池向外供电时，放电电流通过黄铜板条产生的磁场与永久磁场形成一个合成磁场。使软钢转子逆时针偏转一个与合成磁场方向一致的角度。于是转子带动指针指向刻度板“－”的一侧，放电电流越大，合成磁场越强，电流表指针偏转角度也越大，指示放电电流数值也越大。当发电机向铅蓄电池充电时，其电流流向相反，则电流表指针朝顺时针方向偏转，指向刻度盘“＋”的一侧。充电电流越大，指针的偏转角度也越大，如图 4-14 所示。

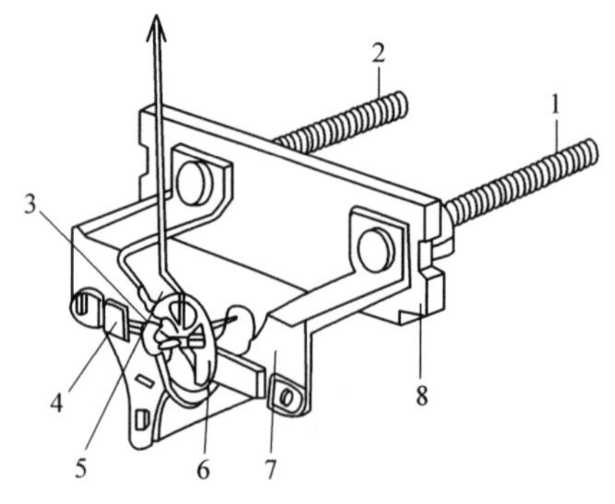

图 4-13　电磁式电流表基本结构

1、2—接线柱　3—磁分路片　4—永久磁铁　5—电流表指针　6—指针转子　7—底座　8—绝缘板

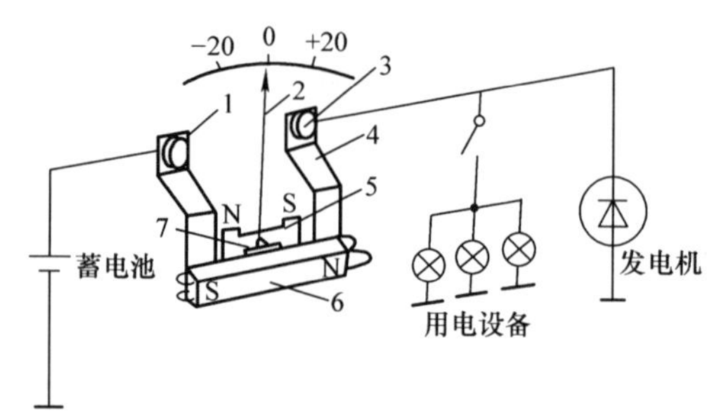

图 4-14　电流表工作原理

1、3—接线柱　2—指针　4—黄铜板条（底座）　5—软铁转子　6—永久磁铁　7—轴

三、汽车仪表检修注意事项

1. 拆装注意事项

1）应先拆下蓄电池负极电缆，以免造成线路短路。

2）拆装饰面板时，要仔细查找固定螺钉，防止损坏装饰面板。

3）应注意仪表板后面的线束插接器及车速里程表软轴接头，一般都带有锁止机构，切忌强拆，安装时要确保到位。

4）从电路板上拆下仪表表芯时，小心不要损坏印制电路。

5）注意仪表与传感器必须配套使用。

6）电热式机油压力传感器安装时有方向要求。

7）仪表与传感器的接线、传感器的搭铁必须可靠。

8）电磁式仪表的接线柱有极性之分，不得接错。

2. 普通汽车仪表故障的检修程序

仪表系统的常见故障现象主要有两种：一是仪表不工作；二是仪表指示不准确。

如图 4-15 所示为桑塔纳汽车仪表电路，参照电路图来分析一下汽车仪表系统的常见故障的检修程序。

如图 4-15 所示，桑塔纳汽车配有发动机转速表（n），燃油表（θ）和冷却液温度表（°t），并配有燃油传感器、冷却液温度传感器（t）和电子式稳压器（U-const），这样，在仪表故障中，若所有仪表都不工作，往往是由于公共的电源电路部分或公共的搭铁电路部分出现问题，如保险装置、稳压电源有故障或仪表电源线路、搭铁线路断路等。可以先检查保险装置是否正常，然后检查线头有无脱落、松动、电源线路或搭铁线路是否正常，最后检修稳压电源。

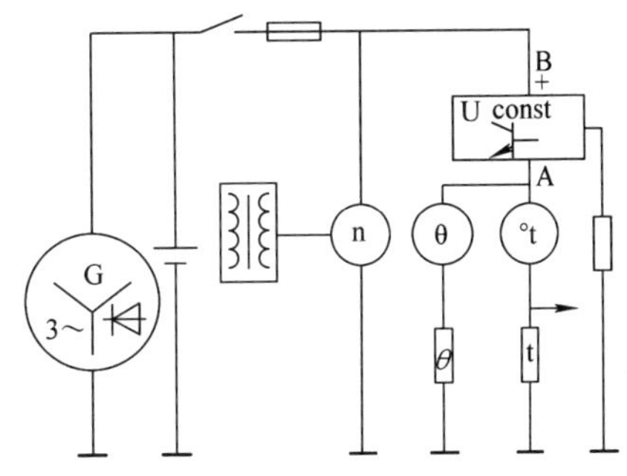

图 4-15 桑塔纳汽车仪表电路

如果个别不工作，应是个别分支电路出现问题。需要首先确定故障是在传感器还是在仪表。可进一步对仪表本身或其传感器进行检查。只要从传感器开始依次用短接法沿线路逐段查到仪表，便可查出故障所在。仪表的轻微误差一般可通过调整来解决。

如果多数仪表指示不准确，往往是由于稳压器有故障或仪表搭铁不良等引起。可分别检查，如果个别仪表指示不准确，往往是由于仪表或传感器故障引起。可以参照有关车型技术规范，检查后校准或更换。

【任务实施】

一、车速里程表的检查、维护与标定

1. 车速里程表的检查

1）用一可调速的电动机，同时驱动标准表和被检表，在改变电动机转速的情况下，观察两表的指示值，应基本相同。否则，应校准或更换新表。

2）检查磁感应式车速表内的活动盘、转轴、轴承、齿轮、盘形弹簧等零件和磁性元件，对于产生磨损的应予更换，检查磁铁磁力是否退化，如有退化会引起指针指示值失准，应进行修复或更换磁铁。

3）检查电子车速里程表：如果车速表和里程表都不运转，那么首先应该检查车速传感装置。

将车安全举升并支撑，断开位于变速器输出轴旁边的车速传感装置导线。在车速传感器的接头上连接一个多功能测试仪，将测试仪置于交流电压测试位并将变速器置于空挡使驱动轮运转。用手转动驱动轮，好的车速传感器应该显示 2V 的交流电压。如果车速传感器运转正常，就要检查一下它与仪表板之间的连接导线。若导线也无问题，就应该把仪表送到专业的维修厂去检修。

如果车速表工作正常但机械式里程表不工作，那就是里程表的步进电动机或数字滚轮组件或控制步进电动机的电路出了故障。如果数字里程表不工作但车速表正常，则必须将仪表取下送销售商检修，在那里可以检查里程表芯片是否损坏，如果坏了，销售厂家可将原来的芯片记录的数据输入到新换的芯片中去。

2. 车速里程表的维护

在汽车行驶中，磁感应式车速里程表的软轴芯和里程表转轴始终处于旋转状态，其摩擦

表面应经常注润滑油。转轴正上方一般均设有一小注油孔，在车辆使用中，应定期检查里程表的技术状况，定期向软轴内注入润滑油，软轴安装时应将方形接头与里程表及变速器接头可靠连接，并确保锁紧装置安装到位。同时，应注意它的曲率半径不得小于150mm，并且轴芯应留有1～3mm轴向间隙。发现其故障应予以及时修复，恢复其使用性能。每次进行二级维护时，应拆下软轴接头，拔出软轴芯，涂上机油，再插回轴管，重新使用，可防止运转噪声。当判明软轴轴芯损坏时，允许单独更换轴芯。

3. 车速里程表的标定

汽车行驶速度对交通安全有很大影响，尤其在限速路段，驾驶人必须按照车速表的指示值，准确地控制车速，为此，要求车速表本身一定要准确可靠。车速表经长期使用，由于驱动其工作的传动齿轮、软轴及车速表本身技术状况的变化以及因轮胎磨损使驱动车轮滚动半径的变化，车速表指示误差会越来越大。如果车速表的指示误差过大，驾驶人就难正确控制车速，且极易因判断失误而造成交通事故。为确保车速表的指示精度，必须适时对车速表进行检测与校正。

车速表的检测方法有道路试验法和室内台架试验法两种。

道路试验法：是汽车在某一预定长度的试验路段上，以不同的车速等速行驶通过时，测出汽车通过预定路段所用的时间。由于路段长度知道，因此可以计算出汽车实际行驶车速，然后与驾驶室内车速表显示的车速值进行对比，就可求出车速表在不同车速下的指示误差。

室内台架试验法：车速表的检测方法因试验台的牌号、形式而异，应根据使用说明书进行操作。车速表试验台通用的检测方法如下。

（1）检测前的准备

1）在滚筒处于静止状态时检查指示仪表是否在零点上，否则应调零。

2）检查举升器的升降动作是否自如，若动作阻滞或有漏气部位，应予修理。

3）检查轮胎气压，使之符合标准值。

4）清除轮胎上的水、油、泥和嵌夹石子。

（2）检测步骤

1）接通试验台电源。

2）升起举升器。

3）将被检车辆开上试验台，使输出车速信号的车轮尽可能与滚筒成垂直状态地停放在试验台上，如图4-16所示。

4）降下举升器，至轮胎与滚筒完全接触。

5）用三角形挡块抵住位于试验台滚筒之外的一对车轮，防止汽车在测试时滑出试验台。

6）使用标准型试验台（它依靠被测车轮带动滚筒旋转）时应做如下操作：

① 起动汽车，由低挡逐级换入最高挡，使驱动轮带动滚筒运转，稳定后，缓缓踩下加速踏板，进行平稳地加速运转。

② 当汽车车速表的指示值达到规定的检测速度值时，读取试验台速度表上的指示值，其允许误差为-5%～+20%。

7）使用驱动型试验台（它由电动机驱动滚筒旋转）时应做如下操作：

① 接合试验台离合器，使滚筒与电动机联在一起。

② 将汽车的变速器挂入空挡，接通试验台电动机的电源，驱动滚筒带动汽车输出车速信号的车轮旋转。

③ 当汽车车速表的指示值达到检测车速时，读取试验台速度指示仪表的指示值，其允许误差为 -5% ~ +20%。

8）检测完后，轻踩制动踏板，使滚筒停止转动。对于驱动型车速表试验台，必须先切断电动机的电源，然后再踩制动踏板。

9）把滚筒间的举升器升起来，去掉车轮挡块，缓缓地将汽车驶出试验台。

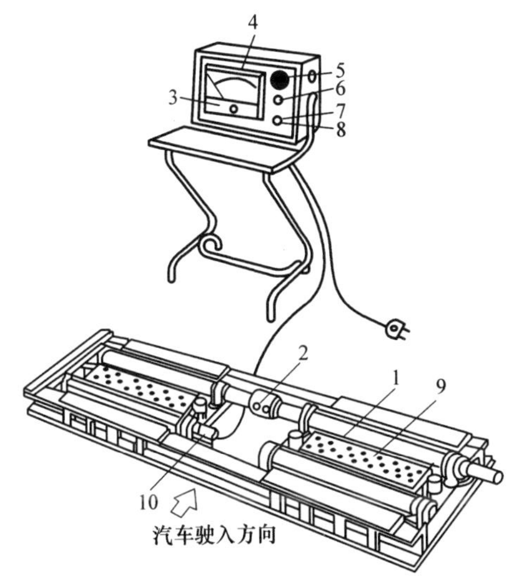

图 4-16 标准型车速表试验台

1—滚筒 2—联轴器 3—零点校止螺钉 4—速度指示仪表 5—蜂鸣器 6—警告灯 7—电源灯 8—电源开关 9—举升器 10—速度传感器

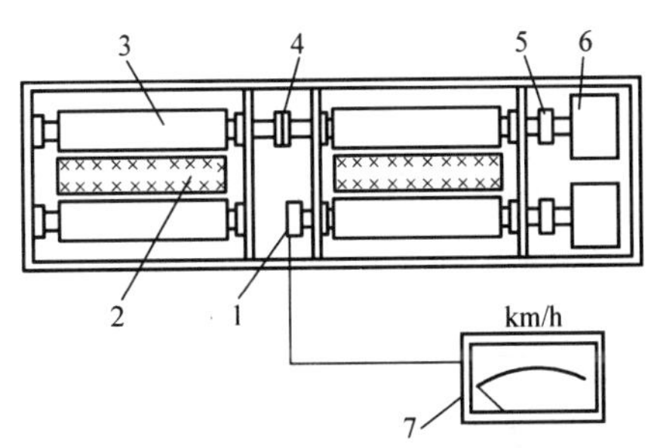

图 4-17 驱动型车速表试验台

1—测速发电机 2—举升器 3—滚筒 4—联轴器 5—离合器 6—电动机 7—速度指示仪表

（3）试验台使用注意事项

1）不要让超过试验台允许载荷的汽车在试验台上测试。

2）安装在检测线上的驱动型车速表试验台，如不用电动机驱动被检汽车车轮时，一定要注意在检测前用离合器将滚筒与电动机脱开。

3）不检测时，不准在试验台上面停置车辆。

4. 车速里程表的故障诊断与排除

（1）机械式车速里程表

机械式车速里程表常见故障有噪声、指针抖动或不工作。

1）噪声。一般是软轴（里程表线）缺油，需将软轴拆下，进行清洗，加润滑油，但最好是更换软轴。特殊情况，若表头中的表轴磨损，使铝碗与磁铁相碰，发出噪声，需更换表头。

2）车速里程表不工作、读数不准或抖动。首先检查软轴与其他线束是否有交错挤压的现象。如果有上述情况，先将软轴正确归位，检查变速器输出轴驱动小齿轮的磨损情况，软轴与驱动小齿轮的啮合间隙，如果不符，应更换检查表头内蜗轮与蜗杆的间隙，过大可调整。

（2）电子式车速里程表

电子式车速里程表的常见故障是不工作，原因是传感器坏或线束、仪表等有故障。

1）检查传感器舌簧，如果损坏，应予更换。

2）检查传感器与车速里程表的连接线，若发生松动，应予紧固；若脱落，则应连接好。

3）用专用仪器检查表的内部电路，如发生短路或断路，应予排除，必要时则可更换该表。

5. 填写作业表

在实训车间的实验车上，观察汽车仪表的位置及其类型，完成车速里程表的检查与维护工作并填写表 4-1。

表 4-1　车速里程表的检查与维护

仪表类型						
检查项目						
检查手段						
结果及评价						
维修建议						

二、发动机转速表的检查与维护

1. 转速表的故障诊断与排除

汽车用发动机转速表一般由集成电路和毫安表组成。集成电路安装于组合仪表印制板上，内部极少出现故障。

以桑塔纳轿车为例，发动机转速表的常见故障是不工作，原因是线路或仪表本身有故障，检查方法如下：

1）检查点火线圈“－”接线柱是否接触良好。

2）检查转速表后面的插接器是否接触良好。

3）用万用表检查插接器端子的工作状况，如图 4-18 所示。

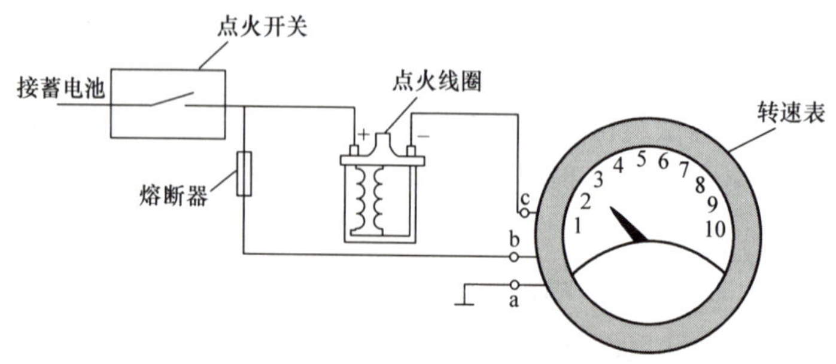

图 4-18　转速表的检测

若a插孔搭铁不良，检查仪表线束插接器白色14孔插座中的棕色导线是否接地；若b插孔在点火开关打到ON时无电压，应检查仪表线束插接器黑色14孔插座中的黑色导线是否有电源电压；若c插孔在点火开关打到ON时无电压，检查仪表线束插接器白色14孔插座中的红/黑导线是否与点火线圈“－”接线柱接触良好。

如果转速表后面的插接器线束经检查全部正常，则故障在转速表本身，应更换转速表。

2. 填写作业表

在实训车间里，完成桑塔纳轿车发动机转速表的检测并将检查结果填入表4-2。

表4-2　发动机转速表的故障分析与排除

外观检查						
检查项目						
情况记录						
评价与分析						
维修建议						

【思考练习】

1. 汽车电器仪表有哪些特点？安装方式如何？
2. 汽车常用仪表有哪些？各有何作用？
3. 汽车仪表系统有哪些常见故障？如何检修？
4. 简述冷却液温度表的组成和工作原理。
5. 简述车速表的工作原理。
6. 燃油表的作用是什么？简述电磁式燃油表的组成和工作原理。
7. 简述发动机转速表的工作原理。
8. 电子转速表获取转速信号的方式有哪几种？
9. 简述电流表的作用、连接方法和指针指向的含义。

任务二　危险、警告、报警显示系统的检查与维护

任务目标

1）熟练掌握危险、警告、报警显示系统的检查与维护方法；
2）掌握常用报警装置的组成和工作原理；
3）机油压力报警系统的检修；
4）报警开关的故障检查及排除。

【预备知识】

为了确保行车安全，现代机动车辆都安装有各种报警装置。当被监测的系统不正常时，

开关自动接通而使指示灯发亮，用以提醒驾驶人注意。常见的信号报警装置有机油压力报警灯、燃油不足报警灯、冷却液温度过高警告灯、车门未关好警告灯、制动液压不足指示灯、发动机故障指示灯、变速器故障指示灯、制动系统故障警告灯、防盗警告灯等，报警装置一般由传感器和红色警报灯、报警开关组成。不同汽车装用的仪表个数及结构类型有所不同。如图 4-19 所示，为桑塔纳轿车报警系统电路。

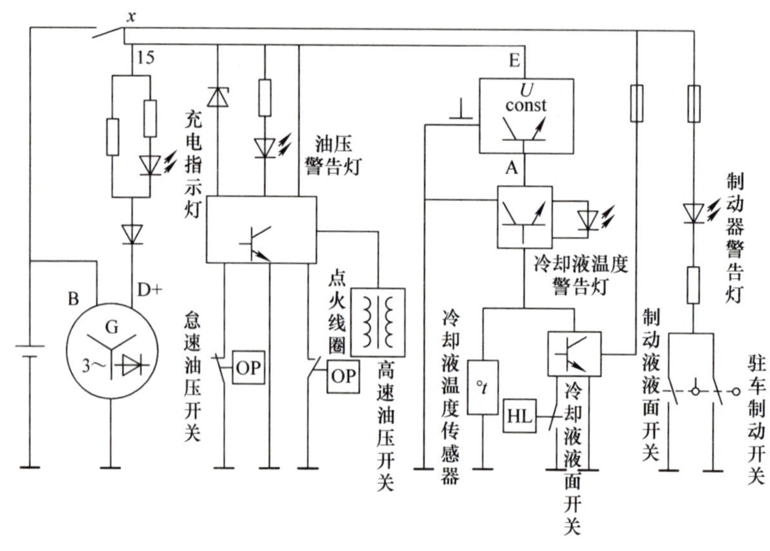

图 4-19　普通桑塔纳轿车报警系统电路

一、机油压力报警装置

机油压力报警以警告灯形式出现，用于提醒驾驶人发动机的机油压力特别的低。常见警报装置有弹簧管式和膜片式两种。

1. 弹簧管式机油压力过低报警装置

如图 4-20 所示，它由装在发动机主油道上的弹簧管式传感器和仪表板上的红色警告灯组成。其传感器为盒形，内有一管形弹簧，管形弹簧一端经管接头通润滑系统主油道，另一端与动触点相连。静触点与接线柱经接触片相连。

当机油压力低于某一定值时（一般为 0.05 ~ 0.15MPa），管形弹簧变形较小，触点闭合，电路接通，警告灯发亮。当机压油力达到正常值时，管形弹簧变形大，使触点分开，报警灯熄灭。

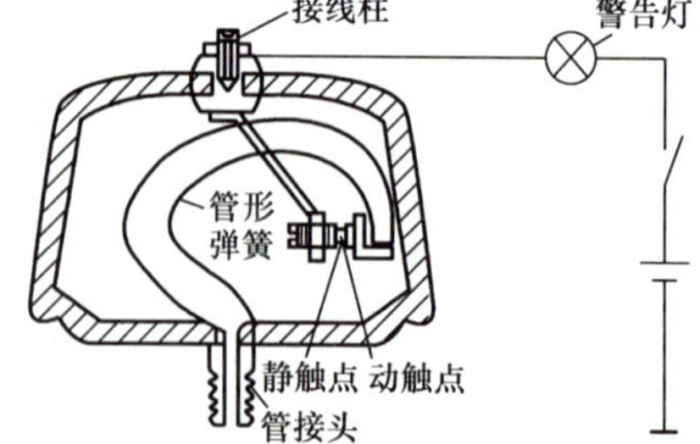

图 4-20　弹簧管式机油压力报警装置

2. 膜片式机油压力报警装置

膜片式机油压力警告灯开关如图 4-21 所示。它主要由膜片式油压开关和警告灯组成。警告灯安装在驾驶室的仪表板上，油压开关则安装在发动机的主油道上。

当机油压力低于一定值时，油压报警传感器中的动触点下降与静触点相接触，接通油压警告灯电路，警告灯发亮。

二、燃油不足报警装置

燃油不足报警装置用以指示燃油剩余量不足，其结构原理如图 4-22 所示。

它由热敏电阻传感器和警告灯组成。当油箱内燃油量多时，负温度系数的热敏电阻元件浸没在燃油中散热快，温度较低，电阻值较大。因此电路中几乎没有电流，警告灯不亮。

而当燃油减少到规定值以下时，热敏电阻元件露出油面，散热较慢，电阻值减小，电流增大，警告灯发亮，以提醒驾驶人及时加注燃油。

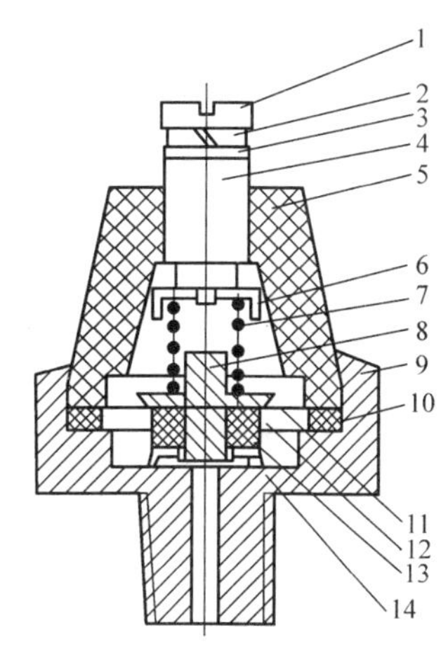

图 4-21 油压警报开关

1—接线螺钉 2—弹簧垫圈 3—平垫片 4—导电柱 5—胶木绝缘体 6、8—弹簧座 7—弹簧 9—六方外壳 10、12—密封胶圈 11—橡胶膜片 13—铜垫片 14—接触片

三、冷却液温度报警装置

当发动机冷却液温度不正常时，冷却液温度警告灯自动点亮，以示警告。冷却液温度警告灯的通断由温度开关控制，其工作原理电路如图 4-23所示。

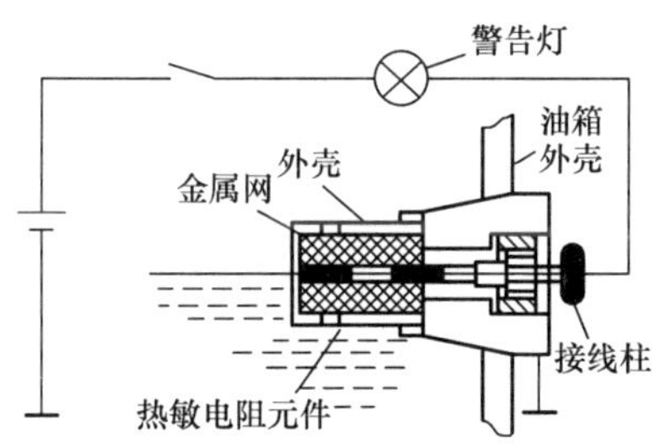

图 4-22 燃油不足报警装置

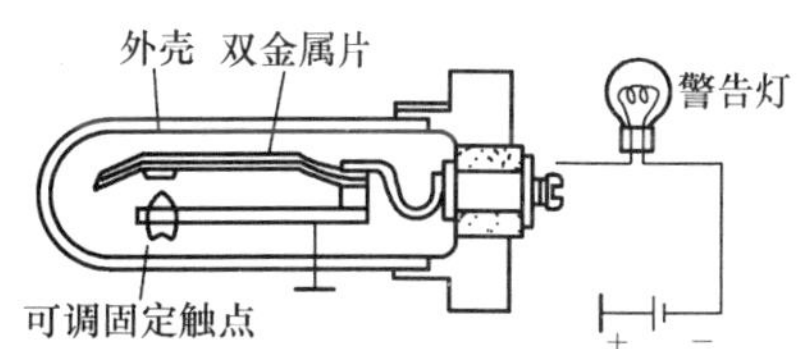

图 4-23 冷却液温度报警装置

当冷却液温度低于 95 ~ 98℃时，双金属片上的触点与固定触点保持分离状态，警告灯不亮；当冷却液温度升高到 95 ~ 98℃以上时，双金属片受热变形向下弯曲程度变大，使两触点闭合，红色警告灯点亮，提醒驾驶人注意。

四、制动系统低气压警告灯

在采用气制动的汽车上，如果制动气压降低到某一数值，制动机构就会失灵，就可能酿成大的事故。为此在有的汽车上安装了低气压警告灯，如制动系统气压过低时，警告灯即发亮，警告驾驶人迅速采取措施。制动系统气压过低报警电路如图 4-24 所示。气压过低报警开关装在储气筒或制动阀压缩空气输入管中。接通电源，当储气筒内的气压低于 0. 35 ~ 0. 45MPa 时，由于作用在气压报警开关膜片下方的空气压力减小，于是膜片在复位弹簧的作用下向下移动，使触点闭合，电路接通，警告灯发亮，当储气筒中的气压升到 0. 45MPa 以上时，由于膜片下方气压增大，使复位弹簧压缩，触点打开，电路切断，警告灯熄灭。行车中气压过低警告灯突然亮时，应立即停车，查找原因，排除故障，使气压恢复正常值。

五、制动液液面警告灯

制动液液面报警用于指示已使用驻车制动器或制动液不足，其结构如图4-25所示。

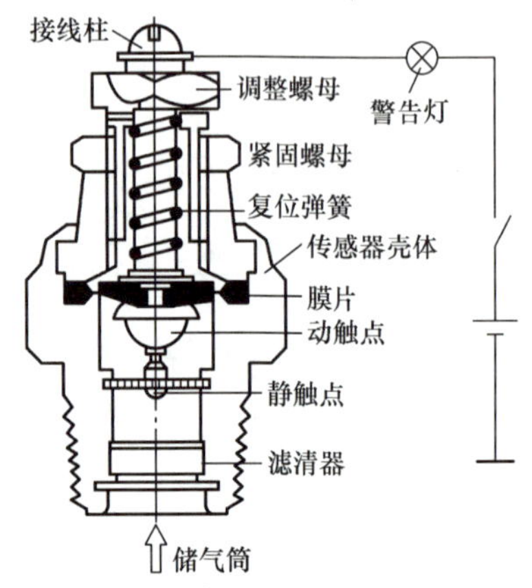

图4-24 气压过低报警装置

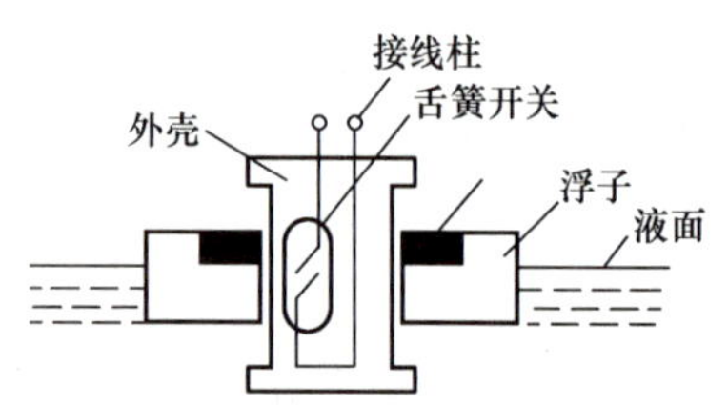

图4-25 制动液液面报警开关

制动液液面警告灯的传感器装在制动主缸的储液罐内，外壳的外面套装着浮子，浮子上固定有永久磁铁，外壳内装有舌簧开关，开关的两个接线柱与警告灯和电源相连，当浮子随着制动液液面下降到规定值以下时，永久磁铁的吸力吸动舌簧开关，使之闭合，接通警告灯，发出警报；液面在规定值以上时，浮子上升，吸力不足，舌簧开关在自身弹力的作用下，断开警告灯电路。

六、制动信号断线警告灯

在制动信号灯电路中接两个电磁线圈以及舌簧开关，警告灯与舌簧开关串联，如图4-26所示。

在正常情况下制动时，踩下制动踏板，制动灯开关接通，电流分别是经两电磁线圈使左右制动信号灯亮。此时，两线圈所产生的磁场互相抵消，警告灯不亮，若左（或右）制动信号灯线断路（或灯丝烧断）时，则其中一电磁线圈无电流通过，而通电的线圈所产生的磁场吸力吸动舌簧开关使触点闭合，警告灯亮，以示警报。

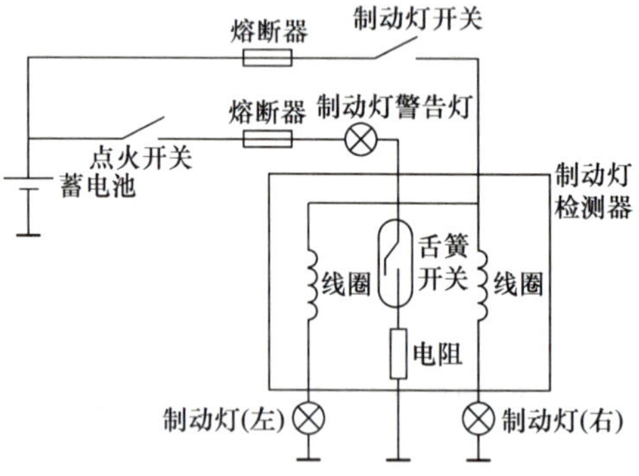

图4-26 制动信号灯断线警告灯线路图

七、制动器摩擦片使用极限警告灯

制动器摩擦片极限警告灯的作用是当制动器摩擦片磨损到极限厚度时，发出报警信号，表示制动器摩擦片需要更换。

如图4-27所示为制动器摩擦片使用极限警告灯控制电路。将一段导线埋在摩擦片内部，该导线与组合仪表中的电子控制器相连，当摩擦片没有到使用极限时，电子控制器中的晶体管基极为低电位，晶体管截止，警告灯不亮；当摩擦片到使用极限时，摩擦片中埋设的导线被磨断，电子控制器中的晶体管基极为高电位，晶体管导通，警告灯亮。一般情况下，制动器摩擦片使用极限警告灯与制动液不足警告灯共用一个警告灯。

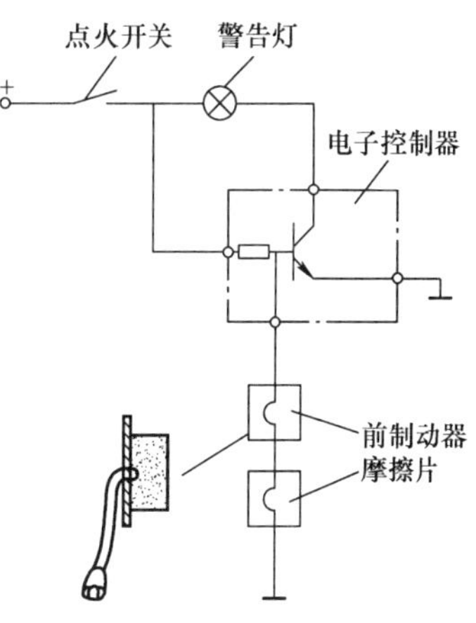

图 4-27 制动器摩擦片使用极限警告灯

八、报警装置故障检修程序

报警装置常见故障有两种：报警装置不工作；报警装置工作不正常。

参照图 4-19 普通桑塔纳轿车报警系统电路图分析来看，如果所有报警装置都不工作，往往是由于各报警装置的公共电源电路部分或公共搭铁电路部分出现了问题，如保险装置、稳压电源有故障或电源线路断路引起，可以按先检查保险装置是否正常，再检查线头有无脱落、松动及电源或搭铁是否正常，最后检修稳压电源的顺序进行检修。

如果个别报警装置不工作，往往是由于各分支电路问题引起的，如报警装置、报警开关故障或对应线路断路等。可以按先检查线头有无脱落、松动，再检查报警开关，最后检修报警装置的顺序进行检修。

报警装置工作不正常是指报警装置不能及时或适时地工作。故障的原因是报警电路或报警开关有故障，可用检测设备检查报警开关在规定条件下能否正常工作。

【任务实施】

一、机油压力报警装置的检修

1. 检查机油压力警告灯的性能

1）从机油压力报警传感器上取下接线（参照图 4-20），并直接搭铁，接通点火开关，警告灯应点亮。如警告灯不亮，可检查灯泡，若已损坏，应更换。检查线路，若有断路处，应接好。

2）用万用表电阻挡检查机油压力报警装置（参照图 4-21）：当发动机正常工作时，电阻值应为无限大，当发动机停止工作时，电阻值应为零。否则为性能不良，应予更换。

2. 机油压力警告灯常见故障与排除

当点火开关接通后，该指示灯即点亮，发动机起动后，该灯应熄灭。如车辆在行驶时该灯仍然发亮或闪烁，应检查发动机润滑系统是否有故障，及时停车检查排除后再使用。其常见故障有两个，一是警告灯常亮，另一是油压低于规定值，警告灯不亮。

1）警告灯常亮（参照图 4-21），主要是膜片破裂或膜片中心孔与弹簧座 8 的连接处密封不良，机油渗入膜片上方空间，导致膜片上下两侧油压相等，触点常闭，电路常通，警告灯常亮。也可能是导线搭铁引起。

检查方法是：起动发动机，中速运转，拆下报警开关导线，若警告灯亮，说明警告灯至报警开关的导线有搭铁；若警告灯熄灭，说明报警开关损坏，应换新件。

2）警告灯在油压低于规定值时仍不亮，主要原因是报警开关接触片与外壳接触处油污、烧蚀或导线断路或警告灯灯泡烧坏。

3. 填写作业表

在实训车间的试验车上，对机油压力报警灯进行性能检查并填写表4-3。

表4-3 机油压力警告灯的检修

故障现象	
原因分析	
检查方法	
诊断分析	
维修建议	

二、警报开关的故障与排除

1. 警报开关的故障及排除

点火开关处于“ON”位置，各警报开关在规定的条件下应能够接通开关的触点，使警告灯点亮。若警告灯不能点亮，首先要检查报警开关上的火线是否有电。若有电，可用一根导线连接开关上的两个接线柱。若灯亮，则是开关故障，需检修或更换开关；灯不亮，则需进一步检查灯泡是否良好及线路的情况。

2. 制动液液位警告指示灯开关性能检查

1）用万用表电阻挡检查：将两表笔接开关接线端子。当液位警告灯开关浮上时，其阻值应为∞，当液位警告灯开关下沉时，其阻值应为8Ω，如图4-28所示。

2）用直流试灯检查：将试灯的两触针接开关的两接线端子，当开关上浮时，灯应不亮；当开关下沉时，灯应亮。

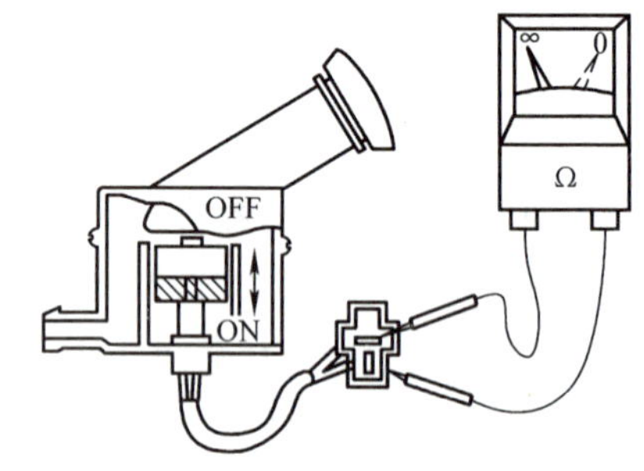

图4-28 用万用表检查液位警告灯性能

3. 填写作业表

在实训车间实验台上，对汽车某一报警开关设置性能故障并进行检查，将情况填入表4-4。

表4-4 报警开关性能故障的排除与检修

故障现象	
原因分析	
检查方法	
诊断分析	
维修建议	

【思考练习】

1. 汽车常用报警装置有哪些？各有何作用？
2. 简述机油压力警告灯的工作原理。

3. 简述冷却液温度警告灯的工作原理。
4. 描述制动液液面报警装置的工作原理。
5. 简述燃油不足报警装置的工作原理。
6. 简述制动信号断线警告灯工作原理。
7. 简述制动系统低气压警告灯工作原理。
8. 简述制动器摩擦片使用极限警告灯工作原理。
9. 说明报警装置故障检修的程序。
10. 如何进行报警开关的故障检查?

任务三　其他显示系统的检查与维护

任务目标

1）了解和掌握汽车电子显示装置的工作原理；
2）掌握电子仪表装置的检测方法；
3）掌握汽车电子仪表显示系统的故障检修方法。

【预备知识】

随着汽车工业的发展，汽车上的电气设备不断增加，电气设备也变得越来越复杂。常规的机电式模拟仪表提供的数据信息，已远远不能满足汽车的发展要求。为适应这种发展要求，就需要更加紧凑而直观的显示装置，以便为驾驶人及时地提供足够的信息。由于固态显示装置和驱动电路的发展，加上数字电子系统和微型计算机在汽车上的应用，可以把各种仪表、报警装置以及舒适性控制器组合到一起，形成综合信息系统。综合信息系统主要由各种传感器、车载微型计算机和显示器等组成。这种信息系统可以是简单的组合，也可以是对各种信息进行分析计算、加工处理，具有更多功能的一体化信息系统。

一、车辆状况监测系统的作用与组成

1. 车辆状况监测系统作用

在一些高级轿车的电子仪表盘上，通常单独在仪表板的某一个显著位置，安装有如图4-29所示的车辆状况监测系统（车型不同、监测的内容可能也不一样）。它以不同颜色和图案的警告标志，告诉驾驶人车辆的状况。

有些车辆上监测系统还配上语音合成装置，以强化其警告作用。这种装置用语音直接告诉驾驶人要做什么，或者给予某种警告，以弥补直观信号显示的不足。

2. 车辆状况监测系统的组成

车辆状况监测系统组成可由图4-30所示的方框图来表示。主要由各种传感器、微处理器（该微型计算机与仪表系统其他电路一般组合在一起）和图像显示装置三部分构成。

微型计算机控制系统接收分布在车辆各部位的传感器送来的信号，然后将这些输入的信息与存储器中的指令程序相对照，根据对照结果，发出控制指令给显示装置或语音合成器。例如，在制动监测系统中，当制动器工作情况良好时，制动块里的传感器将输出一个电信号给微型计算机，该系统将其与预先存储在存储器中的信号比较对照。如果数据相近，控制系统不采取什么动作；但如果输入信号与存储的数据不符，微处理器即向仪表板发出指令，也可能指令语音合成器，发出信号警告驾驶人制动器已出现故障。

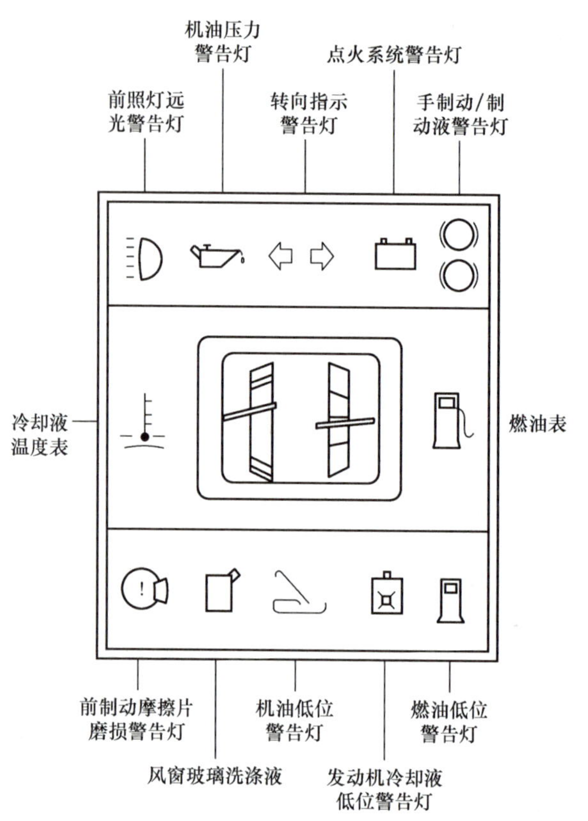

图 4-29　典型的车辆状况监测系统

3. 车辆状况监测系统传感器的特点

大多数车辆状况监测系统用电子数字装置来处理从车上各处传感器送来的信息。很多传感器只起一个开关的作用。当出现某一故障需要给出警告信号时，传感器开关接通或中断该电路中的电流。这一电流的变化触发监测系统控制装置中的一个电子开关，使仪表板上按标准设置的某一警告图形发亮。另外，监测系统在每次接通点火开关时，还用测试电流通到各个传感器和指示灯约 5s 左右，以检测整个系统的工作状况。车辆状况监测系统的监测内容因车而异，越高档的轿车（或汽车）监测内容越多。

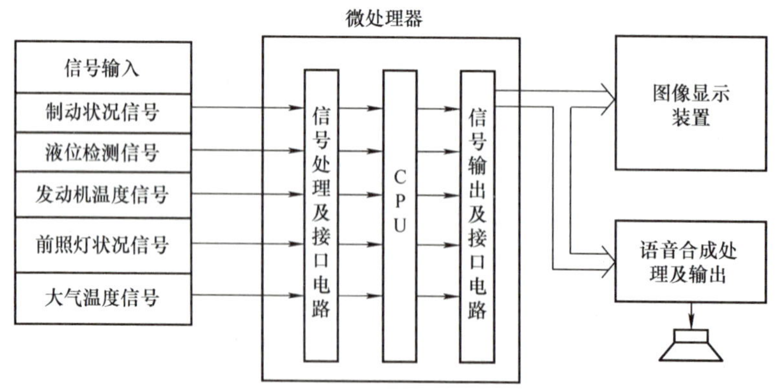

图 4-30　车辆状况监测系统组成方框图

电子控制装置接收各传感器来的信号，按预设指令释译后，就发出指令控制相应电路。而这些任务都是由微处理器来完成的。微处理器是电子控制装置的核心。它采用大规模集成电路，将硬件部分的电路一分为二，一部分电路处理数据，另一部分完成存储器的功能。大多数车用微处理器按照制造时已确定的指令程序进行工作。它的输入信号来自各个传感器。对汽车各部件工作情况的监测是由传感器来完成的，这种外部设备能将不同的物理量转变为电量。如果传感器发出的是模拟电信号，则需转换为数字信号后才能提供给微处理器。这一任务是由接口装置模/数（A/D）转换器来完成的。同样，对于需模拟信号的被控系统，则在微处理器输出端就接有数/模（D/A）转换器。

二、汽车电子显示装置

由于固态显示装置和驱动电路的发展，应用于汽车仪表上的电子显示装置品种和规格也越来越多。电子显示装置的主要优点是：提供信息量大，显示直观和清晰；由于没有运动部件，反应快，准确度高；体积小、重量轻，使仪表较易布置。如图 4-31 所示就是一种电子显示装置。在发动机起动前，仪表板上所有显示装置均会显示出各部分功能检测的结果。

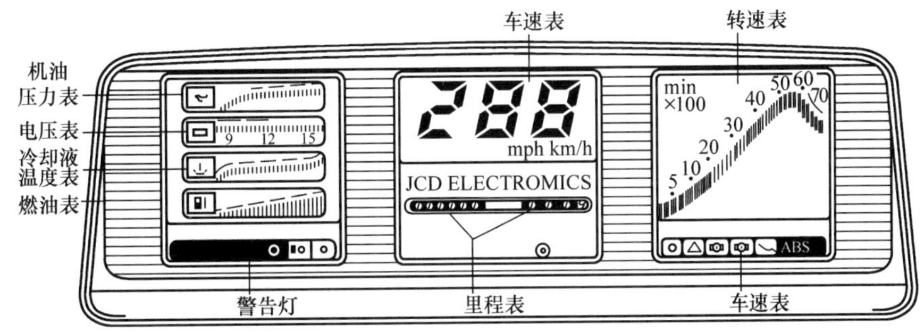

图 4-31　典型的电子显示装置示意图

电子显示器件大致分为两大类，即：发光型和非发光型。发光型的显示器件有：发光二极管（LED）、真空荧光管（VFD）、阴极射线管（CRT）、等离子显示器件（PDP）和电子发光显示器件（ELD）等；非发光型只是反射投入的光线，有液晶显示器件（LCD）和电子变色显示器件（ECD）等，电子式仪表显示系统可以使用一种或多种显示方式。

1. 发光二极管（LED）

发光二极管发出的颜色有红、绿、黄、橙，可单独使用，也可用来组成数字。在使用中，常把它焊接到印制电路板上，以形成数字显示或带色光杆显示。有些仪表则用发光二极管所组成的光点矩阵型显示器。LED（发光二极管显示）较适用于做汽车指示灯、数字符号段或点数不太多的光杆图形显示。典型发光二极管及符号如图 4-32 所示。

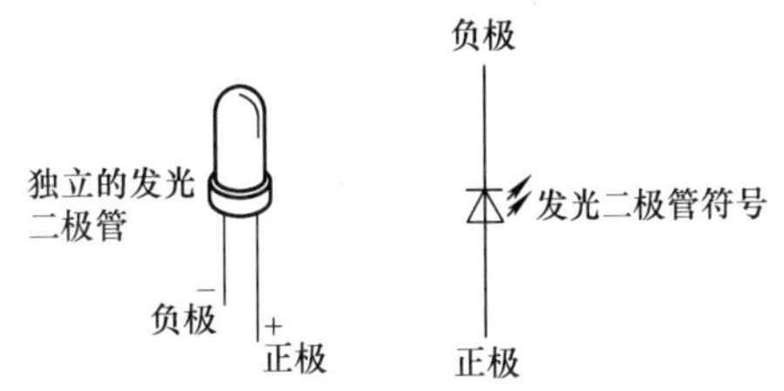

图 4-32　典型的发光二极管及符号

2. 真空荧光管（VFD）

真空荧光管实际上是一种低压真空管，它由玻璃、金属等材料构成。真空荧光显示是一种主动显示，其发光原理与电视机中的显像管相似。VFD 具有色彩鲜艳、可见度高、立体感强等特点，是最早引入汽车仪表中的发光型显示器件。但由于做成大型的、多功能 VFD，成本较高，故现在大多由一些单功能小型的 VFD 组成汽车电子式仪表盘。

3. 液晶显示器件（LCD）

液晶是一种有机化合物，它由长杆形分子构成。在一定的范围内，它具有普通液体的流动性质，也具有晶体的某些特征。

LCD 为非发光型显示，夜间显示必须采用照明光源，这便削弱了它所具有的低功耗之优点；另外 LCD 的低温响应特性较差，显示图形不够华丽。但是，液晶显示的优点很多，其电极图形设计的自由度极高，而且其工作电压低，一般为 3V 左右，功耗小（$1\mu W/cm^2$），且能很好地与 CMOS 电路相匹配。常作为汽车电子钟和彩色光杆式仪表板在汽车上得到应用，如图 4-33 所示，当所有字段都点亮时，显示数字 8。

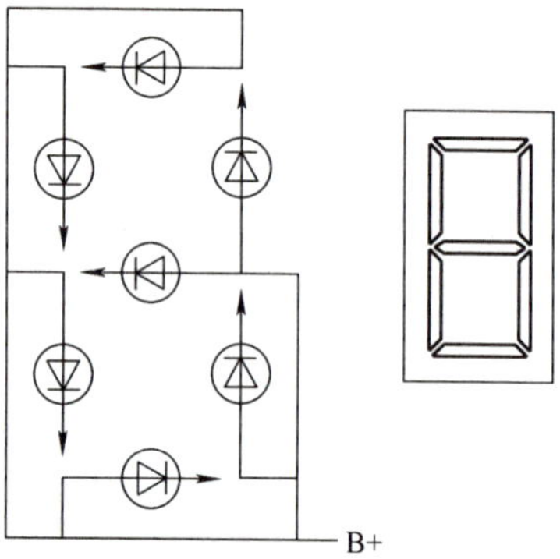

图 4-33 共阳极七段 LCD 显示

4. 阴极射线管（CRT）

阴极射线管（CRT）亦称为显像管或电子束管，它是一种特殊的真空管，其结构与原理与家用及办公用电脑彩色显示器相同。

三、电子仪表装置检修注意事项

电子仪表板和一般电子设备不同，它和所配的逻辑电路板较易损坏，而且价格昂贵，因此在进行检查维修前，应仔细研究原厂的技术文件，按照厂家的要求进行检测。在诊断过程中，还要特别小心谨慎，防止失误而造成损坏。维修时的一般注意事项如下。

（1）切断电源

当更换仪表板上的部件时，通常要拆下仪表板总成。在进行这项作业时，应事先切断蓄电池电源。

（2）静电放电

人体是一个大的静电发生器。静电电压随气候条件的变化而不同。高的静电电压将对车上的精密电子设备，如发动机控制装置、仪表和收音机等造成损害。

所以，从仪表上卸下母板时，应在干净的地方进行，要注意防止人体上的静电损坏集成电路片。为清除身上的静电，应不时接触已知接地点。在拆装作业中，只能用手拿仪表板的侧边，不能碰及显示窗和显示屏的表面部分。

（3）静电搭铁

为了减少维修人员带有的静电。作业时应使用静电保护装置，通常使用共用一根和车身连接的搭铁线的手腕带和一个放置电子部件的导电垫板。

（4）元器件的保管

仪表板的新的元器件应放置在镀镍包装袋内，需更换时才从袋中取出，而不要提早取出。取出时，注意不要碰触各部件接头。需要修理的仪表板也应注意爱护，拆下后应立即装进包装袋内，以防再受损害。

（5）车速里程表电路片的处理

在处理车速里程表的电路片时，必须使用原有的塑料盒，以免因静电放电而损坏。如不慎碰及电路片的接头，会使仪表的读数消除，凡遇此情况，都必须到专门的修理单位经重新编程后才能使用。

【任务实施】

一、电子仪表装置的检测

很多电子仪表板具有自检功能。其计算机能对主显示装置和语音合成器进行系统的检查。对于能自检的车辆，在使用另外的测试设备对仪表进行检测之前，应先完成仪表板的全部自检，根据自检的结果，去检查其相应的部位，可以减少盲目性。

除有特殊说明，不能以蓄电池全电压加于仪表板的任何输入端。

电子仪表板要用许多插接器把线束连接到仪表板上，这些插接器一般使用不同颜色，以便于辨认。插接器上有闭锁凸舌，以保证可靠连接。在进行测试时，在将测试仪表和线束连接时，必须防止插接器插头和插座受损。为此，在用仪表测试时通常使用一个备用插接器插头。

二、汽车电子仪表显示系统的故障检修

汽车电子仪表显示系统的故障一般都出在传感器、针状插接器、导线、个别仪表及显示器上，检修时应首先将传感器电路断开或拆下，用检测设备对上述易损坏的部位或元件逐个进行检查。

1. 检测传感器

对各种电阻式传感器，通常是采用测量其电阻的方法来判断它的好坏，即把所测得的电阻值与其规定的标准值相比较，判断传感器有无故障。若所测的电阻值小于规定值，表明传感器内部短路；若其电阻值很大，则说明传感器内部断路或接触不良。出现上述情况之一者都应该更换传感器。

2. 检测针状插接器

采用电子仪表的汽车，往往要用很多插接器把线束连接至仪表板上去。这些插接器一般都采用不同颜色，以便辨认它属于哪一部分的连接。为保证其连接牢固、可靠，插接器上设有闭锁装置。在检测时，要防止插接器的闭锁装置、针状插头以及插座等损坏。特别是连接测试设备与其导线时，最好使用备用的插接器插头，以防插接器针状插头磨损、松动等而造成接触不良。

3. 显示器上部分笔划、线段故障的处理

一旦电子仪表板上的显示屏部分笔划、线段出现故障，应将仪表板上的显示器调整至静态显示状态，仔细观察是否还有别的故障，如有故障，应用检测设备对与故障有关的电路或装置进行认真检查。如果仅有一、二个笔划或线段不发亮显示，则说明逻辑电路板通过多路传输的脉冲信号正确，可能是显示装置的部分线段不能正常工作，为此应做进一步检查：经查属于接触不良的应加以紧固，确保其电路畅通；若是电子显示器件本身问题，通常应更换显示器或显示板。

4. 排除个别仪表故障的检测方法

若电子仪表板上有个别仪表发生故障，应检查与此仪表有关的各个部分。首先应检查各导线的连接情况，包括各插接器的接触状况、线束是否破损以致搭铁短路和断路等。然后再

用检测设备，分别对该仪表及其传感器进行检测，查明故障原因，修理或更换新件。

三、填写作业表

在实训车间的实验车上，观察并熟悉电子仪表板、完成指导教师交给的工作任务并填写表4-5。

表4-5　电子仪表板的组成与检测

车型	
电子仪表板组成	
自检结果记录	
外观显示检测	
传感器检测	
检测结果与分析	

【思考练习】

1. 车辆状况监测系统由哪几部分组成？有什么作用？
2. 车辆系统监测系统传感器有什么特点？
3. 简述汽车电子仪表的优点。
4. 常用的电子显示器件有哪些？各有何特点？
5. 电子仪表装置检修注意事项？

项目五

汽车辅助电气系统检修与维护

为了提高汽车行驶的安全性、舒适性和可靠性，减轻驾驶人的劳动强度，汽车上辅助电器的性能也越来越完善，最大限度地体现出了汽车的豪华、舒适、安全和可靠。常见的有刮水器、清洗与除霜装置、电动座椅、电动门窗、电动天线、倒车雷达等。本项目的任务是学习常见的汽车辅助电气系统的组成和工作原理，熟悉各系统的工作过程，掌握汽车辅助电气系统主要装置的检修与维护方法。

任务一　刮水器、喷水器的检修与维护

任务目标

1）了解和掌握刮水器、喷水器的结构和工作原理；
2）掌握刮水片、刮水器电动机的检修与维护方法；
3）掌握喷水器、管路、蓄水罐的清洁检修与维护方法。

【预备知识】

为了保证在雨天或雪天时驾驶人有良好的视线，确保行车安全，在汽车的风窗玻璃上装有刮水器。刮水器的作用是刮除汽车风窗玻璃上的雨水、雪或灰尘，确保驾驶人有良好的视线，电动喷水器与其配合工作。

一、刮水器

1. 刮水器的外形与结构

电动刮水器主要是由电动机、传动机构和刮水片三部分组成，如图 5-1 所示为电动刮水器的组成图。

电动刮水器是由微型直流电动机驱动，通过联动机构，使风窗玻璃外表面的刮水片来回摆动。刮水片是一种橡胶合成物，雨刷摇臂处的压紧弹簧将刮水片紧紧地压在玻璃上，以扫除风窗玻璃上的雨水、雪或灰尘。目前汽车上广泛使用的电动刮水器，一般都有高速、低速和间歇 3 个工作挡位，而且同时还具有自动复位的功能。

电动刮水器的电动机绝大多数都是永磁式电动机，其结构简单、体积小、可靠性好，故广泛被采用。

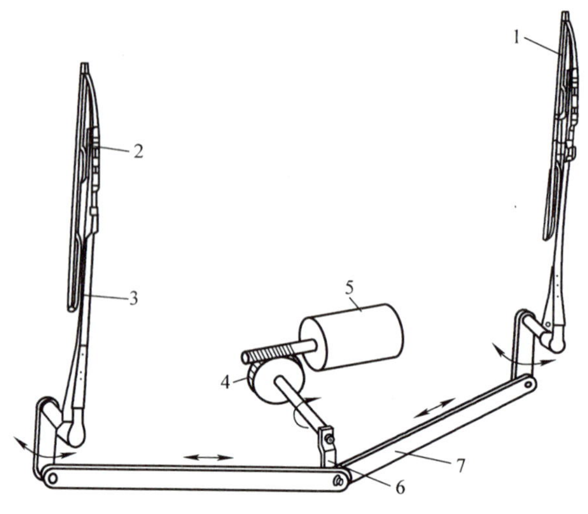

图 5-1 电动刮水器的组成

1—刮水片 2—刮水片架 3—刮水臂 4—蜗轮 5—电动机 6—摇臂 7—拉杆

2. 永磁式电动刮水器工作原理

永磁式电动机结构如图 5-2 所示。

为了实现电动机的高、低速挡位工作，永磁式电动机一般采用三刷式电动机，其工作原理如图 5-3a 所示。直流电动机工作时，在电枢内的所有线圈中同时产生反电动势，每个小线圈都产生相等的反电动势，电动势的方向如图 5-3b 所示。

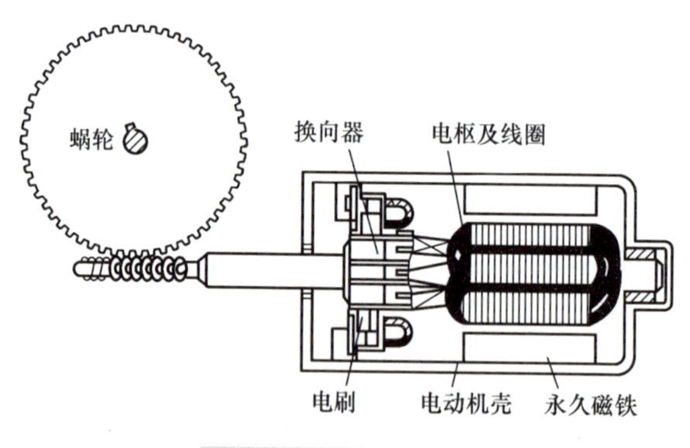

图 5-2 永磁式电动机

当开关 S 拨到低速挡 L 时，在两个电刷 B_1 和 B_3 之间有两条并联支路，各有 3 个线圈，反电动势方向如图 5-3b 所示。当开关 S 拨到高速挡 H 时，在两个电刷 B_2 和 B_3 之间也有两条并联支路，一个支路有 2 个线圈串联，另一个支路有 4 个线圈串联，但其中一个线圈的反电动势方向与另三个线圈的反电动势方向相反。由于反电动势的减小，使电枢的转速上升，重新达到电压平衡，这样永磁式电动刮水器就得到了高、低速不同的工作挡位。

3. 刮水器的自动复位

为了不影响驾驶人的视线，要求刮水器能自动复位，即不论在什么时候关闭刮水器开关，刮水片都能自动停在风窗玻璃的下部。如图 5-4 所示为刮水器自动复位装置的原理图，其工作原理如下：当电源开关接通时，把刮水器开关拉到“Ⅰ”挡时，电流从蓄电池的正极→电源开关→熔丝→电刷 B_3→电枢绕组→电刷 B_1→刮水器“Ⅰ”挡→搭铁，刮水器电动机低速运转。

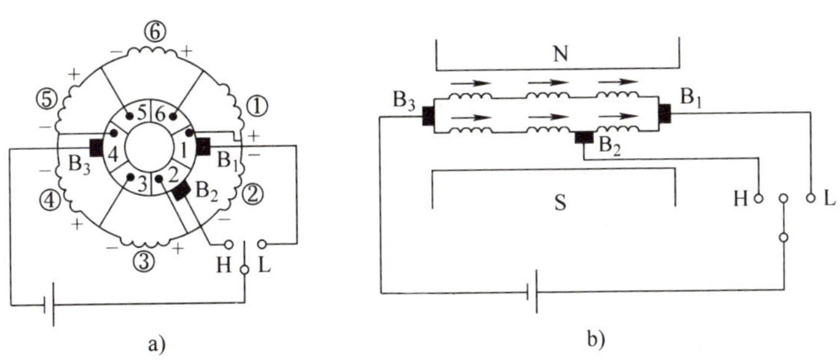

图 5-3 永磁式电动刮水器工作原理

当刮水器开关拉到“Ⅱ”挡时，电流从蓄电池的正极→电源开关→熔丝→电刷 B_3→电枢绕组→电刷 B_2→刮水器“Ⅱ”挡→搭铁，刮水器电动机高速运转。当刮水开关推到“0”档时，如果刮水器的刮水片没有停在规定的位置，则电流经蓄电池正极→电源开关→熔丝→电刷 B_3→电枢绕组→电刷 B_1→刮水器“0”档→触点臂 5→滑片 9→搭铁，如图 5-4b 所示，这时电动机将继续转，当刮水器的刮水片停在规定位置时，触点臂 3、5 都和滑片 7 接触，使电动机短路，如图 5-4a 所示。与此同时，电动机电枢由于惯性而不能立刻停下来，电枢绕组通过触点臂 3、5 与滑片 7 接触而构成回路，电枢绕组产生感应电流，因而产生制动扭矩，电动机迅速停止转动，使刮水器的刮水片停止在规定的位置。

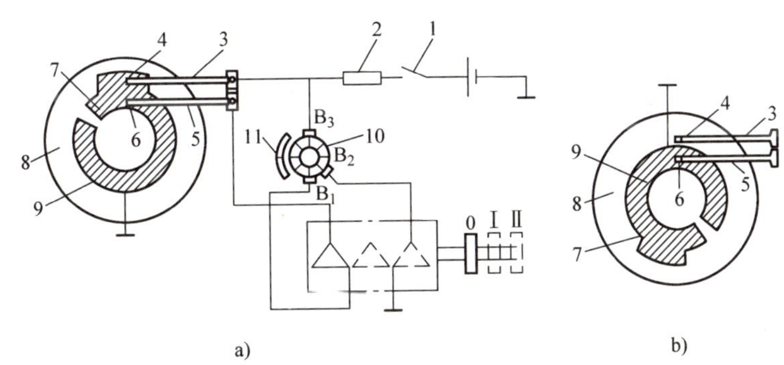

图 5-4 刮水器的自动复位装置工作原理

1—电源开关 2—熔断丝 3、5—触点臂 4、6—触点 7、9—自动停位器滑片 8—蜗轮 10—电枢 11—永久磁铁

4. 间歇式刮水器

汽车在小雨或雾天行驶时，如用刮水器的一般速度刮拭，会使风窗玻璃上的微量水分和灰尘形成一个发黏的表面。这样，不仅不能将风窗玻璃刮拭干净，相反会使玻璃模糊不清，留下污斑，从而影响驾驶人的视线，并且会引起刮片颤动和刮伤玻璃。因此，现代汽车刮水器都加装了电子间歇控制系统。在遇到上述天气时，开动间歇开关，使刮水器按一定周期自动间歇工作，即每一次刮过之后停止 2～12s，这样可使驾驶人获得更好的视线。

5. 自动刮水系统

现代轿车增加了自动刮水控制系统，在遇到下雨时，由电子控制器驱动刮水运转。在雨停止时刮水自动停止运转。不需要驾驶人操心，舒适方便。原理是用一个光学加电子技术元件的雨水传感器。传感器发射出红外线，射在车窗上，雨水使红外线的反射量发生变化，触发接通刮水器的电开关，使刮水运转，这种刮水器还可以做到下小雨时慢刮，下大雨时快刮。

二、喷水器

刮水器在刮泥土、尘埃时，如果没水而干刮就很难刮净，甚至会划伤玻璃。现代轿车及部分载货汽车都加装风窗玻璃洗涤喷水器，与刮水器配合使用，成为更完善的风窗玻璃刮水系统。

1. 喷水器的组成

喷水器的组成如图5-5所示。它由蓄水罐、洗涤泵、输液管和喷嘴等组成。洗涤泵，俗称喷水电动机，一般直接安装在蓄水罐内，但也有安装在管路内的，其作用是将清洗液加压，通过输液管和喷嘴喷洒到风窗玻璃表面。它由一个永磁电动机和液压泵组成。

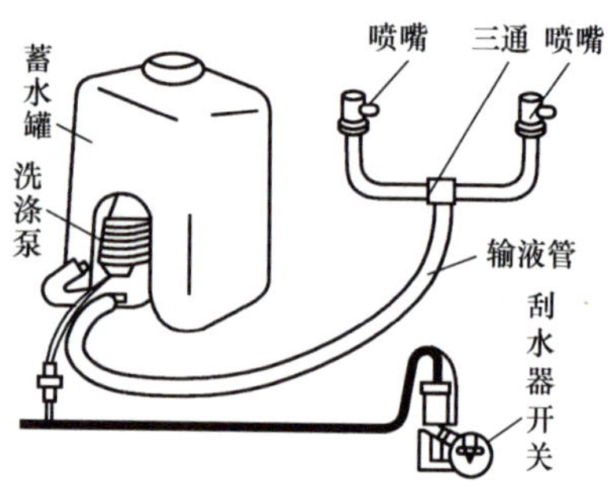

图5-5 风窗玻璃喷水器

2. 工作原理

喷水器与刮水器配合工作，所以必须是同一电路来控制。一般和电动刮水器共用一个熔断丝。当清洗开关接通时，清洗电动机带动液压泵转动，将清洗液加压，通过输液管和喷嘴喷洒到风窗玻璃表面。

喷水器的喷嘴有装一个的，也有装两个的，安装在风窗玻璃下面，其喷嘴方向可以根据使用情况调整，喷水直径一般为0.8～1.0mm，能使洗涤液喷射在风窗玻璃的适当位置。一般要求喷水量均匀，喷出的液体不应分散。也有把喷嘴装在刮水器的刮臂上的，并和刮水器联动，定时地配合刮水片的刮刷动作，这是一种喷射效果较好的间歇式电动喷水器。洗涤泵连续工作时间不应超过1min，而且应先开洗涤泵，然后接通刮水器，喷水停止后，刮水器应继续刮动3～5次，经这样的配合可以达到良好的清洁效果。

常用的清洗液是硬度不超过205×10^{-6}的清水。为了能刮掉风窗玻璃上的油、蜡等物，可在水中添加少量的去垢剂和防锈剂。不应使用强效洗涤剂，以免导致风窗密封条和刮水片胶条变质，或导致车身喷漆变色或蓄水罐、喷嘴等塑料件开裂等。为了防止清洗液的冻结，冬季应添加甲醇、乙丙醇、甘醇等防冻剂，即成为低温清洗剂，可使凝固温度下降到－200℃以下。如冬季不用清洗剂时，应将蓄水罐中的清洗液倒掉。

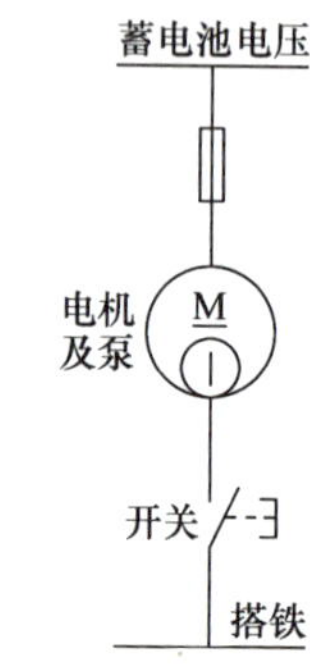

图5-6 电动喷水器电路原理图

3. 电动喷水器控制电路

电动喷水器电气电路很简单，如图5-6所示。它是一个单线串联电路。工作时接通冲洗开关，电动机驱动洗涤泵工作，把洗涤液从储油罐中吸出，经吸液阀从喷嘴喷洒到风窗玻璃上。

【任务实施】

一、刮水片、刮水器电动机的检修与维护

1. 刮水片的检查与维护（参见图5-1）

1）必须经常检查刮水片，当发现刮水片严重磨损或脏污时，应及时更换或清洗，可用清水和中性肥皂水清理刮水片，不可用汽油清洗和浸泡，否则，刮水片会变形而影响其工作。

2）检查刮水器工作情况时，应先用水湿润和清洁风窗玻璃，否则将刮伤玻璃和损坏橡胶刮片或烧坏刮水器电动机。

3）刮水片至少每年更换一次。

4）检查刮水器的性能，如果刮水片的性能已经变差，必须更换。

5）更换刮水片时，先将旧橡胶条拉出来，然后把新橡胶条插进去。注意不要把安装方向弄错了，同时一定要把固定卡夹安装牢靠，否则橡胶条很容易脱落。

6）冬季使用刮水器时，若其刮水片被冻住或被雪团卡住，应立即断开开关，清除冰块、雪团后方可继续使用，否则会因刮片阻力过大而烧坏电动机。

2. 刮水器电动机的检查与维护（参见图5-2）

1）检查刮水器工作情况时，在接通刮水器开关后，应注意电动机有无异响，尤其当刮水器电动机发出“嗡嗡”响声而不转动时，说明其机械部分已经锈死或卡住，应立即断开开关，以防烧坏刮水器电动机。

2）刮水器的电动机接线需符合线路原理图，切勿接错。紧固刮水器固定螺套时，注意边调速边紧固，以电动机曲轴及连杆等各运动部位运转灵活为准；定期检查心轴与固定螺套内工作润滑情况，及时涂抹润滑脂以减轻磨损。

3）不要随意拆下电动机。若因故障确需拆下电动机时要小心操作，切勿使电动机意外受损。因为刮水器电动机大多是永磁直流电动机，其磁极多采用陶瓷材料，受冲击易损坏。

4）刮水器电动机多为封闭式，不可随意拆卸。必须拆卸时，要保持内部清洁，不可让铁屑之类的污物落入其中；装配时要给轴承的润滑毛毡加注少许润滑油，并更换或补充减速器内的润滑脂。

5）在对刮水器系统故障进行检修之前，需要确定是电器故障还是机械故障。要做到这一点，最简单的方法就是从电动机上拆下连接刮水片的机械臂，接通刮水器系统，观察电动机的运行。如果电动机工作正常，则是机械问题，可进行检修或更换。

6）在上一步的检查中，如果电动机不转，则故障在电动机及其控制电路，应按如下步骤进行检查（参见图5-4）：

① 先检查熔断丝，如不正常，进行更换；

② 接通点火开关，检查继电器，如不正常，则进行更换；

③ 检查刮水器开关连接线端子插接是否牢固可靠；

④ 用电压表或试灯检查开关闭合时电动机上有无电压。

若电动机上无电压，则应检查刮水器开关中有无接触不良的现象，如果开关上有电压输

入，没有电压输出，需更换开关。

若有电压，则应检查刮水电动机的搭铁回路是否正常。方法是：将电压表的正表笔接电动机的搭铁端（或电动机壳体），负表笔接蓄电池负极，电压降不应超过0.1V，否则应修复电动机搭铁回路，若搭铁回路良好，需更换刮水电动机。

7）修好的刮水电动机装配前应检查传动部分是否灵活。有时因长期不用或缺油，刮水器的传动部分活动不畅或卡死，容易烧坏电动机。因此，在装配前，应先用手拉动传动杆，检查是否灵活自如。如果阻力过大，应检修，使其灵活后再装刮水电动机，以延长其使用寿命。

3. 刮水器的常见故障诊断与排除

刮水器常见故障有：刮水器各挡位都不工作、个别挡位不工作、不能自动复位等。

（1）各挡位都不工作

1）故障现象：接通点火开关后，刮水器在所有挡位都不工作。

2）主要原因：熔断器断路；刮水器电动机或开关有故障；机械传动部分锈蚀或与电动机脱开；连接线路断路或插接件松脱。

3）诊断与排除：

可参照下列步骤进行检查诊断并视情维修：首先检查熔断器，应无断路，线路应无松脱；然后检查刮水器电动机及开关的电源线和搭铁线，应接触良好，没有断路；再检查开关各个接线柱在相应挡位能否正常接通；最后检查电动机和机械连接情况。

（2）个别挡位不工作

1）故障现象：接通点火开关后。刮水器个别挡位（低速、高速或间歇挡）不工作。

2）主要原因：刮水器电动机或开关有故障；间歇继电器有故障；连接线路断路或插接件松脱。

3）诊断与排除：

如果刮水器是高速挡或低速挡不工作，可参照下列步骤进行检查诊断并视情维修。首先检查刮水器电动机及开关对应故障挡位的线路是否正常；检查开关接线柱在相应挡位能否正常接通；最后检查电动机电刷是否个别接触不良。

如果刮水器在间歇挡不工作，应按顺序检查间歇开关（或刮水器开关的间歇挡）、线路和间歇继电器。

（3）不能自动停位

1）故障现象：刮水器开关断开或在间歇挡工作时，刮水器不能自动停止在设定的位置。

2）主要原因：刮水电动机自动停位机构损坏；刮水器开关损坏；刮水臂调整不当；线路连接错误。

3）诊断与排除：

可参照下列步骤进行检查诊断并视情维修：首先检查刮水臂的安装及刮水器开关线路连接是否正确；再检查刮水器开关在相应挡位的接线柱能否正常接通；最后检查电动机自动停位机构触点能否正常闭合和接触良好。

4. 填写作业表

在实训车间的实验车上找到汽车刮水器的位置、熟悉其结构，排除指导教师所设置的刮水器故障。分析刮水器不能工作的原因并填写表5-1。

表5-1 刮水器的故障分析与排除

外观检查			
故障现象	刮水片各挡位都不工作	刮水片个别挡位不工作	刮水片不能自动停位
故障原因			
排除方法			

二、喷水器、管路、蓄水罐的清洁检修与维护

1. 喷水器、管路、蓄水罐的检修（参见图5-5）

1）目测蓄水罐内的液体存储量，检查熔断丝和线路连接是否良好。

2）打开喷水器开关，同时观察喷水器电动机是否运转。如果电动机工作但不喷液，检查泵内有无堵塞，排除泵体内的异物；如果没有堵塞，需更换电动机。

3）如果电动机不运转，表明喷水器电动机或其控制电路有故障。用电压表或试灯检查开关闭合时喷水器电动机上有无电压。若有电压，用欧姆表检查搭铁回路，若搭铁回路良好，需更换电动机。

若电动机上没有电压，则故障在控制电路，应沿线路向开关查找，检测开关是否工作正常。如果开关上有电压输入，没有电压输出，需更换开关。

4）更换电动机，需先拔下电动机上的线束插接器和水管后，拆下固定环，取下电动机总成进行更换。

2. 喷水器常见故障的诊断与排除（参见图5-6）

常见故障：所有喷嘴都不工作和个别喷嘴不工作。

原因分析：如果所有喷嘴都不工作，可能是电动机或开关损坏；线路断路；清洗液液面过低或连接管脱落。个别喷嘴不工作一般是喷嘴堵塞。

排除方法：如果所有喷嘴都不工作，先检查清洗液液面和连接管是否正常，如无液体或连接管损坏，需加注液体或更换连接管；然后检查清洗电动机搭铁线和电源线有无断路、松脱，排除电路故障，最后检查开关和电动机是否正常，如有损坏，进行检修或更换。如果个别喷嘴不工作，应检查喷射方向和喷嘴位置是否适当并做相应的调整，然后检查喷嘴是否堵塞或管道是否破裂并进行相应的清理或更换。

3. 填写作业表

在实训车间的实验车上找到汽车喷水器的位置，熟悉其结构，排除指导教师所设置的喷水器故障。分析喷水器不能工作的原因并填写表5-2。

表 5-2 喷水器的故障分析与排除

外观检查		
故障现象	所有喷嘴都不工作	个别喷嘴不工作
故障原因		
排除方法		

【思考练习】

1. 电动刮水器的功用是什么？主要由哪些部件组成？
2. 描述永磁式刮水器的工作原理？它是怎样实现变速的？
3. 永磁式电动刮水器的自动复位装置是怎样工作的？
4. 为什么要设置间歇刮水？其刮水功能是如何实现的？
5. 风窗玻璃喷水器由哪些部件组成？其功用是什么？
6. 风窗玻璃喷水器是如何工作的？

任务二 收音机、喇叭的检修与维护

任务目标

1）了解和掌握收音机、天线及喇叭的结构和工作原理；
2）掌握收音机总成的检修与维护方法；
3）掌握天线的检修与维护方法；
4）掌握喇叭的检修与维护方法。

【预备知识】

一、收音机

汽车内的收音机属于车用视听设备，它可减少驾驶人的疲劳，并使乘员获取信息、获得愉悦。

汽车收音机的电源来自点火开关，只有当点火开关在“ON”的位置或“ACC”位置时，才允许收音机工作。汽车收音机都要与天线以及扬声器相连。收音传递信号主要有两种：AM 和 FM，两种信号的不同之处如图 5-7 所示。

1. AM 接收

AM 是一种通过改变载波信号的振幅或强度来调整汽车收音机信号的方法。目前，依靠

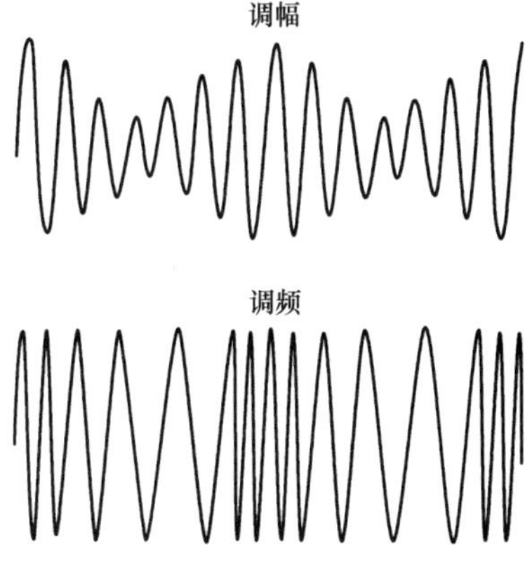

图 5-7 AM 和 FM 信号的不同之处

电磁辐射的传播来发射电波是一种方便而有效的发射方式。一些声波，比如说话声和音乐，在听觉范围内，由于其频率太低，所以在一定距离外不能有效地通过空气传播，但经过调整以后，这些低频率的可听信号能压缩到某一频率很高的载波上，这种载波能在空气中传播很远的距离。电台的发射器可以生成这种有固定幅值及频率的载波，载波生成后，附带有信息的信号会对载波进行调整，从而形成新的波。这种新的波，被称为调制波。它包含着信号的有用信息，在 AM 中，人们通过改变载波的幅值来使信号附带上有用的信息。当调到适当频率的收音机接收到调制波后，调制波将会被解调，也就是调制的逆过程，重新生成声音。但调谐波易受噪声的干扰，尤其当调制信号比较弱而且还缺少一个功能完好的收音机天线时，调谐波对噪声的干扰会更加敏感。

2. FM 接收

FM 是通过改变载波信号的频率来传递声音信号的方法。频率需要改变的波为载波，调制波称为信号。FM 有一个重要的优越性，那就是它的幅值恒定，因此它不易于受到物体的干扰，而在 AM 中，这些物体会产生静态干扰。

不管怎么样，这两种发射方式都用于广播中，通过 FM，我们通常可以获得很逼真的音乐。在冬天，由于天气的多变，AM 信号的接收效果会更差，而 FM 存在着当收音设备在运动时的接收问题。因为大多数汽车使用了全方位天线，会接收到来自各个方向的信号。正因为这样，从楼房、山丘及其他汽车反射过来的信号也会同时进入设备，这样真正的信号就会歪曲，当信号增强或减弱时我们就会听到沙沙声。

3. 天线

天线用来接收收音机无线电信号。为了减轻驾驶人的劳动，并能使汽车在行进中调整天线的高度，以保证获得良好收听效果，现代汽车都装有电动天线，按下开关，天线即可伸长，不用时又可收回。电动天线总成通常安装在前翼子板的外侧和内侧之间或者后面围板上。

电动天线是通过永磁式电动机驱动一根尼龙绳控制天线杆的升降的系统。这种永磁式电动机通过改变通电电流的方向，可实现正转和反转。电动机带动一根驱动绳，天线的伸缩是通过驱动绳拉动的，驱动绳是尼龙的，以避免无线电干扰。尼龙绳和天线的端部相连，当天线收缩时，多余的尼龙绳绕在卷盘上。

天线的上下运动是由开关控制输入电动机的电流方向，通过改变其极性，用来改变它的运动方向。有的汽车将控制开关装在仪表盘上，可以单独使用，更多的汽车在打开或关上收音机的同时，自动调节天线。如图 5-8 所示为自动天线的结构图。

当电源开关打开后，电流从正极经收音机开关进入继电器电磁线圈后搭铁，可使电流通过节点到达天线电动机并形成回路，电动机转动，天线伸出。天线伸到顶时，电动机处的“上”接点分开，使电流中断，电动机停转。收音机关掉时，继电器线圈失去磁力，使电源

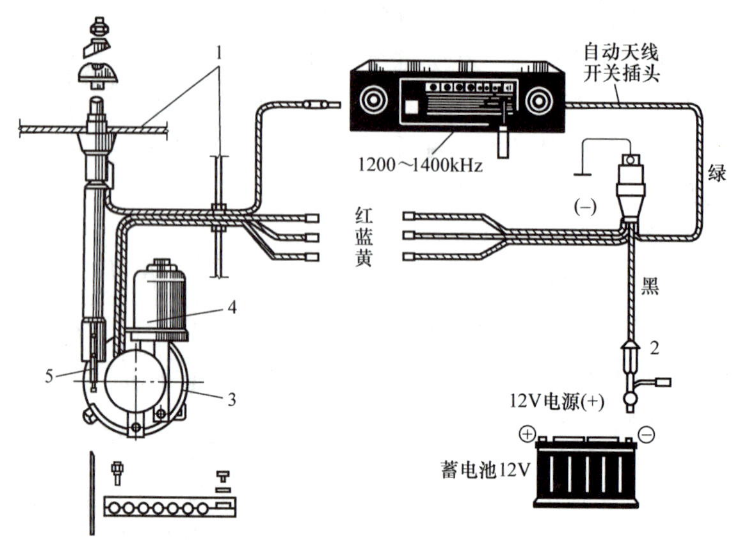

图 5-8　自动天线的结构图

1—挡泥板　2—熔断器　3—波形板　4—电动机　5—驱动线

电流经电动机“下”接点流入电动机反转线圈，于是天线降下。天线到达低端，“下”接点断开，电路断开，电动机停转。

4. 汽车电磁波的干扰及防止

汽车电器产生的电磁波不仅干扰汽车上的无线电设备的正常工作，还会对周围数百米内的收音机、电视机及其他无线电装置造成不同程度的影响。

无线电干扰源主要是发动机的点火系统，其干扰波是由配电器中的间隙和火花塞间隙的火花放电引起的。其次，在发电机负载电流突变和整流时也会产生电磁波，起动机、触点式电磁振动电喇叭、仪表系统等也都会产生较小的干扰波。

在装有电子设备的汽车上，除了无线电设备本身采取防干扰措施外（如在收音机天线上加扼制线圈，在电源上加滤波器、合理选择收音机的安装位置并加金属屏蔽等），还必须在产生干扰电磁波的汽车电器上采取抑制措施。一般采取的措施有：加阻尼电阻、加并联电容器、加装金属屏蔽等。

二、喇叭

汽车上都装有喇叭，用来警告行人和其他车辆，以引起注意，保证行车安全。按其发音动力有电喇叭和气喇叭之分。气喇叭主要用于具有空气制动装置的重型载货汽车上，在中小型汽车上，由于安装的位置限制，多采用螺旋形和盆形电喇叭。盆形电喇叭具有结构简单、体积小、质量轻、声音悦耳且维修方便等优点。

1. 普通电喇叭的结构和工作原理

下面以盆形电喇叭为例，介绍普通电喇叭的工作情况。盆形电喇叭的结构特点如图 5-9 所示。

按下喇叭按钮时，电流从蓄电池“＋”极→线圈→触点→喇叭按钮→搭铁→蓄电池“－”极，构成回路。铁心上绕有励磁线圈，电流流经线圈时产生电磁吸力，向下吸引上铁心，上铁心下移，与下铁心碰撞，同时使触点断开，使线圈断电，电磁吸力消失，膜片带动上铁心复位，使触点再次闭合，如此反复。下铁心与上铁心碰撞产生较低的基本频率，并激励膜片及与膜片联成一体的共鸣板产生共鸣，从而发出比基本频率强得多、且分布又比较集中的谐音。为了保护触点，有的盆形喇叭在触点之间也并联了灭弧电容器。

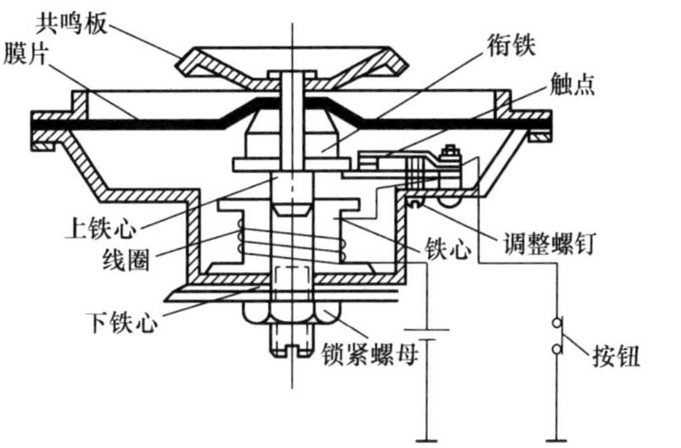

图 5-9　盆形电喇叭

2. 电子电喇叭的结构和工作原理

如图 5-10 所示为盆形电子电喇叭的结构，其电路如图 5-11 所示。

当喇叭电路接通电源后，由于晶体管 T 加正向偏压而导通，线圈中便有电流通过，产生电磁力，吸引上衔铁，连同绝缘膜片和共鸣板一起动作，当上衔铁与下衔铁接触而直接搭铁时，晶体管 T 失去偏压而截止，切断线圈中的电流，电磁力消失，膜片与共鸣板在弹力作用下复位，上、下衔铁又恢复为断开状态，晶体管 T 重又导通。如此周而复始地动作，膜片不断振动便发出响声。

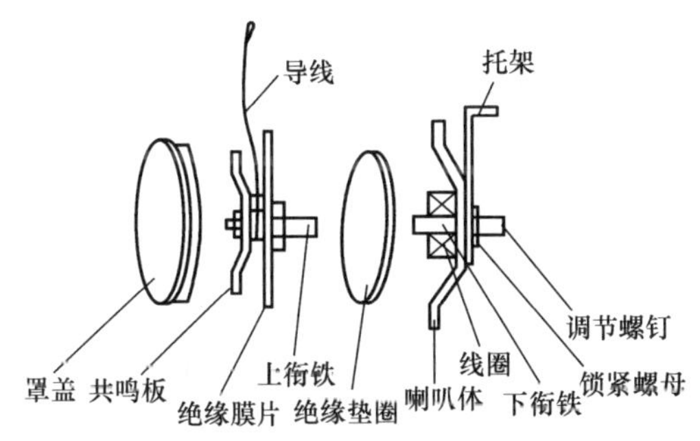

图 5-10　盆形电子电喇叭的结构

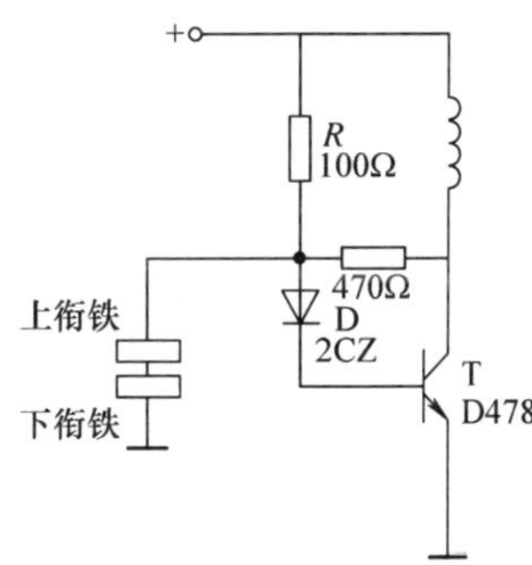

图 5-11　电子电喇叭典型电路

3. 喇叭继电器

由于现代汽车大多装有双喇叭，消耗电流较大，为保护喇叭触点不被烧蚀，通常在喇叭电路中设有继电器，喇叭按钮只有小电流通过，用以控制喇叭继电器，而供喇叭的大电流只流经喇叭继电器，不流经喇叭按钮，其电路如图 5-12 所示。

按下转向盘上喇叭按钮时，蓄电池便经过喇叭继电器线圈形成小电流，使继电器铁心产生电磁吸力，将继电器触点闭合，接通了双音电喇叭，喇叭发音。松开转向盘喇叭按钮时，继电器线圈断电，铁心电磁吸力消失，触点在自身弹力作用下张开，切断了电喇叭电路，电喇叭停止发音。

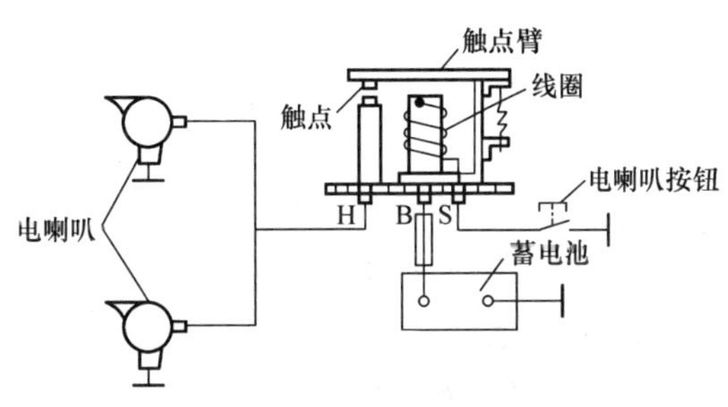

图 5-12　喇叭继电器

【任务实施】

一、收音机总成的检修与维护

1. 收音机总成的检修

1）一般说来，收音部分出故障的概率较小，特别是高频头组件。如果此部分出故障，多数为硬性损伤，比如线圈引脚开焊，电路板油脱焊、断裂造成的接触不良以及元件损坏等。如果不能收音，应先检查这些部位，然后再查外围元件。

2）在确定外围元件无损坏后，最后测量集成块各端子电压是否与标准值相同。

3）如果集成块各端子电压与标准值不同，就可判断为集成块损坏。

4）因集成块型号较为特殊，且价格较贵，有些还不易买到，所以不要轻易怀疑其损坏而拆卸，不然，反而容易把集成块损坏，造成不必要损失。

从大量的维修实例来看，集成块及组件故障较少，大多是外围线路元件损坏，其中，主要问题多是电容或电阻损坏、脱焊和接触不良。电路板上积尘太厚，引起器件之间漏电而造成的故障发生率的提高。

检修时，先查插头、插座间是否松动而造成接触不良，有时会收到事半功倍的效果。

2. 收音总成的故障诊断

1）收音信号很弱，甚至收不到信号。

排除方法：检查天线是否拔出或伸展，接头是否插接牢固，天线内部是否短路或开路。

2）放音正常，无法收音。

排除：应先观察是AM、FM收音是否都无声，还是某一波段收音无声。

① 若属AM、FM收音均无声，则故障大都发生在这两部分的供电电源或选台调谐电压电路。

② 若属AM波段收音无声，FM波段收音正常，则应重点检查与AM收音有关的电路。

③ 若属FM波段收音无声，AM波段收音正常，则应重点检查与FM收音有关的电路。

应重点检查收/放音开关是否接触不良；检查二极管是否断路；中放管是否损坏。

3）收音或放音均出现时有时无现象。

此类故障在卡带式汽车音响中发生率较高。对此，应先旋动一下音量控制电位器。如果在某一位置，时有时无现象消失，则故障大都是由于音量电位器接触不良引起的。

4）无声。

无声时，用耳朵贴近扬声器仔细聆听有无背景噪声。若有背景噪声，说明收、放音的公共电路电源及低放电路工作基本正常，故障一般出在音量控制电路或音质调节电路（因为收、放音电路同时出故障的可能性不大），应重点对这些电路进行检查；如果连背景噪声也没有，则故障大都发生在电源电路、功放电路、扬声器电路，尤以功放电路损坏概率最大。

3. 填写作业表

在实训车间的汽车电器试验台或示教板上，由教师设置相应的故障，在排除故障之后填写表5-3。

表 5-3 收音机的故障分析与排除

外观检查			
故障现象	收音信号很弱，甚至收不到信号	放音正常，无法收音	
故障原因			
排除方法			

二、天线的检修与维护

1. 天线的检测（参见图 5-9）

如果接收天线断了或者导入电缆断开，那么仍然可以收到调频信号，尽管这时接收到的声音信号非常微弱，但是却无法接收到调幅信号。

1）检查电动天线线芯的末端和汽车外壳或者地之间的电阻，欧姆表的读数应该为无穷大。

2）检查天线外壳与汽车车身之间的地线连接是否正确。

3）对天线连接件进行检查紧固。

4）电动天线除了清洁和更换天线杆外，大多数情况下应整套更换或者由专业厂家进行维修。

2. 天线的维护

1）注意清洗天线安装孔处的油漆、叶子、泥土等以防止堵塞，这样就能避免电动天线在使用过程中的许多故障。

2）最常见的天线维修是更换电动天线的天线杆。为了减小对车体造成伤害或划破汽车表面漆层，要放好缓冲和保护作用的材料，覆盖好天线周围的区域。

3）对天线适时地加注适量的机油润滑。

4）所有的电动天线应保持清洁，平时应用比较柔软的布蘸一些轻质润滑油擦拭天线杆，使电动天线保持清洁，以减少故障的出现。

3. 天线的故障检修

电动天线常见故障是升不到顶或降不到底。检查方法是打开收音机电源，用力按住天线使其不能升起，使天线内部传动机构恢复到原始位置，天线转动一段时间并停止工作后，关闭收音机电源。重新打开收音机，如果天线上升与下降恢复正常，可继续使用；若升降仍不到位，需更换天线。

4. 填写作业表

在实训车间的汽车电器试验台或示教板上，熟悉汽车天线的外形、位置和结构，在完成相应的工作之后填写表 5-4。

表 5-4　天线的检查与维护

工作内容	对天线进行检查	完成天线的清洁和维护工作	排除天线升不到顶的故障
工作步骤记录或原因分析			
方法或工具			

三、喇叭的检修与维护

1. 喇叭的检查与维护（参见图 5-10 和图 5-11）

1）喇叭筒或盖如有凹陷或变形时，应予整形。

2）检查喇叭内各接头，如有断、脱，应用烙铁焊牢。

3）检查断电器触点的接触情况，并视情进行清洁、修磨或更换。

4）检查喇叭膜片，若有破裂、严重缺陷或变形，以致影响到喇叭的正常音质时，应更换。

5）喇叭筒破裂更换时，也应注意高、低音之分，不能装错。

6）电喇叭线圈的检测：用万用表 R×1Ω 挡测量喇叭线圈电阻，将测得值与标准值对照，若阻值低于规定值，说明线圈有短路；若测得阻值无穷大，说明线圈有断路故障。当线圈有短路、断路和搭铁故障时，可按原数据重新绕制或更换。

7）灭弧电阻或电容损坏，必须更换。

2. 电喇叭的测试与调整

1）性能测试：主要是用耳听喇叭的音调和音量。当发出的声音响亮、清晰、柔和、悦耳时，即为性能良好。如果音量不足，声音嘶哑、刺耳、出现怪音等，即为性能不良，可进行调整。

2）调整：虽然喇叭形式较多，结构也不完全相同，但调整的基本原则却是相同的。一般对喇叭的调整部位有如下两处：

① 铁心间隙（即接触盘与铁心之间间隙）：改变铁心间隙可以改变喇叭的音调。铁心间隙一般为 0.7~1.5mm（随喇叭形式不同而略有变化），且要求接触盘与铁心四周的间隙均匀，否则，会产生杂音。

调整方法是：盆形电喇叭衔铁间隙的调整如图 5-13所示，调整时应先松开锁紧螺母，然后旋转音量调整螺栓进行调整。对于盆形喇叭，由于不易测量间隙，可以边调边试音调，直至合适为止。

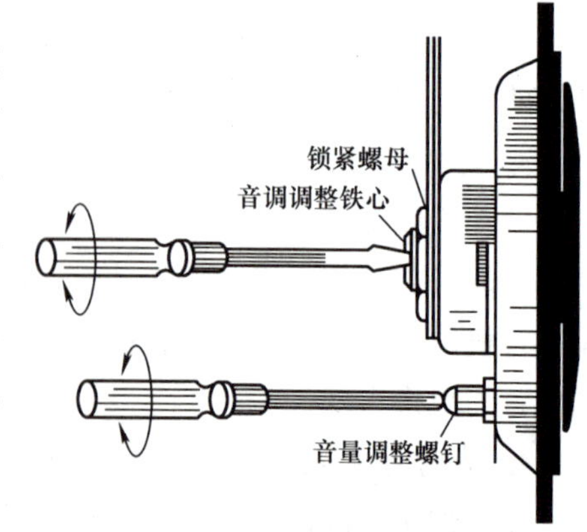

图 5-13　盆形电喇叭音调和音量的调整

② 触点压力：改变触点间的压力时，可以改变

喇叭音量的大小。

调整方法是：松开锁紧螺母，旋转音量调整螺钉进行调整。一般在调音量时，可边调边试，直到音量合适（一般为95～105dB）为止。

电喇叭音量和音质调整并不是完全独立的，它们两者实际上是相互关联的，因此两者需反复调试才会获得最佳效果。汽车喇叭声级在距车前2m、离地面1.2m处测量时，其值应为90～115dB。

3. 电喇叭的常见故障与排除（参见图5-12）

（1）电喇叭音量小

故障原因：电喇叭触点烧蚀，电喇叭搭铁不良。

排除方法：电喇叭触点烧蚀，更换电喇叭；搭铁不良，视情处理。

（2）电喇叭不响

故障原因：熔断丝断开、继电器或电喇叭按钮有故障。

排除方法：先检查熔断丝、电喇叭搭铁情况及线路连接，以上情况都正常时，参照图5-12进行下列检查。

① 将继电器“S”接线柱直接搭铁，若电喇叭响，说明电喇叭按钮有故障，可能是电喇叭按钮搭铁不良，需处理；若电喇叭仍不响，进行下一步。

② 将继电器上的“B”与“H”接线柱短接，若电喇叭响，说明继电器有故障，更换继电器；若仍不响，可能故障存在于继电器到电喇叭之间的线路上。

4. 填写作业表

在实训车间里，对教师提供的喇叭实物进行检查和调试，熟悉其结构，在完成相应的工作之后填写表5-5。

表5-5 电喇叭的检查与调整

工作项目	情况记录和原因分析	检修步骤和方法
电喇叭的检查		
喇叭音调的调整		
喇叭音量的调整		
电喇叭音量小		
电喇叭不响		

【思考练习】

1. 描述收音机的工作原理。
2. 简述汽车收音总成的检修方法。
3. 描述电动天线的组成和工作原理。
4. 对于小型汽车，多采用什么形式的电喇叭？这种电喇叭有什么优点？
5. 电喇叭的调整可分为哪些调整？其调整方法是什么？

任务三　玻璃升降器、中控门锁、电动后视镜的检修与维护

任务目标

1）掌握玻璃升降器、中控锁、电动后视镜的结构和工作原理；
2）掌握玻璃升降器的检修与维护方法；
3）掌握中控门锁的检修与维护方法；
4）掌握电动后视镜的检修与维护方法。

【预备知识】

一、玻璃升降器

为了方便驾驶人和乘客，减轻劳动强度，许多汽车安装有电动车窗，电动车窗玻璃升降器是指在驾驶室用开关就能自动升降车窗玻璃，即使在行车过程中，也能安全方便地升降车窗玻璃。

电动机是用来为车窗的升降提供动力的装置，现代汽车的每个车窗都装有一个电动机，电动车窗使用的电动机都是双向的，通过开关控制它的电流方向，使车窗升降。它有永磁型和双绕组型两种。

电动机需通过升降机构才能实现车窗玻璃的升降，电动车窗的玻璃升降器按传动方式可分为齿扇式和齿条式两种。

1. 齿扇式玻璃升降器

齿扇式玻璃升降器是用齿扇来实现换向作用。齿扇上连有螺旋弹簧，结构如图 5-14 所示。当车窗下降时，连接在扇形齿轮上的螺旋弹簧卷绕起来，被卷绕的弹簧必然储存能量，当车窗升高时，弹簧松开，释放能量，协助升高车窗。弹簧的作用力补偿车窗的重力。没有螺旋弹簧，车窗下降可能需要较小的力量，但升高时则需要更大的力量。螺旋弹簧的作用就是使车窗上升或下降时驱动电机承受相同的负荷。

2. 齿条式玻璃升降器

此种升降器的电动车窗玻璃的升降是使用柔性齿条与小齿轮的传动来实现的。齿条是带齿的柔性带，其一端固定在车窗玻璃上，如图 5-15 所示。当电动机转动时，通过蜗轮蜗杆

机构将动力传给小齿轮，小齿轮又使齿条移动，齿条通过拉绳带动车窗进行升降。

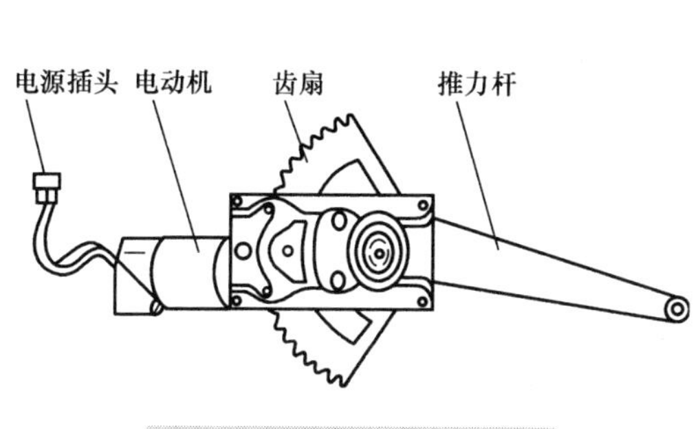

图 5-14 齿扇式玻璃升降器

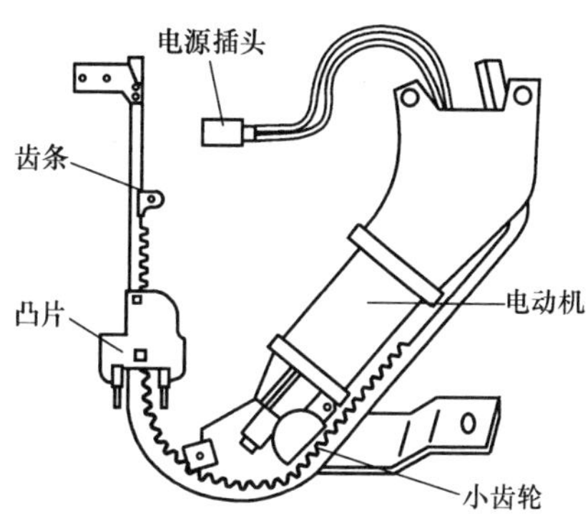

图 5-15 齿条式玻璃升降器

3. 电动车窗控制电路

控制开关一般有两套，一套装在仪表板或驾驶人侧车门扶手上，为总开关，可控制每个车窗的升降。另一套分别装在每个乘客门上，为分开关，可单独控制一个车窗。所有车窗电动机都要通过总开关供电或搭铁，如果总开关断开，分开关就不能起作用了，如图 5-16 所示。各车窗电动机均设有过载保护器，防止电动机过载烧坏。

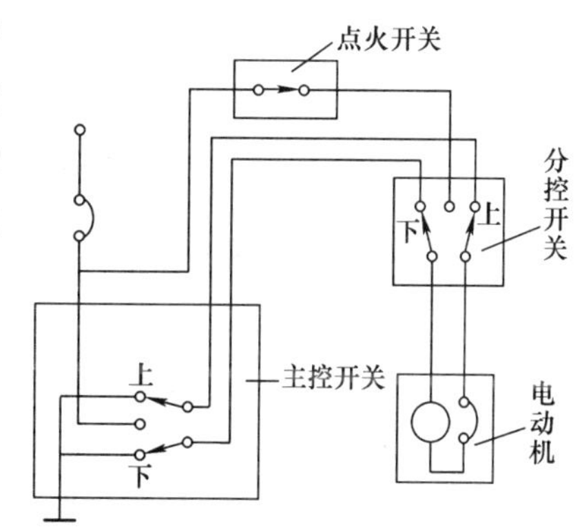

图 5-16 电动车窗的控制电路

现代轿车还带有防夹紧装置的电动车窗升降系统，在关闭汽车侧面的车窗玻璃时，如果发现有障碍物，例如小孩或成人的手、头部或其他物件，以致有被夹紧而受到伤损的可能时，“防夹紧装置”能够产生自动保护作用，使正在向上运动的车窗玻璃向反方向作下降运动，从而使车窗保持在开启状态，避免了夹紧伤损事故。

二、中控门锁

传统的中控门锁是指电动门锁，其作用是驾驶人通过操纵门锁开关（转动钥匙或按动按钮），可同时锁住或打开车上的所有门锁，其主要由门锁开关、门锁控制器及执行机构三部分组成。目前中控门锁则是由微型计算机根据各个开关信号控制门锁的开闭，而且常常和汽车的防盗系统结合在一起，提高了汽车的防盗性能。

中控门锁控制系统主要由门锁开关、门锁控制器及执行机构三部分组成。

1. 门锁开关

多数汽车的中控门锁装置在驾驶人车门上设置总开关，当驾驶人操纵此开关时，其他车门门锁将同时闭锁或打开。另外，在除驾驶人车门外的其他车门上还设置单独的门锁开关，利用它们可分别单独控制一个车门。

（1）中控门锁控制开关

中控门锁控制开关安装在驾驶人侧和前排乘员侧车门内侧扶手上，在车内控制全车车门的锁止与开启。

（2）钥匙控制开关

钥匙控制开关安装在驾驶人侧车门和前排乘员侧车门的外侧门锁上，如图 5-17 所示。当在车外用车门钥匙打开车门或锁上车门时，可使全车车门同时锁止或打开。

（3）门控开关

门控开关的功用是检测车门的开闭状况。车门打开时，门控开关将门控灯电路接通，门控灯发亮；车门关闭时，门控开关断开，门控灯电路切断而熄灭。

2. 门锁控制器

门锁控制器的主要功用是控制门锁执行机构动作，使门锁打开或锁止。常用的门锁控制器有电子式、车速感应式和车身电控单元控制式三种。

1）采用车身电控单元控制的中央门锁控制系统电路如图 5-18 所示。车身电控单元 ECU 利用电动门锁开关信号控制门锁继电器动作，继电器再控制电动机电流来实现车门自动锁止和打开。

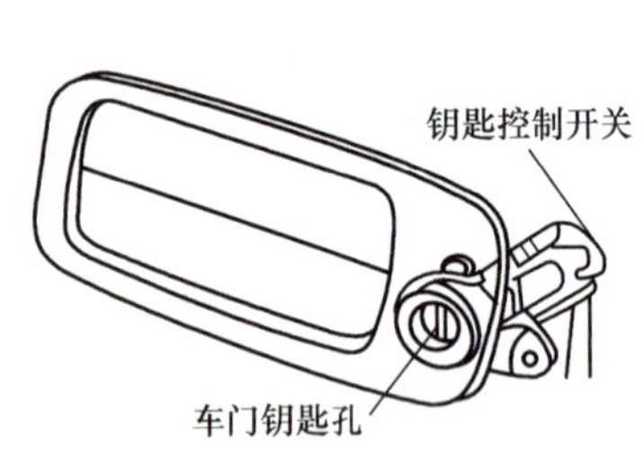

图 5-17 钥匙控制开关

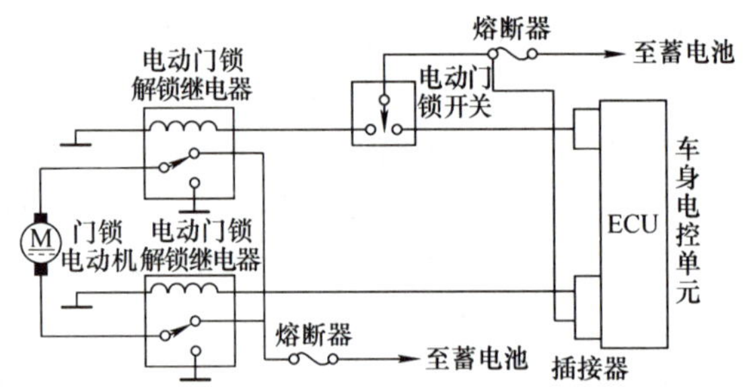

图 5-18 车身电控单元控制的中央门锁控制系统

门锁执行机构工作时要消耗大量电能，为了缩短其工作时间，减少电能消耗和防止执行机构通电时间过长而烧坏，在门锁控制电路中设有定时装置。定时装置一般都是利用电容器的充放电特性进行工作，当门锁执行机构的通电时间超过规定时间后，电流就会自动中断，正常锁门或开门也如此。

2）带电容定时装置的中央门锁控制电路，如图 5-19 所示。

图示位置是开锁位置，闭锁电容器 C_1 与电源相通，电源向 C_1 充电直至充满。

若需要锁门时将门锁开关接到锁门状态，开锁电容器 C_2 又与电源接通，而充满电的闭锁电容器 C_1 则接至闭锁继电器 K_1，通过闭锁继电器线圈放电，使闭锁继电器的触点闭合，接通闭锁电磁线圈电路，使执行机构动作，锁住车上所有车门。

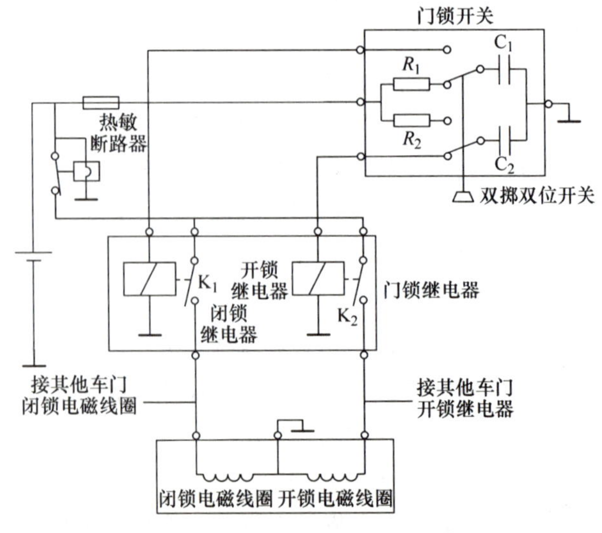

图 5-19 带电容定时装置的中央门锁控制电路

当需要开锁时，门锁开关接到开锁状态，充满电的开锁电容 C_2 对开锁继电器 K_2 线圈通电，使触点 K_2 闭合，接通开锁电磁线圈电路，使其执行机构动作，打开车上所有车门门锁。

3）车速感应式门锁控制器是在中控门锁系统中加装一个车速感应开关，当汽车行驶速度达到 10km/h 以上时，若车门未闭锁，不用驾驶人操纵，门锁控制器将自动闭锁，从而保证行车安全。

3. 执行机构

中控门锁控制系统均采用电动门锁。电动门锁常用的执行机构有电动机式、电磁式、真空式和电子式四种。

电动机式门锁执行机构主要由门锁传动机构、开关和壳体等组成。门锁开关用来检测车门的开闭状况。车门关闭时，门锁开关断开；车门开启时，门锁开关接通。门锁电动机驱动传动机构，门锁的打开与锁止是靠电动机不同转动方向来实现的。电磁式执行机构的作用是通过改变磁场方向实现闭锁或开锁。电磁式门锁执行机构，如图 5-20 所示。

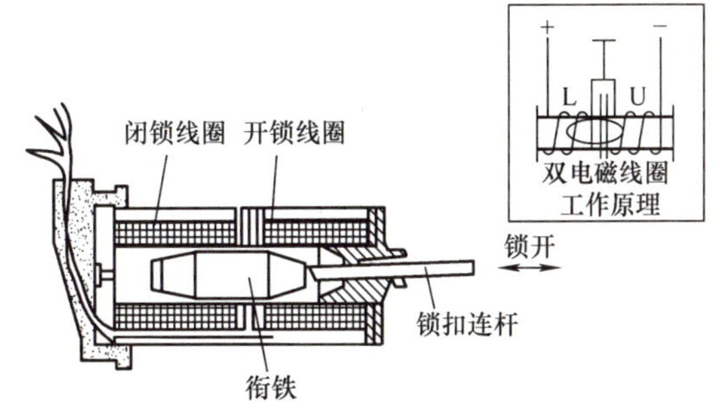

图 5-20 电磁式门锁执行机构

当闭锁线圈电路有电时，电流在线圈中产生磁场，吸引衔铁左移，衔铁带动连杆左移，将车门锁住。当给开锁线圈通电时，该线圈产生的电磁力吸引衔铁右移，衔铁带动连杆右移，将车门门锁打开。

4. 中控门锁控制系统的功能

中控门锁控制系统一般都具有以下几种功能。

（1）内外开启与内外锁止功能

在车内开启和锁止车门时，由门锁控制开关来完成；在车外开启和锁止车门时，由钥匙转动控制开关来完成。

（2）中央控制锁止功能

操纵门锁总开关，即可使所有门锁或行李箱锁同时锁止。在配装车速感应式门锁控制器和车身电控单元控制式中央门锁控制系统的轿车上，当车速达到 20km/h 左右时，所有门锁与行李箱锁将自动锁止，以防止车内乘员离开汽车而发生意外和行李箱内物品丢失。

（3）后车门安全锁止功能

中控门锁控制系统设置后车门安全锁止功能的目的是防止车内儿童擅自打开车门。只有当中控门锁控制系统处于“开锁”状态时，后车门才能打开。

（4）防驾驶人侧车门误锁功能

在配装中控门锁控制系统的汽车上，当驾驶人侧车门关上后，内部锁止开关处于锁止位置并不能将该车门锁止，目的是防止车钥匙忘在车内而不能打开车门。有的汽车为了防止钥匙锁在车内，设置了钥匙开锁报警开关，安装在点火开关旁边，如图 5-21 所示，用其检测点火钥匙是否插进钥匙孔内。当钥匙插在钥匙孔内时，钥匙开锁报警开关电路接通而发出报警信号；当钥匙离开钥匙孔时则取消报警。

三、电动后视镜

后视镜又称为倒车镜，分布在汽车左右两侧，汽车上的后视镜位置直接关系到驾驶人能否观察到车后的情况，而驾驶人调整它的位置又比较困难，尤其是前排乘客车门一侧的后视镜。因此，现代汽车的后视镜都改用电动的，由电气控制系统操纵就能圆满解决这一问题。

1. 电动后视镜的组成

现代汽车在每个后视镜（其外形如图5-22所示）的背后都装有两套永磁型电动机和驱动器，可操纵其上、下及左、右运动。通常垂直方向的运动由一个电动机控制，水平方向倾斜运动由另一个电动机操纵。

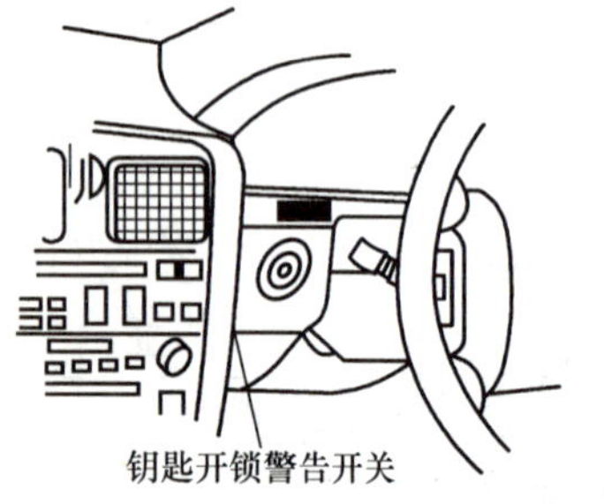

图5-21　钥匙开锁警告开关

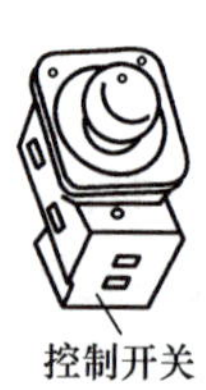

图5-22　电动后视镜外形图

后视镜由一个开关控制。开关杆能够多方向运动，它可使一个电动机工作或两个电动机同时工作。很多后视镜的镜片后都布置了一种尺寸很小的加热元件，它们在前照灯第一次照明时会工作几分钟。这个系统同时还可与后窗加热电路相连，图5-23是电动后视镜电路图，这个电路包含了将信息反馈给位置储存器的反馈电阻。

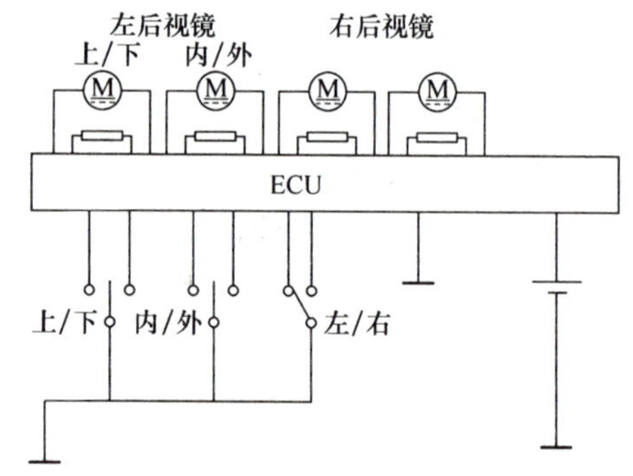

图5-23　电动后视镜控制电路

2. 电动后视镜的工作原理

如图5-24所示为电动后视镜的电气控制电路图。

当压下开关时，触点B和C分别与触点D和E接触，后视镜做垂直方向转动。当开关杆向上运动时，B和C分别接触E和D，此时作用在电动机上的电压方向正好与前述的相反，则电动后视镜做反向转动。

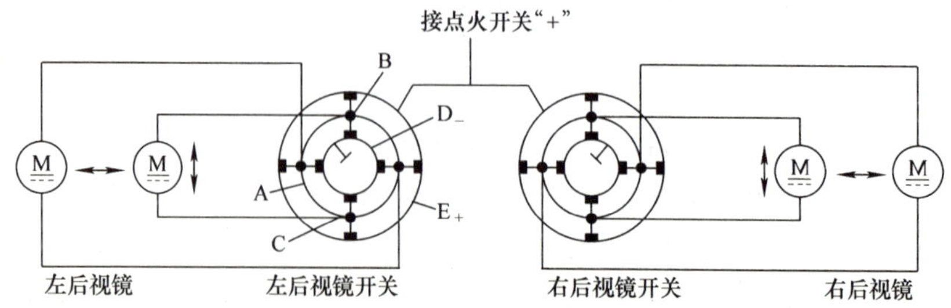

图5-24　电动后视镜电气控制电路图

【任务实施】

一、玻璃升降器的检修与维护

1. 玻璃升降器的检修（参见图5-14和图5-15）

1）在检查电动车窗系统故障之前，应先从不同方向轻轻摇动玻璃，如果玻璃能向所有方向稍微移动，而在起动电动机后，玻璃却不能升起，就表明电动机或电路出现了故障，可以排除机械方面的故障，从而可缩小诊断范围。

2）车门玻璃在升降过程中，若遇有发卡现象时，切勿硬性摇动，可检查车门玻璃升降器T形杆上的两个滚轮是否在滑动槽内，玻璃是否在导轨槽内，并检查滑动槽和导轨槽有无变形，必要时可拆下修复。

3）检查每个车窗电动机的工作状况，转向应正确，当将两接点相调时应反向转动，并且运转要平稳，否则说明电动机有故障，应予以拆检修理或更换。

2. 玻璃升降器故障诊断与排除（参见图5-16）

（1）点火开关打到“ON”，按下升降开关，玻璃升降器不工作

主要原因：熔断器断路；连接导线断路或相关插接件松脱；有关继电器、开关损坏；电动机损坏；搭铁线锈蚀、松动。

诊断与排除：首先检查熔断器是否断路，然后检查各插接件连接是否紧固可靠；检查电源线是否有电，电压是否正常；检查搭铁线搭铁是否良好可靠；最后检查开关、继电器及电动机是否损坏，如确属零部件损坏则应更换新件。

（2）升降器工作时有异响

主要原因：安装时未调整好；卷丝筒内钢丝跳槽；滑动支架内传动钢丝夹转动；电动机盖板或固定架与玻璃碰擦等机械故障。

诊断与排除：这类机械故障一般是安装位置或精度偏差所致，只需对所在位置的螺钉进行重新调整或紧固、矫正即可。

（3）某车窗不能升降或只能一个方向运动

主要原因：该车窗开关或电动机损坏；该处导线断路或插接件松脱；安全开关故障。

诊断与排除：首先检查安全开关是否正常；该窗的开关是否正常；再通电检查该窗电动机是否正常，如有故障应检修或更换新件；若正常，应检修连接导线是否有断路处。如车窗只能朝一个方向运动，一般是开关故障或相关导线断路，可先检查线路，再检查开关。

（4）玻璃升降器工作时发卡、阻力大，车窗无法正常升降

主要原因：导轨凹部有异物；导轨变形或损坏；电动机损坏；钢丝绳腐蚀、磨损。

诊断与排除：检查车门玻璃升降器T形杆上的两个滚轮是否在滑动槽内，玻璃是否在导轨槽内，并检查滑槽和导轨槽有无变形，必要时可拆下修复。若是玻璃完全不能上下，则有可能是开关故障，如果是开关故障，只能更换电动机。玻璃的污损也会成为阻力，应经常保持车窗的洁净。

3. 填写作业表

在实训车间的试验车上找到玻璃升降器，认识其工作元件，熟悉其工作原理，分析其故障原因及排除方法并填写表5-6。

表5-6 玻璃升降器的故障分析与排除

故障现象	故障原因	排除方法
点火开关打到“ON”，按下升降开关，玻璃升降器不工作		
升降器工作时有异响		
某车窗不能升降或只能一个方向运动		
玻璃升降器工作时发卡、阻力大，车窗无法正常升降		

二、中控门锁的检修与维护

1. 中控门锁系统故障检修注意事项

1）当出现故障后，在检修之前一定要查阅制造厂家的维修手册，将故障现象与维修手册中的故障诊断图表一一对照，以便准确地查出故障的部位和产生故障的原因。

2）测试电路前，应结合故障诊断图表，先弄清楚线路图，然后才能加蓄电池电压测试或用欧姆表测量，不要盲目测试，否则会损坏电子元器件。

3）对集成电路芯片的测试应更加小心，防止芯片损坏。

2. 中控门锁常见故障与排除（参见图5-18）

1）用车钥匙打开左侧驾驶人门锁时，其余车门部分能自动打开，部分不能打开；可能的原因是线路断路，门锁控制器损坏，闭锁执行器损坏：可按照先查电路通断的方式进行排查，有必要时把损坏的元器件换新。

2）用车钥匙打开左侧驾驶人门锁时，其余车门全部不能自动打开：可能的原因是蓄电池无电。在排除蓄电池无电的情况下，检查熔断丝和门锁控制器中的继电器线路，有必要时更换新件。

3）拉钮发卡：当拉杆变形、门锁锈蚀严重时，用手动拉钮操作时会不顺当：应及时拆检门锁、拉杆，有必要时进行修理或更换新件。

3. 填写作业表

在实训车间的试验车上找到玻璃升降器，认识各工作元件，熟悉其工作原理，分析其故障原因及排除方法并填写表5-7。

表 5-7　中控门锁的故障分析与排除方法

故障现象	故障原因	排除方法
用车钥匙打开左侧驾驶人门锁时，其余车门部分能自动打开，部分不能打开		
用车钥匙打开左侧驾驶人门锁时，其余车门全部不能自动打开		
拉钮发卡		

三、电动后视镜的检修与维护

1. 电动后视镜的安装与调整

由于电动后视镜是车身两侧最外突的部件，通常最易被外力所损坏，一旦出现损坏应及时更换。车外后视镜安装位置主要在车门风窗玻璃旁和发动机舱盖旁翼子板上，现以车门风窗玻璃旁电动后视镜为例，介绍其拆卸和安装步骤：

1）使用螺钉旋具从车内将塑胶板固定螺钉拆下。

2）移开塑胶板即可看到后视镜与车门的固定螺钉，使用螺钉旋具将螺钉卸下。

3）将新的后视镜由窗外装入，并将电源线接好。

4）锁上车门固定螺钉，再将塑胶板移至原位，锁上螺钉即可。

2. 电动后视镜的检修步骤（参见图 5-23）

电动后视镜如不能正常工作，首先应该查看熔断器和断路器的情况，如果出现故障，则应及时进行更换；其次用万用表检测开关总成各接点的通断情况，发现故障应重新将接点接好；如开关完好，用 12V 电源的跨接线检查电动机的工作情况，接线换向时，电动机也应反向转动。根据具体情况进行重接、修理或更换新件。如电动机工作正常，而后视镜仍不能运动，应检查连接电动后视镜控制开关和车门或仪表板金属件的搭铁情况。

3. 电动后视镜的故障诊断（参见图 5-23 和图 5-24）

（1）两个电动后视镜都不能动

故障原因：熔断丝熔断、搭铁不良、后视镜开关损坏、电动机损坏。

（2）一侧电动后视镜不能动

故障原因：搭铁不良、后视镜开关损坏、电动机损坏。

（3）一侧电动后视镜上下方向不能动

故障原因：搭铁不良、上下调整电动机损坏。

（4）一侧电动后视镜左右方向不能动

故障原因：搭铁不良、左右调整电动机损坏。

当所有诊断和修理完成后，检查系统是否已恢复正常。

4. 填写作业表

在实训车间的试验车上找到电动后视镜，熟悉其工作过程，分析其故障原因及排除方法并填写表5-8。

表5-8 电动后视镜的故障分析与排除方法

故障现象	故障原因	排除方法
两个电动后视镜都不能动		
一侧电动后视镜不能动		
一侧电动后视镜上下不能动		
一侧电动后视镜左右不能动		

【思考练习】

1. 说明电动门窗的组成及功用。
2. 简述电动门窗的工作过程。
3. 说明中控门锁的功用和组成。
4. 简述中控门锁的工作过程。
5. 简述电动后视镜的组成和工作原理。

任务四 电动天窗、倒车雷达的检查与维护

任务目标

1）掌握电动天窗的开关性能的检查方法；
2）掌握电动天窗的密封性能的检查方法；
3）掌握电动天窗的工作性能的检查方法；
4）掌握倒车雷达的检查与清洁维护；
5）掌握电动天窗、倒车雷达的结构和工作原理。

【预备知识】

一、电动天窗系统

汽车天窗可使汽车的透气性更好，常用以车内的采光、通风和遮阳等，按天窗开闭能量来源可分为手动天窗和电动天窗。一般大型客车和货车多是靠人力将天窗打开或关闭，小轿车多采用电动天窗。

电动天窗是靠电动机的动力将天窗打开或关闭，其动力通过传动机构将天窗玻璃沿滑槽前后移动、倾斜启闭，且能按要求停留在任意位置。其操作方法和电动后视镜很相似，基本上都是靠一个或多个永磁电动机以及一个电源换向电路来完成的。

1. 电动天窗的组成

电动天窗主要由天窗玻璃、控制开关、限位开关、天窗电动机、滑动螺杆、ECU及继电器等组成，如图5-25所示。电动天窗系统具有自动控制功能，使用时，当我们按动相应

的控制开关，就可以对它们的工作状态进行调节，使其满足驾驶人或乘员的不同要求。

（1）天窗电动机

天窗电动机通过传动装置向天窗的开闭提供动力，能双向转动，通过改变电流的方向以改变电动机的旋转方向，实现天窗的开闭。

（2）控制开关

控制开关主要包括滑动开关和斜升开关。滑动开关有滑动打开、滑动关闭和断开三个挡位。斜升开关也是有斜升、斜降和断开三个挡位。通过操作这些开关，令天窗驱动机构的电动机实现正反转，在不同的状态下正常工作。

（3）限位开关

如图5-26所示，限位开关靠凸轮转动来实现断开和闭合，主要是用来检测天窗所处的位置。当电动机将动力输出时，通过驱动齿轮和滑动螺杆带动凸轮转动，于是凸轮周缘的突起部位触动开关使其开闭，以实现对天窗的自动控制。

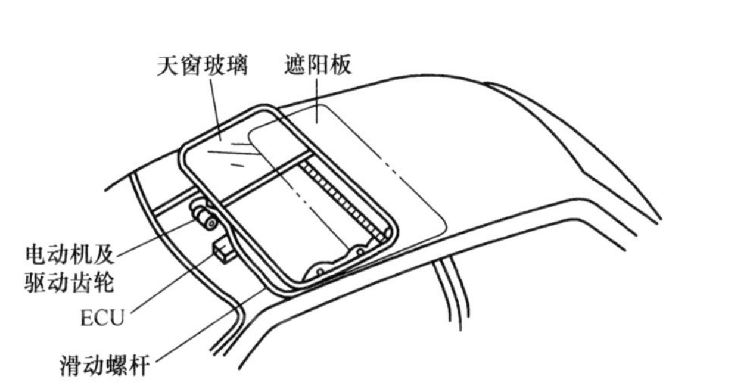

图5-25 电动天窗的组成和位置

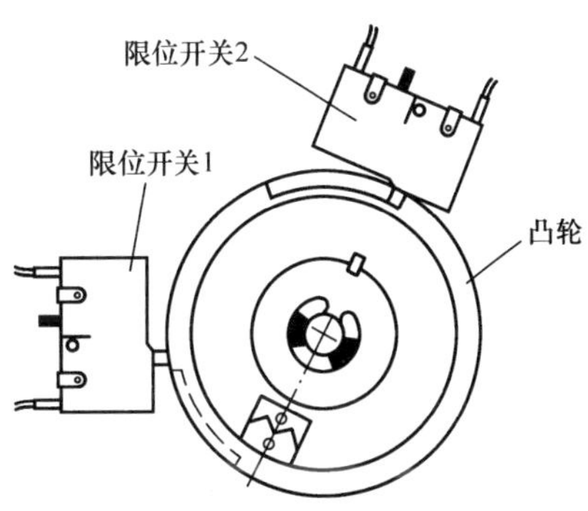

图5-26 限位开关

（4）电子控制装置ECU

为了增强系统的操作性，应用了电子控制系统，即数字控制电路，其作用是接收开关输入的信息，通过数字电路进行逻辑运算，确定继电器的动作，控制天窗开闭。

（5）天窗的密封方式

1）主动式。通过天窗与顶盖之间的密封，以及天窗玻璃与天窗开口处密封条的密封，阻止灰尘及雨水等进入天窗及车身内部。

2）被动式。通过天窗玻璃周边的密封条与车顶翻边的密封结合，阻止灰尘及大部分雨水；同时，天窗总成内部设计有流水槽及排水导管接头，将少量从玻璃密封条与车顶接合处渗入的雨水排到车外。

2. 电动天窗控制电路

各种车型电动天窗电路大同小异，工作原理基本相同，如图5-27所示为电动天窗控制系统电路原理图，该电路具有一定代表性，其他车型的电动天窗控制电路与此基本相同。

二、倒车雷达

倒车雷达有时也称为防撞雷达。其作用主要表现在两方面：其一，作为倒车的辅助安全装置，可以提示驾驶人车后还有多少空间可以活动；其二，可以作为视野增强系统。

倒车雷达系统是利用超声波的反射原理，在低速倒车时检测驾驶人用眼睛无法监视的死角地带的障碍物，以警告音方式警告驾驶人，避免可能发生的碰撞事故，工作原理如图5-28所示。声响频率变化就可以体现汽车离障碍物的距离，当即将碰到障碍物时，声音将是连续的。

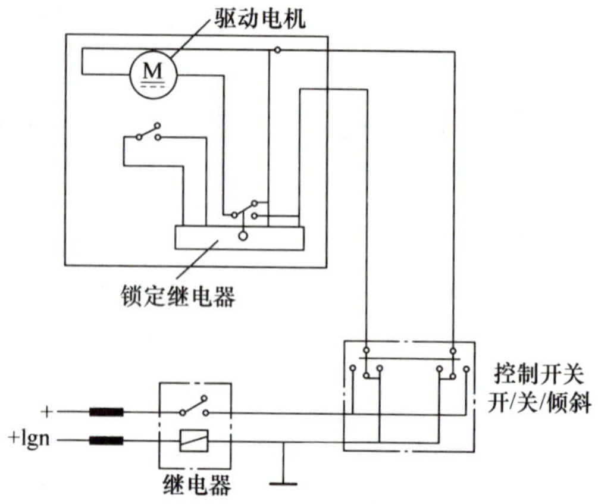

图 5-27 电动天窗系统控制电路

普通的雷达系统的工作过程：首先是由超声波发生器产生超声波，经由天线发射出去。碰到障碍物时，会有部分被反射回来，返回的信号送给控制单元进行处理。只需要测出从发生器发出信号到接收器收到信号的时间，就可以知道车辆的位置了，如图5-28所示。

对车辆后部障碍物的检测范围有垂直方向和水平方向。对于垂直方向的检测范围不能太大，如太大，将检测到车辆后部的地面，造成误报警。因此在安装传感器时，方向不能太偏向下部。

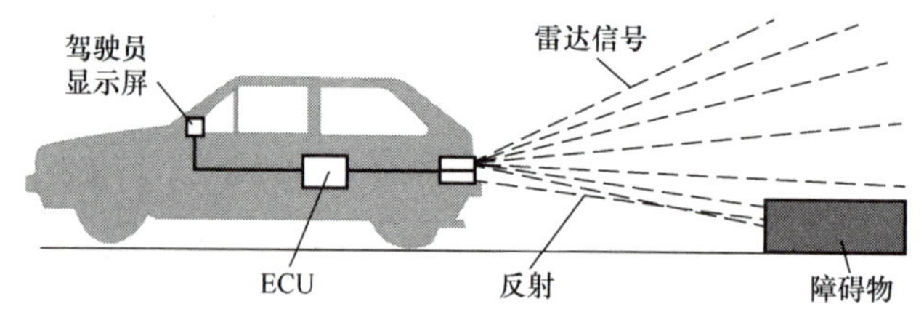

图 5-28 倒车防撞雷达系统的工作原理

蜂鸣器一般安装在靠近驾驶人的前部，当有障碍物时，蜂鸣器发出报警音，避免碰撞事故的发生。有些车辆上，除了蜂鸣器以外，还装有显示与障碍物之间距离的屏幕，可以精确标定车辆与障碍物之间的距离，起到视野增强作用，如图5-29所示。

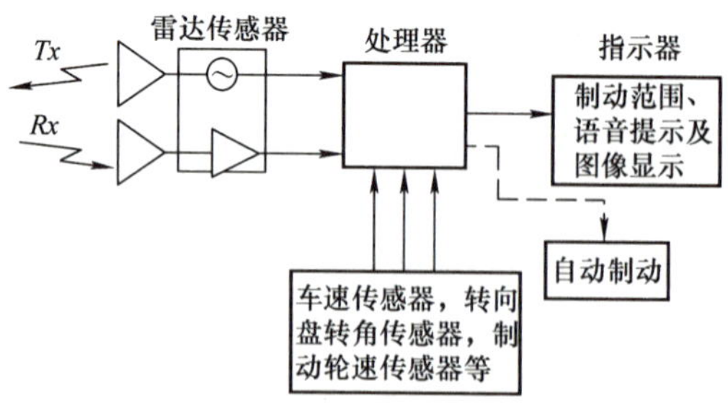

图 5-29 使用视觉增强系统的防撞雷达工作原理

【任务实施】

一、电动天窗的检查与维护

1. 电动天窗的使用与维护（参见图5-25）

1）电动天窗移动部分由金属材料制成，应定期用机油或润滑剂清洗电动天窗的机械部分。

2）电动天窗使用久了，在其滑轨、缝隙中一般会有不少沙粒沉积，如不定期清理，则会磨损天窗部件。应经常清理滑轨四周，避免沙粒沉积，延长天窗密封圈的使用寿命。一般在使用2~3个月的时候，把密封胶条或滑轨用纱布沾着清水清洗一下，待擦干净后涂抹少许机油或润滑脂便可。

3）开启天窗前应注意车顶是否有阻碍玻璃面板运行的障碍物。天窗面板的设计有隔绝热能和防紫外线的功能，请用软布和清洁剂清洗，切勿用黏性清洗剂清洗。

4）使用天窗最大的顾虑就是漏雨、漏水，天窗的正确使用和保养能有效避免漏水。在进入雨季之前，除了清理滑轨、密封条缝隙里的沙尘，还应在密封条等部件上喷涂少许塑料防护剂或滑石粉。

5）冬季在雪后或者洗车后，天窗玻璃与密封胶框可能被冻住，这时如果强行打开天窗，易使天窗电机及橡胶密封条损坏。正确的做法是，在雪后或者洗车后，将天窗打开，擦干边缘残留的水分。

6）在极为颠簸的道路上最好不要完全打开天窗，否则可能因天窗和滑轨之间振动太大而引起相关部件变形甚至使电机损坏。此外，下雨或清洗车辆时严禁开启电动天窗。

2. 电动天窗的开关性能检查

对天窗控制开关和限位开关主要是检查它们的通、断性能，当其接通时应能可靠地闭合；当其断开时触点间应能可靠地分离。

3. 电动天窗的密封性能检查

1）玻璃总成外观无缺陷。

2）玻璃密封条无破裂、起皱和褪色等缺陷。

3）遮阳板总成无松动、脱落、扭曲和布料脱胶等缺陷。

4）塑料件无外观缺陷、无扭曲缺陷。

5）金属件和紧固件无外观缺陷。

6）进行15min整车喷淋试验，汽车内部不允许有天窗引起的任何形式的渗水、漏水现象。

4. 电动天窗的工作性能检查（参见图5-27）

汽车电动天窗系统常见故障是天窗不动作，可按下述步骤检修。

1）检查保险元件是否熔断。如保险元件已熔断，在更换新保险元件之前，还要检查电路中是否有短路之处。

2）检查电源继电器，电源继电器也就是图5-27中的天窗继电器，主要应查其内线圈是否有断路现象，当线圈中有电流通过时，其常开触点是否能闭合接通。

3）检查天窗控制开关和限位开关：对天窗控制开关和限位开关主要是检查它们的通、断性能，当其接通时应能可靠地闭合；当其断开时触点间应能可靠地分离。

4）检查天窗驱动电机：对天窗驱动电机，可将其从配线插接器上分离，直接对其施加正向或反向蓄电池电压，看其运转状况。如果直接通电后驱动电机不转，或虽转但电机发热严重，或驱动齿轮旋转方向与规定的方向不符，这都说明电机有问题，应对其进行修理或更换。

5）检查天窗控制继电器：可先对天窗控制继电器周围相关配线及插接器进行检查，确认无误后，再用万用表测量其相应端子间的导通情况，与维修技术手册中规定值不符，则说明天窗控制继电器内部有问题，应更换新件。

6）检查滑动天窗的导轨是否正常，是否有外界物体（如石块）等落入。

5. 填写作业表

在实训车间的试验车上，对电动天窗进行检查与维护，熟悉其结构，在完成相应的工作之后填写表5-9。

表5-9 电动天窗的检查与维护

工作项目	情况描述	处理方法
电动天窗的外观检查		
电动天窗的开关性能检查		
电动天窗的密封性能检查		
电动天窗的工作性能检查		

二、倒车雷达的检查与维护

1. 倒车雷达的检查与维护

只有及时做好倒车雷达系统的检查、清洁与维护，才能保证雷达系统的正常工作，在检测与维护中，应注意以下几方面：

1）超声波传感器表面结冰时，可能不工作，需要及时解冰后才能正常工作；

2）超声波传感器表面被异物堵住时，系统不能正常工作，应及时清除；

3）过冷、过热时，会影响系统的工作；

4）直径很小、很细长的物体，可能检测不到；

5）雪会吸收超声波，因而障碍物为雪时，不能正常工作；

6）在铁路、石块路、坡路和草丛中倒车时，可能会影响工作；

7）车辆的强烈振动、摩托车发动机声、大型车辆制动等会影响系统的正常工作；

8）暴雨或喷水会影响系统的工作；

9）在传感器周围使用无线电发射装置时，会影响工作。

2. 倒车雷达的故障诊断

倒车雷达系统出现故障时，可以进行故障自诊断，对于不能自检时，可根据控制单元各端子的功能进行检测。

3. 填写作业表

在实训车间的试验车上，对倒车雷达系统进行检查和调试，熟悉其结构，在完成相应的工作之后填写表5-10。

表 5-10 倒车雷达的检查与维护

工作项目	情况描述	处理方法
倒车雷达系统的外观检查		
倒车雷达系统的性能检查		
倒车雷达系统的清洁		

【思考练习】

1. 说明电动天窗的组成和功用。
2. 简述电动天窗的工作过程。
3. 为什么要装备倒车雷达？说明其组成和工作原理。
4. 描述倒车雷达的工作过程。
5. 简述倒车雷达的检测注意事项。

参考文献

[1] 董继明. 汽车电器检测与维修实训 [M]. 北京：机械工业出版社，2010.
[2] 黄晓敏，徐昭. 汽车电气设备维修实训 [M]. 北京：人民交通出版社，2003.
[3] 胡式旺. 汽车电器电子设备原理与检修 [M]. 北京：机械工业出版社，2002.
[4] 谭本忠，王文. 汽车电气系统结构与维修图解教程 [M]. 北京：机械工业出版社，2008.
[5] 巫兴宏. 汽车电气设备与维修 [M]. 北京：高等教育出版社，2005.
[6] 郝军. 汽车电器实训 [M]. 北京：机械工业出版社，2004.
[7] 金惠云. 汽车动力系统电气设备检修 [M]. 北京：高等教育出版社，2009.
[8] 高元伟，吕学前. 汽车电气设备构造与维修 [M]. 北京：人民交通出版社，2011.
[9] 雷小勇，袁永东，李朝东. 汽车电气设备维修 [M]. 北京：人民交通出版社，2011.
[10] 石锦芸. 汽车电器设备原理与检修 [M]. 杭州：浙江大学出版社，2006.
[11] 查普曼. 汽车电器与电子原理 [M]. 赵福堂，等译. 北京：高等教育出版社，2004.
[12] 宋森，等. 汽车电气系统维修实例 [M]. 北京：机械工业出版社，2005.
[13] 张宗荣. 汽车电气系统检修 [M]. 北京：机械工业出版社，2009.